德国均衡住房体制

钟庭军 著

中国建筑工业出版社

图书在版编目（CIP）数据

德国均衡住房体制 / 钟庭军著. —北京：中国建筑工业出版社，2021.6
ISBN 978-7-112-26182-6

Ⅰ.①德… Ⅱ.①钟… Ⅲ.①住房制度—社会保障制度—研究—德国 Ⅳ.①F299.251.6331

中国版本图书馆CIP数据核字（2021）第102027号

责任编辑：宋　凯　张智芊
责任校对：张惠雯

德国均衡住房体制
钟庭军　著

*

中国建筑工业出版社出版、发行（北京海淀三里河路9号）
各地新华书店、建筑书店经销
逸品书装设计制版
北京京华铭诚工贸有限公司印刷

*

开本：787毫米×1092毫米　1/16　印张：19¾　字数：305千字
2021年6月第一版　2021年6月第一次印刷
定价：48.00元
ISBN 978-7-112-26182-6
（36606）

版权所有　翻印必究
如有印装质量问题，可寄本社图书出版中心退换
（邮政编码100037）

导读

本书分为引言部分、宏观篇、理论篇和调研篇，共四篇。引言部分大致概括德国住房体制所呈现的特征，引出的结论为：这种现象是房地产体制均衡的体现。宏观篇涉及住房行业运行的宏观经济社会体制等，住房体制只有与宏观经济社会体制紧紧契合才能运转良好，此篇希望能从更宽阔的视野去观察和分析德国住房体制。在此基础上，理论篇则深入到住房体制，从不同类型的住房最关键要素入手，相继分析了历史变迁中的社会性住房和住房补贴、全周期保护的租户权益、住房合同储蓄（包括背后的社会福利理念）等。调研篇则化抽象为生动，白描式记叙了笔者在德国调研过程中的所见所闻以及所思所想。

本书四个篇章之间具有内在联系。从逻辑上看，引言篇可谓是总论，在此基础上，从宏观、理论、调研三种不同角度去分析德国住房体制。从内容上看，四个篇之间并非断裂成篇，如宏观篇、理论篇以及调研篇中均涉及德国银行的内容：宏观篇侧重于描述德国银行的体系、架构以及联邦中央银行的定位；理论篇重点介绍了住房专业银行（如住房储蓄银行）构建的基本理念以及背后的社会福利思想，这与宏观篇中的德国社会市场经济体制又是脉络相连；而调研篇则侧重于介绍投资银行对社会性住房投资状况，呈现出更加细节化的态势。互相参照阅读，更有助于对德国住房金融体系从宏观到微观逐渐深化的理解。下面就各篇的主要意图、创作过程以及基本内容进行简要介绍：

一、引言篇

此篇中的德国房地产制度体系均衡是本书的核心观点之一。笔者首先通过描述住房行业总体特征、租赁性住房市场特征、房价特征等，进而勾勒出德国住房行业整体概貌。其一，住房行业总体特征。供求关系总体平衡，低自有率，大部分居民居住为公寓式住房和半独立式住房，1949—1978年所建住房占总量的一半；其二，租赁性住房市场特征。私人租赁占主体地位，私人出租占比增长而社会性住房占比下滑，租赁性住房以小户型为主；其三，德国房价波动迥乎于他国，具体表现为房价逆向波动，金融危机前不涨反跌，金融危机下不降反升。

德国房价波动不同于他国的现象，从根本上说是政策性住房制度内部均衡、市场性住房制度内部均衡以及两者之间均衡的结果。具体而言，住房均衡不仅仅表现在房价均衡（房价平稳、租金平稳），而且表现在类型均衡（自有住房和租赁性住房均衡、租赁性机构内部均衡）、融资均衡（德国住房金融主体三分天下）。基本结论是政策性住房和市场性住房内部存在自我平衡的机制，包括售价管制和租金管制的均衡，销售性市场自我均衡机制（包括制度设计中隐藏着三道风险防控线）、销售市场和租赁市场之间的平衡。笔者认为从均衡角度分析德国房价房租稳定现象非常有意义，房价稳定或者租金稳定不仅仅是商品房市场和租赁市场本身的问题，而是两者之间均衡体现。笔者认为在我国发展租赁住房市场时，特别要注意树立系统论意识，否则单就租赁住房市场发展而谈发展，发展住房租赁市场只是有限的发展，很快就会遇到发展的瓶颈，这就是国别住房比较研究需要不断深入的意义所在。

二、宏观篇

房地产行业作为国民经济的一个子行业，与国民经济存在千丝万缕的联系，有必要把住房体制和经济运行体制结合起来分析。只有两者融合良好，就像两个机械齿轮一样紧紧咬合在一起才能处于良好的运行状态，房地产市场才能呈现稳定性的特征。经过2008年美国次级债危机以及随后蔓延到欧洲的欧债危机，我们都惊叹德国房地产价格的稳定性，几乎背离了当时世界主要国家房价波动趋势。这不仅仅是因为德国住房制度存在内部均衡，而且是因为房地产制度与经济运行体制契合的产物。因此，研究这种契合机制极有价值，可以为我们开启了一扇窗口。

在宏观篇中，笔者试图从与住房体制息息相关的宏观层面入手，具体而言，包括均衡的城市体系（第一章）、社会市场经济（第二章）、央地关系（第三章）、银行体系（第四章）等宏观层面特征。笔者在分析这些宏观层面并非泛泛而谈，而是着重选取了与住房体制有密切联系的部分进行详细的论述。如均衡的城市体系涉及住房行业的均衡区域布局；德国独特社会市场经济体制体现在众多行业运行理念上，如住房行业的租金控制、租户权益保护等；德国央地关系则涉及中央政府和地方政府在住房补贴、社会性住房等权责划分；德国银行体系涉及住房金融等。笔者试图把德国住房体制放在一个更为宏观的背景下理解德国住房体制，而不是就微观而微观。本书一个基本结论是，德国社会市场经济体制的基本理念已经深深融合在房地产行业运行机制之中，正是因为这种协调一致的运行机制，才造成德国房价长期稳定的态势。

宏观篇源于笔者在德国参加培训时期所产生疑问的进一步探索。毕竟，调研而来的材料和感觉仅仅是"管中窥豹"。要得到"豹"的全身，不得不下功夫对整个体制进行研究。如笔者调研的勃兰登堡州投资银行投资社会性住房，了解到投资银行如何进行住房投资的大量细节。但是投资银行究竟在德国金融体制中处于什么样的地位，发挥着怎么样的作用，由此衍生出来的问题久久萦绕在笔者脑海。笔者进一步撰写了理论篇中的德国金融体制，介绍投资银行在德国银行体制的地位，探索的过程本身就是解己之惑的过程。再如德国住房储蓄银行三个基本特征，利率固定、以存定贷、储蓄奖励，学术界都耳熟能详。但是为什么要如此设计？设计原旨是否暗藏着什么机理和社会福利思想，笔者从德国独特的社会市场经济以及"弗莱堡"学派的基本思想出发，发现住房储蓄银行本身就是德国独特的社会市场经济思想在住房金融上的体现，如雇主补贴、国家奖励等原则，均体现社会市场经济的社会福利国家思想，具体体现在自我负责原则、辅从原则、团结互助原则、社会自治原则等。同时，住房储蓄银行采取市场化导向的公司治理结构（独立的法人地位、完善的治理机构）以及遵循商业银行运营"对称原则"，又体现了社会市场经济中的"竞争原则"。再如同行的翻译告诉我们，中国驻瑞士大使馆还经常到德国采购生活用品，由于德国食品类尤其便宜，因此经常跨越国境而来。笔者在社区超市看到德国普通居民所饮用的红酒一般不超过5欧元，折合人民币不过30元，比中国的红酒价格低得多，其他生活用品也是如此，这种生活用品廉价的现象同样引起了笔者的好奇心。笔者回国后查阅大量的资料，得知在德国有关老百姓生活用品采用管制价格，这使得笔者不得不将房地产本身现象如房租房价管制和德国采取的社会市场经济体制联系起来思考。笔者从微观上的表现追索到宏观体制上，由此得出的一个基本结论是：德国房价管制、房租管制等不过是宏观经济社会体制在微观体现而已。如果不从德国社会经济体制中来探索原因，就房地产现象而谈房地产现象，难免有"盲人摸象"的嫌疑。

宏观篇还有精炼信息、节约研究时间的作用。房地产行业很多细节，都是建构在宏观经济社会体制之内，如德国联邦和州政府的财税改革，涉及住房补贴的发放主体以及比例。不了解基本的德国财税改革，焉能了解到住房补贴变化的根本原因？再如不了解德国的中央银行的独立性和各负其责的银行分工体系，也难以了解德国住房储蓄银行在其中的地位以及作用，跨领域分析让我们更加知其所以然。大多数房地产决策者或者普通读者甚至房地产学者没有时间了解除德国房地产之外的其他学科知识，这种学科划分的无形壁垒造成我们难以把房地产现象和其他宏观现象联系在一起进行分析。为了深入了解德国宏观经济社会体制，笔者翻阅了大量相关资料，希望能在整体上基本勾勒出德国财政体制、银行体制等轮廓，有利于我国房地产决策层以及相关学者获得必要的宏观层面信息，从而有利于在思维上构建（房地产）部分和整体之间的有机联系。

三、理论篇

理论篇包括五章内容：社会性住房的内涵、演变以及机制研究（第一章)、德国住房补贴分类及演变历程(第二章)、德国租户权益全周期保护(第三章)、德国住房合同储蓄与背后的社会福利思想(第四章)、复兴信贷银行的住房业务(第五章)。本篇试图通过点面结合分析德国住房体制的运行,前二章涉及保障性住房本身以及最重要的要素(住房补贴),而租户权益保护(第三章)、住房合同储蓄(第四章)论述的分别是租赁性住房、商品性住房运行的基础。本篇希望抓住各类住房领域最核心部分进行介绍和分析,以图展示德国住房行业的主要细节。具体做如下安排:德国社会性住房是具有德国特色的保障性住房,社会性住房的对象、条件等随着当时的历史条件而不断的演变,对其作历史性的考察(第一章),有利于掌握其来龙去脉,这种历史分析法同样应用到德国住房补贴分类及演变历程(第二章)。德国租户权益全周期保护,顾名思义从租户在租赁全过程中的权益保护,对此详尽介绍,有利于促进我国住房租赁市场发展(第三章)。住房合同储蓄与背后的社会福利思想,则是分析住房合同储蓄银行的运作机制,以及住房合同储蓄本身与社会市场经济体制的契合性(第四章),有利于我们更加深入理解住房储蓄银行运作机制,从而对我国政策性金融发展有所借鉴。

四、调研篇

调研篇相对更加生动一些,通过白描形式如实记录笔者在德国的调研全过程,趁着余温,以文记史,记录自己的所见所闻以及所思随想。笔者以认真记录和整理各位德国专家演讲为基础和蓝本,加以补充和润色。笔者并非机械式记录,在回国后又阅读大量的外文资料,补充了大量的材料,因此也是一种再创造的过程。尽管本篇是白描式,有的部分略显粗浅,但是毕竟是引子,值得研究者继续深化研究。正如以上所言,调研篇同时触发了笔者对德国住房体制进一步探讨,遂有了宏观篇和理论篇,可谓是本书的源头。如果读者觉得宏观篇和理论篇过于抽象,不妨先读一下生动有趣的调研篇,获得了对德国住房体制的感性认识以后,再阅读宏观篇和理论篇,也许更有收获。因为理论篇纯粹是通过查各种各样的国内外文献收集而得的,特点是比较全面,但是内容偏枯燥。听国外的学者专家讲解，更为生动。当然，不同专家的讲解有些不一致或者有所遗漏，但是并不妨碍整体概貌构建，不足之处笔者在理论篇已经进行了进一步补充。

总之，笔者认为，目前国外房地产体制研究已经逐渐进入国别研究的阶段，只有对不同的国家进行详细深入的研究，形成系列的专著，学术界才能有基础、有能力进行比较研究，才能更加深刻认识和理解不同国家的不同住房制度。在本书，笔者尝试把德国住房体制研究通过三个维度做了一定尝试性研究。推而广之，如何更加深入研究某国住房体制，笔者有以下粗浅的观点和看法：一是要广泛地研读该国的各类专业书籍，包括政治、经济、社会和文化等各方面的资料，获得对该国整体印象，以加深对该国住房体制所在环境（如经济体制、社会体制、人地关系等）的理解；二是收集散落在各类专业书籍的房地产知识。研究该国经济、法律、规划、社会保障等各类制度的学术专著，这些非房地产专著，也许无意中就带有房地产运行的细节，零碎散于各处。笔者认为这样收集工作也非常有价值，有利于有效利用国内外已有学术成果，进而促进国别房地产研究深入，引用的各类文献已在脚注说明；三是在了解房地产运作机制细节的基础上建立从宏观到微观之间的联系。这样，就可能更加深刻理解该国房地产制度。哪些制度设计属于"道"，哪些属于"术"，就能知道制度的取舍。

以上属于一家之言，只是一些个人体会和感悟，难免存在一些偏差和偏见，但是文责自负，与所在单位无关。

笔　者

于海淀区双榆树东里

目 录
CONTENTS

第一篇 引 言

第一章　德国房地产市场的典型特征 / 002
　一、德国住房行业总体特征 / 002
　二、德国租赁性住房市场特征 / 006
　三、德国房价的特征 / 008

第二章　德国房地产制度体系均衡 / 014
　一、德国有趣的住房均衡现象 / 014
　二、政策性住房制度维持内部均衡 / 017
　三、市场性住房制度内部均衡 / 021
　四、政策性住房制度和市场性住房制度之间的均衡 / 027
　五、各类协会组织是均衡制度体系的润滑剂 / 031
　六、小结 / 031

第二篇 宏观篇

第一章　均衡的城市体系 / 036
　一、德国地理概况 / 036
　二、德国城市空间分布的特点 / 037
　三、为数众多的邦国是"分散性集中"城镇体系的历史基因 / 040
　四、均衡空间政策是"分散性集中"城镇体系的规划基础 / 040
　五、均衡的财政政策和全面的社会保障政策是"分散性集中"城镇体系的保障 / 042

六、发达基础设施是"分散性集中"城镇体系的关键 / 044

第二章　注重均衡的社会市场经济体制 / 046
一、德国社会市场主义经济形成的背景以及基本内容 / 046
二、部分物价受到控制下的自由竞争是社会市场
　　经济的基础 / 048
三、坚持社会国家原则是社会市场经济的核心 / 054
四、大力发展非营利组织是社会市场经济中的润滑剂 / 057

第三章　各负其责的德国央地关系 / 061
一、德国财税体制变革以及典型特征 / 061
二、德国三级政府财政收入与支出结构 / 067

第四章　分工明确的银行体系 / 074
一、联邦银行执行的长期低通胀率为房地产市场发展
　　提供了良好的外部环境 / 074
二、独特的银行体系为住房体系注入源源不断的资金 / 082

第三篇　理论篇

第一章　社会性住房的内涵、演变及机制研究 / 092
一、德国社会性住房的内涵 / 092
二、德国社会性住房制度的历史演变 / 096
三、德国社会性住房制度演变的主要特征 / 100
四、社会性住房的租金限制 / 104
五、德国社会性住房的申请与分配 / 105
六、政策建议 / 109

第二章　德国住房补贴分类以及演变历程 / 111
一、从"补砖头"为主到"补人头"为主是德国住房
　　补贴发展的趋势 / 111

二、德国住房补贴的分类以及演变 / 112
三、住房补贴确定的基础 / 124
四、德国住房补贴做法对我国的启示 / 131

第三章 德国租户租赁权益全周期保护 / 132
一、德国对承租人的法律保护主要体现在《民法典》中 / 132
二、对潜在承租人的权益保护 / 133
三、租赁协议签订过程中的租户权益保护 / 135
四、租赁过程中的租户权益保护 / 141
五、结束租约时的权益保护 / 144
六、对我国的政策建议 / 146

第四章 德国住房合同储蓄与背后的社会福利思想 / 148
一、三分天下的德国住房合同储蓄 / 148
二、住房合同储蓄与市场充分竞争为导向的契合性 / 150
三、住房合同储蓄与有限集体福利思想的契合性 / 155
四、德国住房储蓄银行发挥的作用 / 160

第五章 德国复兴信贷银行的住房业务 / 162
一、德国复兴信贷银行的宗旨 / 162
二、德国复兴信贷银行的组织架构 / 164
三、德国复兴信贷银行的主要业务 / 165
四、德国复兴信贷银行的住房业务 / 166
五、启示 / 169

第四篇 调研篇

第一章 调研感受 / 172
一、多主体供应多渠道保障的德国住房租赁市场 / 172
二、德国房地产租赁市场四大秩序的体会 / 180

第二章 政府类调研 / 187
一、中国驻德某参赞眼里的德国经济以及住房情况的调研报告 / 187
二、柏林-勃兰登堡州住房发展规划的调研报告 / 190
三、柏林市住房租金指数的调研报告 / 198

第三章 企业类调研 / 206
一、柏林Gewobag市政房地产公司的调研报告 / 206
二、勃兰登堡州投资银行对社会性住房的资助 / 217
三、世邦魏理仕德国公司关于德国以及柏林房地产形势分析的调研报告 / 233

第四章 协会类调研 / 247
一、柏林-勃兰登堡开发商协会的调研报告 / 247
二、关于巴伐利亚房主联合会协调房东租户关系的调研报告 / 256
三、慕尼黑房东联合会和柏林租赁者协会的调研报告 / 262
四、柏林NHU邻里协会调研报告 / 268

第五章 城市更新类调研 / 278
一、柏林早期马蹄铁居住区考察报告 / 278
二、柏林大型居住区维修改造的调研报告 / 292

后 记 / 301

第一篇

引 言

第一章 德国房地产市场的典型特征

一、德国住房行业总体特征

(一) 供求基本平衡

2015年,德国住房市场共有约4145万套住房,4077.4万户家庭,每户家庭平均有2.0人,平均每两人拥有一套住房,每套住房平均有4.4个房间,人均居住面积为46.2m²,住房市场总体供需平衡(表1)。

历年现有住房数据　　　　　　表1

千套/m²	2008年	2009年	2010年	2011年	2012年	2013年	2014年	2015年
住房总数	40057.3	40183.6	40479.3	40630.3	40805.8	40995.1	41221.2	41446.3
每套居住面积	86.4	86.6	90.9	91.1	91.2	91.3	91.4	91.6
人均居住面积	42.2	42.5	45.0	46.1	46.2	46.3	46.5	46.2
每套住房房间数	4.4	4.4	4.4	4.4	4.4	4.4	4.4	4.4
人均房间数	2.2	2.2	2.2	2.2	2.2	2.2	2.2	2.2

数据来源:熊衍仁,沈绥文.国外住房发展报告2017[M].北京:中国建筑工业出版社,2018.

(二) 住房低自有率、高租赁率且高度稳定

2016年,有48.3%的德国居民选择租房生活,只有51.7%居住在自有产权住房中。根据欧盟统计局的数据,租房生活居民比率在欧盟成员国中排名第一,在欧洲也仅次于瑞士(57.5%)排名第二。与买房住相比,德

国人通常愿意租房住，且大量的人愿意一辈子租房住。虽然近年来租住率有所下滑，但是德国住房租赁市场一直维持在一个较大规模。此外根据租赁住房的性质，居住在市场化租赁住房中的居民占总居民的39.8%，而居住在政策性租赁住房的居民仅占总居民的8.5%，低于欧盟成员国平均值10.9%（图1）。

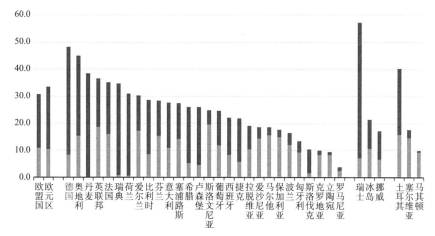

数据来源：欧盟统计局 EUROSTAT.

图1 2016年欧洲各国租赁住房居民与自有住房居民分布（单位：百分比）

众所周知，德国住房自有率一直很低，为51.7%，且长期稳定，并不比1950年高多少。这在国际上是非常低的标准。日本、美国、比利时、法国、意大利、爱尔兰和英国等国家的住房自有率都在57%～79%。在过去的30年里，与其他国家不同，德国的住房自有率稳定。例如，自20世纪80年代以来，葡萄牙和比利时等国的房屋自有率有所上升（估计20%），而德国的总体住房自有率几乎保持了不变。其他国家，如丹麦和爱尔兰，住房自有率也没有变化，但最近这一比率却高得多。

德国的平均住房自有率因地区而异。在德国东部大部分地区住房自有率比较高，而在北莱茵—威斯特伐利亚州北部以及一些特定地区如柏林等，租房比例高达87%。萨尔地区（Saarland）的情况有所不同，住房自有率高达63%（图2）。

图2 欧盟国家住房自有率变化（1980—2010年）

（三）大部分居民居住在公寓式住房和半独立式住房

通过市场调查统计，2016年，德国57.1%的居民居住在公寓式住房，26.1%的居民居住在独立式住房，15.5%的居民居住在半独立式住房。而在欧盟其他国家，有41.8%的居民居住在公寓式住房，33.6%的居民居住在独立式住房，23.9%的居民居住在半独立式住房。显然，德国居民居住在公寓式住房占比比欧盟其他国家高，而居住在独立式住房和半独立式住房占比则比欧盟其他国家低，居住区相对集中。其主要原因是德国人口众多，人口密度较大。德国人口数有8260万，在欧洲排名第一，人口密度237人/平方公里，远高于欧盟平均值112人/平方公里（图3、图4）。

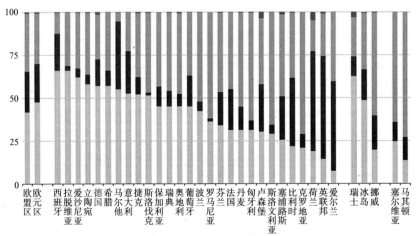

图3 2016年欧洲各国不同住房类型居民分布（单位：百分比）

图4　德国人向往的郊区别墅（笔者自摄）

（四）1949—1978年所建住房占住房存量一半左右

从住房建设时间看，在1949年到1978年间，建房数量占住房存量的46.67%，建造住房年均高达60.4万套，而到2001年后年均建造住房仅12万套。2001年以后德国新建住房约为239.8万套，仅占住房存量的6.1%（表2）。

德国东西部现有住房建造时间（单位：千套）　　　　表2

建造时间	全德国	年均	前西德地区（不包括柏林）	前东德及柏林
1919年以前	5500		3521	1979
1919—1948年	5126	170.87	3389	1737
1949—1978年	18134	604.47	15489	2645
1979—1986年	3895	486.88	3037	857
1987—1990年	1076	269.00	806	270
1991—2000年	3066	306.60	2373	693
2001—2010年	1916	191.60	1606	310
2011—2014年	482	120.50	436	46
住房总数	39195		30658	8538

数据来源：熊衍仁，沈綵文.国外住房发展报告2017[M].北京：中国建筑工业出版社，2018.

二、德国租赁性住房市场特征

（一）私人租赁占租赁行业的主体

德国住房租赁行业的显著特点是私人地主（业主）的重要作用。住房租赁业服务于广泛的目标群体，并提供广泛的质量选择。私营业主包括私营住房公司、个体、机构投资者和金融投资者控制的房地产公司，拥有大约47%的住房。以国际标准衡量，这个数字高得令人难以置信。在大多数发达国家，私人出租住房占住房总数的比例在10%至20%之间（表3）。

德国住房租赁市场供给主体结构（%） 表3

供应主体	1987年	2011年	变动
小规模私人房东	61.02%	60.73%	-0.29%
私营住房公司	14.88%	18.48%	3.60%
公共住房公司	3.49%	0.51%	-2.98%
市政住房公司	5.03%	10.40%	5.37%
合作社	6.58%	9.21%	2.63%
教会等	9.00%	0.67%	-8.33%

数据来源：几言.德国住房租赁市场的发展及其经验[J].上海房地，2019(1).

德国84%的私人出租住房和60%以上的出租公寓属于私人家庭所有，即个人、夫妻、地产或民事合作伙伴关系。因此德国的私人租赁具有"家庭手工业"性质（Cottage Industry）。尽管规模很大，"家庭手工业"的特点是大约三分之二的小私人房东提供，一般为一户或两户的住宅（One-or Two-Family Homes）。私人提供者以及业余地主提供了1450.7万套租赁性住房，占德国住房存量的35.65%，占租赁性住房的60.73%（2011年）。他们要么住房作为一个整体出租，或者业主住在其中一部分，让租户住另一部分。由于税务或个人原因，许多德国家庭住房的设计包括一个房客或老奶奶公寓（Granny Flat）。种类非常多样化，但主要是个体经营者或养老金领取者，他们绝大多数是业余地主。其投资动机不完全是非经济的，但（不像在英国）是其特点是非常长期的投资视野和非常明显的安全偏好。

作为住房供应的基石，德国私人租赁业（PRS）并非剩余部门（普通观点认为，租房群体比购房群体更加弱势，是买不起住房才被迫租房，因此称为剩余部门），仅仅关注穷人和那些买不起房子的人，与英国相比，德国的私人房东在租户中享有更好的声誉，部分原因可能是德国私人房东服务更广泛的目标群体。与英国相比，德国对房屋所有权文化却看得较淡。私人租赁业（PRS）一向为市民提供多元化的住房，德国家庭不需要成为房主，就能获得他们所要求的住房标准。此外，世界房地产业流行"住房阶梯"的概念，其中家庭尽早购买，并定期以旧买新，但是德国人并不适应这种模式，德国人更倾向于"一生一次"，这是20世纪70年代的一部著名德国电视剧的名字。

（二）私人出租占比增长而社会性住房占比下滑

在不同国家，市场性租赁住房和社会性住房两个不同租赁类别的趋势也不同。自1968年以来，前西德的私人租赁行业一直在稳步增长，而其他国家则大幅下降。另一方面，德国社会性住房却在反向发展，自从1968年以后，下滑较快，而其他国家却在上升。

德国的社会性住房定义为租金受限制和准入受限制的住房，业主接受补贴的前提条件是不得不接受租金限制和准入限制。补贴不仅仅限于任何特定的业主群体，而且是所有可行的地主（All Landlords）。其中包括市政房地产公司和私人房地产公司、住房合作社、其他公司和个人。在其他国家对社会性住房定义有所不同。在德国，社会性住房是指无论各种业主（地主）的类型，与个人住宅相联系的补贴的临时性承诺。然而，在其他国家，某些类型的住房，如非营利性公司或市政房地产公司，都被视为社会性住房。因此，承诺到期的问题仅仅存在于德国。一旦承诺期到期，租金便可调整到市场正常水平和住宅可以没有限制得再转租出去，成为私人租赁部门的一部分。因为最近几年新签订协议的社会性住房比解约的社会性住房少，社会性住房存量一直在下降，预计未来还将继续下降。

德国社会住房的推广为租房市场的发展奠定基础。对于德国社会住房租金和出租行为的规定只限于承诺期间，承诺期间一般是指社会住房接受补贴期间，通常在公共资金偿还完成后结束。一旦承诺期间终止，社会出租住房转变为私人出租住房，并允许租金上升到市场水平，对房产的再次出租也没有限制。近年来，由于社会出租住房的增加数量少于转移到私人出租部门的数量，社会住房规模一直趋于下降。Kirchner（2007）指出，自从1968年开始，西德私人出租住房比例稳步上升，其他国家则是大幅下降。在社会出租住房方面完全相反，自从1968年开始，西德社会出租住房大量下降，而其他国家不断上升。表4表明，前西德房产的社会出租住房比例已经从1968年的19.4%下降到2002年的只有7.1%。私人出租住房则从44.1%上升到48.4%。kirchner（2007）预期未来社会性住房比例将进一步下降，由于承诺到期，社会性住房规模将从2002年210万套下降到2020年的126万套。

德国（前西德）私人和社会出租住房存量　　　　表4

类型	1968年		1978年		1993年		1998年		2002年	
	百万套	%	百万套	%	百万套	%	百万套	%	百万套	%
社会性住房	3.7	19.4	4.2	18.3	2.9	10.9	2.5	8.9	2.1	7.1
私人租赁	8.5	44.1	10.1	44.3	12.7	47.5	13.4	48.1	14.0	48.4
自有自住	7.0	36.4	8.5	37.4	11.1	41.6	12.0	43.0	12.9	44.4
总计	19.2	100	22.8	100	26.7	100	27.9	100	28.9	100

资料来源：Joachim Kirchner. "The decling Social Rental Sector in Germany" European Journal of Housing Policy Vol No 1，2007，P86.

（三）租赁性住房以小户型为主

小户型住房以租赁住房为主，而大户型住房以自住住房为主。在40平方米以下以及40～60平方米的住房中，租赁住房占比分别为84.81%和82.98%；在80～100平方米的住房中，租赁住房和自住住房的占比基本相当；而在120～140平方米以及140平方米以上的住房中，自住住房占比分别为81.24%和86.79%。自住住房与租赁住房相互补充，形成了一种较为均衡的结构（表5、表6）。

三、德国房价的特征

纵向比较2002年至2017年德国的房价收入比与房价租金比增长率，

按单套住房面积划分的各类住房占比情况（%）　　　表5

单套面积	自住住房	租赁住房	度假住房	空置住房	小计
40平方米以下	5.64	84.81	1.41	8.15	100
40～60平方米	9.69	82.98	0.91	6.42	100
60～80平方米	22.38	71.53	0.58	5.51	100
80～100平方米	45.64	49.70	0.45	4.21	100
100～120平方米	67.94	28.81	0.35	2.90	100
120～140平方米	81.24	16.52	0.27	1.98	100
140平方米以上	86.79	11.16	0.28	1.77	100

德国套均面积　　　表6

年份	住宅栋数	住房套数 单位：套	套数/栋	使用面积 单位：千m²	套均面积
2010	111330	142891	1.28	29636	207.40
2011	125022	164178	1.31	30728	187.16
2012	128458	180611	1.41	31615	175.04
2013	130914	192276	1.47	32540	169.24
2014	135733	220293	1.62	32327	146.75

金融危机前德国的房价收入比与房价租金比都是逐年递减，并在2007年分别达到最低点，分别下跌3.4%与4.1%。此后随着经济的复苏与房价的强势增长，两项指标在2011年以后都保持在5%以内的增长，并在2017年同时达到了最高值，房价收入比与房价租金比同比上涨了4.5%与3.6%，分别为17.37和34（表7）。

2017年全球主要国家及地区核心城市房价关键指标统计　　　表7

国家/地区	房价收入比（倍）	房价租金比（年）	每平方米均价
德国	17.37	34	5,907€
希腊	24.87	25	3,619€
西班牙	23.24	25	4,978€
意大利	26.78	26	6,589€
瑞士	17.71	30	11,476€
俄罗斯	164.48	31	11,866€

续表

国家/地区	房价收入比（倍）	房价租金比（年）	每平方米均价
法国	41.56	36	12,796€
英国	74.1	37	23,932€
新西兰	8.98	18	3438$
中国台湾	46.11	49	10373$
加拿大	25.24	25	10657$
澳大利亚	20.7	40	10711$
中国	145.62	48	11829$
美国	29.84	34	17191$
日本	41.98	38	16322$

注：（1）房价收入比=100平方米住房价格/人均GDP；
（2）房价租金比=120平方米住房价格/一年租金；
（3）每平方米均价是指各国及地区核心城市的中心城区120平方米左右的住房单价。
数据来源：环球地产指南。

（一）房价逆向变动

1.金融危机前不涨反跌

首先，从住房市场价格角度看，根据经合组织（OECD）的统计，金融危机前的整个欧洲，在1996—2006年的十年间，住房价格上涨不仅是一个普遍现象，而且其上涨幅度非常惊人，而德国作为欧洲区的一个极端另类，在全欧洲区域住房价格上涨中不仅没有出现房价的上涨，甚至负增长了14%（表8）。

1996—2006年欧洲主要国家实际房价变化情况　　表8

国家	房价变化（以1996年为100）
爱尔兰	188
英国	118
瑞典	107
西班牙	102
法国	99
丹麦	96

续表

国家	房价变化（以1996年为100）
荷兰	88
芬兰	85
德国	−14

数据来源：Michael Ball, the RICS European Housing Review2009, London: RICS, 2009.

最后，从欧洲住房价格波动的历史统计来看，德国从1970—2005年仅出现过一次实际住房价格下跌较大的波动，且其波动率未超过15%，而同期欧洲其他国家，如芬兰、丹麦、瑞典、西班牙、英国等，均出现过2次幅度较大的下跌，许多国家的住房价格跌幅超过35%（表9）。另外，根

1979—2005年主要西方国家实际房价下跌次数及幅度一览　　表9

国家	下跌次数	幅度
芬兰	2	50%
瑞士	2	41%
瑞典	2	38%
丹麦	2	37%
意大利	2	35%
英国	2	34%
西班牙	2	32%
法国	2	18%
荷兰	1	50%
挪威	1	41%
爱尔兰	1	27%
德国	1	15%
韩国	1	48%
新西兰	1	38%
日本	1	31%
加拿大	1	21%
澳大利亚	0	15%
美国	0	14%

资料来源：Michael Ball. The RICS European Housing Review 2009.

据德国银行集团的追踪研究，在OECD国家的横向比较中，无论从住房的收入价格比、租金回报率，还是从可支付住房等综合指标看，德国在全部样本中的各个指标均处于安全领先地位。

2. 金融危机下不降反升

1970—2017年，德国GDP上涨了16.1倍，而房价仅上涨了2.3倍（图5）。

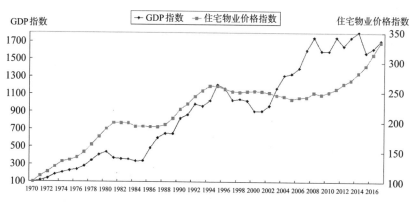

数据来源：世界银行、国际清算银行，按照1970年=100计算指数。

图5　1970—2017年德国GDP与住宅物业价格指数变动图

统计数据显示：即使在金融危机环境下，德国经济呈现出与欧洲其他国家非常不同的表现，其住房市场的交易总量并没有呈现出大幅萎缩，且住房价格也基本保持平稳。具体而言，在金融危机爆发、全球金融资本快速收缩的2007年第三季度至2008年第四季度，德国经济下降了4.1%，但作为欧洲最大的经济体，其表现却远远好于欧洲其他国家（这个阶段仅有为数不多的欧洲国家经济下滑低于5%），其房价却在金融危机中不降反升，升幅甚至达到了0.5%。而同期在整个欧洲经济体中，英国经济从3%的正增长到负增长1.9%，下滑幅度为4.9%，房价跌幅15%；爱尔兰经济从6%的高速增长突然下跌，下滑幅度高达14%，房价跌幅达到12%；南欧国家中表现最好的意大利经济下滑4.5%，房价下跌6%，表现差的西班牙经济在下滑4.6%的同时，房价下跌8.1%；新入盟的中东欧国家中，波兰经济衰退虽然表现出滞后现象，下滑3.1%，但其房价下跌达到15.6%；而北欧国家经济更为糟糕，丹麦经济下滑幅度达5.2%，住房价格降幅为

7.8%，瑞典经济令人吃惊地下滑7.8%，住房价格下滑13%[①]。

经德国联邦统计局计算主要房价指数，无论是VDP物价指数（由德国Pfandbrief银行制定），还是DEIX德国房地产指数和房价指数，以国际标准衡量，德国名义房价在长期内表现出显著的稳定性。尽管各分项指数的发展情况有所不同，所有的主要指标显示总体情况相同。自2007年以来，新房价格分项指数大幅上涨，但其他分项指数上升得慢多了。然而，直到2010年，住房价格指数和二手房指数均低于2000年水平（表10）。

德国住房价格指数，2000—2011年，2010为100　　　表10

年份 指数	2000年	2001年	2002年	2003年	2004年	2005年	2006年	2007年	2008年	2009年	2010年	2011年
住房价格指数	100.6	100.7	99.3	99.7	98.2	99.4	99.0	96.9	98.2	99.0	100.0	103.5
新房指数	91.3	89.5	89.0	88.9	89.4	89.3	88.4	90.2	92.7	97.7	100.0	105.1
二手房指数	102.2	102.7	101.1	101.6	99.7	101.1	100.8	98.0	99.1	99.2	100.0	103.3
住宅用地	93.7	95.1	96.4	97.7	98.9	100.0	102.1	102.1	102.2	102.7	100.0	106.6

数据来源：Dechent and Ritzhein 2012，P892.

[①] 余南平.金融危机下德国住房模式反思[J].德国研究，2010(3).

第二章　德国房地产制度体系均衡

德国住房制度设计以及运行暗合了我国儒家中庸之道，内含良好的协调各方利益的平衡机制，是矛盾的统一体，研究德国住房制度的内部运行机制令人着迷。众所周知，第二次世界大战后联邦德国秉持"社会市场经济"理念，坚持走不同于自由放任的西方市场经济和以集中管理为特征苏联式统制经济，这就是所谓"第三条道路"。第三条道路注重平衡发展，而房地产行业发展同样需要在市场机制和政府管制之间找到平衡之点，否则，很容易陷入政府大包大揽、不堪重负或者陷入市场泡沫丛生的泥塘，导致房地产市场大起大落。本章首先描述一下德国有趣的住房均衡现象，再依次分析政策性住房均衡、市场性住房均衡（政策性住房是指社会性住房、合作社住房等）以及政策性住房市场与市场性住房均衡，在分析单个制度均衡的基础之上再分析体系综合均衡。

一、德国有趣的住房均衡现象

住房均衡是一种表面现象，是一系列制度安排最终导致住房均衡的结果，我们要探索它内在的机制，首先观察这些住房均衡现象在数据上的表现：

（一）价格均衡

价格均衡包括房价平稳和租金平稳两个方面，德国房价平稳和租金平稳是国际普遍一致的共识。如刘畅[①]指出2007年第一季度至2018年第

---

① 刘畅.德国房地产市场报告[R].中国房地产经纪与估价师协会课题报告，2018年.

三季度,德国住房租金相对比较稳定,增长率一直保持在1.5%左右,最高增速为2017年度的1.6%,最低为2009年度的1.1%。恒大研究院指出,1970—2017年,德国名义房价指数仅仅上涨2.3倍、年均增速只有1.8%,同期英国、法国、美国分别上涨52.8、16.1和12.5倍,年均增速分别高达8.8%、6.1%和5.5%。另外,德国房价还呈现与国际房价趋势的逆向变动现象:金融危机前不涨反跌,金融危机下不降反升,如图1所示。这种价格均衡的现象已经在众多文献得到详细描述,在此不再赘述。

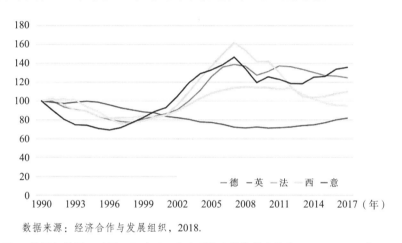

数据来源:经济合作与发展组织,2018.

图1 德国与英国、法国、西班牙、意大利的房价趋势比较(index1990=100)

(二)类型均衡

首先,自有住房和租赁性住房之间的均衡。有趣的现象是德国自有住房和租赁住房,几乎各占一半。2012年德国住房自有住房1729万套,占比43%,而租赁住房包括私人租赁住房和各类机构租赁住房,则占有剩下的半壁江山(57%)(图2)。

德国租赁住房市场已形成多主体供应结构,也呈现出均衡,私人出租占比64%,占有大半壁江山,而机构持有租赁性住房占比36%,几乎也是小半壁江山。但是,同时我们需要看到的是,各类租赁性机构瓜分剩下的36%时,几乎也是占有同等的份额,住房合作社占比9%,市政房屋公司占比10%,私有机构占比14%,还有剩下的3%是其他机构持有(如慈善机构等)。租赁市场各主体份额占比呈现出趋同态势(图3)。

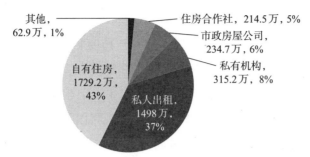

数据来源:德国国家统计局(2012年).

图2 德国的住房类型

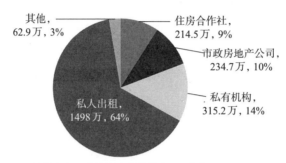

数据来源:德国国家统计局(2012年).

图3 德国租赁市场各主体构成

即使柏林市租赁和自住自用比例好像是不均衡(租赁占比高达85%),但是各种类型住房租赁占比仍然是均衡的。2015年,柏林市业主拥有自有自用住房占比15%,在剩余的85%的份额中,私人出租房占比53%,其他份额又几乎被各种类型租赁性机构平均瓜分:柏林市政房地产公司住房占比14%,住房合作社住房占比10%,私有租赁公司住房占比8%。从这个角度看,私人出租住房仍占一半,各类租赁性机构持有租赁性住房占比也几乎趋同(图4)。

(三)融资均衡

德国住房金融体系是由多种类型的金融机构参与,各种贷款形式相互配合的融资体系。其中,从事住房金融业务的金融机构主要有三大类型,即储蓄银行、抵押银行和住房储蓄银行,他们共拥有德国住房金融市场70%以上的份额,最具特色的是住房储蓄银行。目前德国住宅金融体系的

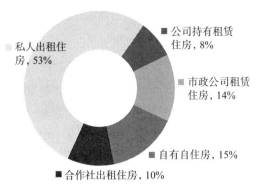

图4　德国柏林市住房类型构成（2015年）

主体构成，几乎成为四分天下的态势，如表1所示。

德国住房金融体系构成　　　　　　　　　表1

住房金融机构	市场份额占有率		
	1983年	1990年	2003年
储蓄银行	28%	29.81%	27.3%
抵押银行	24%	21.88%	21.1%
住房储蓄银行	19%	24.19%	29.0%
其他机构	29%	24.22%	22.6%

资料来源：郁文达.住房金融：国际比较与中国的选择[M].北京：中国金融出版社.

即使是个人住房抵押贷款的构成看，是住房储蓄贷款和各种商业性抵押贷款的组合，也是均衡的。住房抵押贷款来源一般包括：10%～20%为自有资金，40%～50%来自于住房储蓄银行，30%～40%来自各种商业性抵押贷款。

二、政策性住房制度维持内部均衡

这里的政策性住房主要是指德国社会性住房，此外，购买住房最重要金融机构是德国住房储蓄银行，是国有性质，也是政策性金融机构，体现了互助合作的精神，因此也纳入政策性住房制度的范畴。政策性住房制度具有以下特性：

（一）异质主体均衡基石

德国社会性租赁住房的建设主体多元、渠道多样，除个人出租住房外，还有三类典型专业机构供应租赁性住房：投资商投资建设出租住房（社会住房）、市政房地产公司以及住房合作社。

德国社会住房建设主体多元，并非仅仅用"多元化"一句话就可以囊括，多元化仅仅是一种现象，而是要理解政府设置这些特殊住房供应主体的深刻用意。以市政房地产公司的功能和定位而言，德国作为社会市场经济国家，有很多类型的国有企业。德国国有企业以及部分的混合经济企业的主要任务定位于：促进需要促进的领域；调节需要秩序的领域；补充需要补充的领域①。联邦德国的国有企业基本上要完成三个职能中的一个或者几个即可。德国克劳斯·格林认为调节需求和补充需求的任务在住宅经济等部门都表现得非常明显，完全采用了与市场相同的手段。具体而言，市政房地产公司同时承担了调节住房需求和补充住房需求的任务：第一，回购。目前柏林市政府准备回购一部分房子，抑制房地产危机，当年政府出售公房价格为每平方米400欧元，现在政府想重新买入需要每平方米2500欧元。第二，新建。例如柏林Gewobag市政房地产公司准备在未来五年，即到2021年住宅数量增加到6.62万套。当住房供过于求时，德国政府曾将其所有的住房卖给不同的私有公司，私有公司接手后继续用于出租；当住房供不应求时，政府重新回购或新建，这说明市政房地产公司只是起到调节需求、补充需求的作用。另外，这些市政房地产公司起源也体现了国有企业在房地产市场上的调节需求和补充需求的作用。柏林市政府之所以拥有一些市政房地产公司，是因为在1929年经济危机时，一些私有房地产公司破产，但是住房和租户仍在，无人管理，亟待政府介入，政府不得不进行收购（当时收购价低），被迫承担起管理重任。据我们在柏林市政房地产公司调研，他们特别强调作为国有企业的社会责任，不仅租金水平仅为市场租金的一半，而且往往建立邻里中心（协调邻里中心的

---

① [德]克劳斯·格林.冯文光，裘挹红译.联邦德国的社会市场经济[M].北京：中央编译出版社，1994.

矛盾)和基金会(促进儿童、年轻人与老年人体验艺术和文化),在租赁住房市场中起到了"压舱石"的作用。

住房合作社是人们互助合作的精神在住房供应上的体现,互助合作理念在德国根深蒂固,包括农业合作社、合作银行等。合作社住房也有其特点:所有住在合作社的租户必须是合作社成员,作为成员,具有参与合作社的决策权,住房产权属于住房合作社,只能租给合作社的成员。作为一个成员,既是所有者,也是使用者还是决策者。以慕尼黑Wognis住房合作社为例,个人缴纳1000欧元会费后即可加入住房合作社。住房合作社获得建房的土地后,与成员协商建造住房,参与合作建房的成员按照1000欧元/平方米缴纳建房费用,建房费用不足部分可向政府申请低息甚至无息贷款。住房建成后,会员缴纳一定的租金即可长期居住。住房合作社建设出租的住房租金水平比市场租金低得多,周边住房市场租金为10～18欧元/平方米,而Wognis住房合作社住房租金仅为9～10欧元/平方米。

正是因为由于市政房地产公司以及住房合作社(此外还有慈善机构住房)构成了具有异质性的住房供应主体,才能成为德国房地产市场的压舱石。否则,房地产市场供应主体仅仅由大小各类房地产开发商组成,很容易形成经济学上所谓"默契合谋",如围标、串标现象,也难以抑制房价上涨。

(二)优惠条件国民待遇

优惠条件国民待遇在社会性住房的开发建设最为典型。所谓优惠条件国民待遇是指任何经济实体或个人开发建设社会性住房,政府开出的优惠条件都是相同的。政府给一定的政策优惠(包括无息贷款、补贴等),要求经济实体或个人开发的租赁性住房在一定时期内保持低于市场租金的水平,这种优惠条件是向全社会公开"招标",并不是像欧盟其他国家将保障性住房的任务一般是赋予类似于住房协会或市政房地产公司等某一经济实体,如英国社会性住房就是地方政府住房和住房协会住房,而是公开无差异选择不同经济实体(因此,德国对社会性住房定义迥乎于其他国家,德国社会性住房一般指的是"公共补助住房"或者住房提升,德国住房保障概念并不与特定的提供者相联系，而是指的是用于对约定期限、约定租金的住房公共补贴）。

德国社会性住房优惠条件国民待遇，意味着不同主体在同一平台上平等竞争，充分发挥各自的优势。一方面可以使得各经济实体积极竞争，提高社会住房的供应效率。另一方面，使得各经济实体改善经营管理，也提高了自己的管理效率。社会性住房建设中至少包括三类主体：住房合作社、国有市政房地产公司以及私营企业参与社会性住房，多主体供给造成了均衡态势，体现了效率为导向的市场化竞争。弊端在于对德国各级政府管理能力提出挑战，要对每一个社会住房项目一对一和开发企业谈判具体优惠条件。德国社会性住房开发模式特点是前期开发大片的社会性住房区，后期是小片、零星分散开发，这意味着目前小型社会性住房开发项目众多。如果政府分别与其谈判，导致管理成本很容易居高不下，因此这份工作是政府委托给州投资银行去做的，这本身就要求投资银行也是国有企业，要承担一定社会责任，否则难以做到严谨审查。将社会性住房建设和经营赋予某一类经济主体的做法好处在于易加强对该主体的管理，实现政策倾斜。弊端在于往往导致X非效率[①]，容易发生优惠政策过多倾向于国有房地产企业，很容易造成房地产国有企业一枝独大，难以保证保障性住房质量。

其他，如德国邻里协会作为比我国物业管理职能更为广泛的非营利机构，需要不断提高服务质量，与周边的邻里协会进行竞争，争取政府补助资金。政府相当于出卷人和评卷人，各邻里中心相当于答卷人。

（三）治理结构市场化导向

社会性住房供应的主体各种各样，有市政房地产公司、住房合作社、私营企业等机构，体现竞争性。住房储蓄银行作为政策性金融机构，在住

---

① 所谓X非效率是指在垄断企业的大组织内部存在着资源配置的低效率状态。这一概念是由美国哈佛大学教授莱宾斯坦首先提出的。垄断企业免受竞争压力的保护，不但会产生市场配置的低效率，而且还会产生另外一种类型的低效率，免受竞争压力的厂商明显存在超额的单位生产成本。因为这种类型的低效率的性质当时尚不明了，所以称作X非效率。

房出售市场上扮演着重要角色。尽管住房储蓄银行、市政房地产公司均属于国有性质,是政策性机构,但其企业治理结构体现了市场竞争为导向的原则。笔者以市政房地产公司和住房储蓄银行的治理结构为例。

1. 市政房地产公司治理结构市场化导向

大多数德国国有企业的法律形式为有限责任公司(占比59%)或者自营公司(占比22%),大约7%的国有企业是特定目标协会。国有股份公司除了股东是政府之外,在其他方面与私有公司完全一样,而决定这种性质的根本标志是企业的法律地位,即国有企业具有同样的独立法人地位。也就是说,《股份公司法》或《有限公司法》同样适用于国有公司,据我们调研,尽管2018年柏林Gewobag市政房地产公司整个公司净利润不超过3000万欧元,在房地产公司中属于较低的水平,但追求利润仍是其重要目标之一。

2. 住房储蓄银行治理结构市场化导向(德国最重要的政策性金融机构)

公司制是目前德国住房储蓄银行普遍采纳的一种组织形式:公司法人具有与自然人相同的民事行为能力,依法享有民事权利和承担民事义务;具有以股东出资形成公司法人的财产,并以此为基础为经营风险、盈亏承担民事责任。从住房储蓄银行治理结构看,德国储蓄银行股东是公司的所有者,股东大会是公司的最高权力机构,董事会由股东大会选举产生,代表所有者的利益,并对公司重大经营方针拥有决策权和监督权的机构,有利于形成有效的约束机制和激励机制。

三、市场性住房制度内部均衡

市场性住房主要包括市场租赁住房和市场出售住房,市场性住房制度是指围绕租赁市场和销售市场发展而构建起的一系列制度总和。

(一)售价管制与租金管制均衡

销售市场和租赁市场是互相制约和平衡的体系,原因在于,无论是"购"还是"租"取决于个人,如果租金低和租户权益有保证,个人则趋向于选择租赁,如果房价低,个人则趋向于选择购买。商品房销售价格如果不管制，那么租金难以管制住。原因在于如果商品房房价飞涨，随之带来利润高涨，那么资源会纷纷涌入出售市场，而或购买住房或开发出售性住房，较少流入租赁性住房市场，即使政府出台禁令限制租赁性房源转化，会导致租赁性住房新增供应不足，维修不足并形成隐性的租金上涨。同理，房价如果受到管制，而租金放开，那么飞涨的房租会带动资源流向租赁市场。因此，出售市场和租赁市场至少要保持平均的利润率，资源才会均衡流向两个市场。为了保持平均利润率，必须对两个市场的价格都得进行管制，否则就会造成失衡。因此，德国政府设计了两个市场同时进行价格管制的政策措施，具体表现为：

1.评估指导价格引导销售市场

德国房地产价格由市场调节形成，但是不完全由开发商决定，独立的房地产价格评估机构在价格形成起到了很重要的作用。房地产评估独立于政府之外，包括独立的公共评估机构和私人评估专家。根据法律规定，德国每一块出售的土地都必须予以登记，交易价格由公证人报告国家。各地公共评估机构职责之一是每年负责制定"地价图"的"标准价"或者"指导价"，为不同地段、不同类型的住房制定了详细的"基准价格"。这类指导价具有法律效力，所有房地产交易有义务参照此价格执行，在合理范围内浮动。私人评估师通常具有管理部门的资历认证，具备丰富的专业技能和经验，对自己的评估结果负责30年，并承担相应的法律责任[①]。

2.租金参考价格表引导租赁市场

《德国民法典》对于租金涨价作出较为详细的规定，其中有代表性的三项是：第一，房租上限限制：三年内出租人不得提高房租20%以上；第二，两次房租提高的间隔不得小于一年，第一次房租提高必须在承租人入住的15个月以后；第三，对于现存租住合同，房租不得高于政府给出的"租金参照价格（Mietspiegel）"，所有超过5万人口的城市都要确定"租金参考价格"并向社会公布。价目表一般是由市政建设部门会同承租人协会、出租人协会等机构，对该地区实际租房情况综合评估后共同制定。价

---

① 国家发展改革委房地产价格监管培训团.德国房地产价格监管培训报告[J].中国价格监督检查，2012（03）。

目表列出本地各种类型、档次房屋的参考出租价格,一般两年更新一次,如果因故没有更新,仍然沿用旧表。此外,2015年4月21日,德国通过了《阻止住房紧张的市场中租金过快上涨的法律》规定,如果租金增长过快,当地政府可以在住房紧张地区启动最长5年的"租金刹车"机制。

(二)销售市场自我均衡机制

商品房销售往往与住房金融联系在一起,个人财务风险很容易化为银行风险,甚至金融风险(最典型的是2008年美国次级债危机),为了防止这种风险的蔓延,德国住房政策在金融风险传导路径上层层设卡,设立了三道风险封锁线。

1.第一道风险封锁线

众所周知,德国最重要的住房金融机构之一是住房储蓄银行,其运行的基本特征是:第一,封闭运行。《住房储蓄法》规定,为保证储户权益,只有经批准设立并接受"联邦信贷监督局"监督管理的专业银行(不准经营其他金融业务)才可办理住房储蓄。德国对住房储蓄业务实行严格的分业管理,购房者不会受到国家宏观调控政策特别是货币政策变动的影响,也不受通货膨胀等利率变动的影响。第二,利率固定。住房储蓄融资体系内的存款、贷款的利率都是固定不变的。存款一般为年息3%,贷款一般为年息5%,存、贷款的利率差为2%。第三,以存定贷。德国居民要得到住房储蓄银行的购房贷款,必须在该银行存足相应款项,一般是存款额达到储蓄合同金额的50%以后,住房储蓄银行才把合同金额付给储户。以存定贷的好处,使得住房合同储蓄贷款有可靠的资金担保和信用保证。储户存款过程就是储户积累信用、住房储蓄银行甄别风险的过程,大大降低贷款违约发生率。同样,从个人住房抵押贷款来源看,包括:10%~20%为自有资金,40%~50%来自住房储蓄银行,30%~40%来自各种商业性抵押贷款,具有分散风险的机制。

从住房储蓄银行的基本特征(内部封闭运行、利率固定、以存定贷)就可以看出个人信贷风险被充分甄别出来,整个住房合同储蓄体系不会受到外部宏观形势的影响。从个人住房抵押贷款的构成上看,住房储蓄银行和各种商业性抵押贷款分担了部分风险,"不把鸡蛋放在同一篮子里",个人信用风险、市场风险以及金融风险被充分稀释和分散。

2. 第二道风险封锁线

购房是以个人和家庭购买为主,市场化贷款形式以及个人偿债能力变化仍然可能引发巨大的金融风险,使得外部的宏观风险传导给住房金融体系。

外部宏观风险传导给住房金融体系的机理,如图5所示:出发点是宽松的货币政策刺激,例如通过降低基本利率,增加货币供应,银行随之降低了住房抵押贷款利率,同时,债券等固定计息资产对投资者的吸引力下降。较低的利率刺激了对股票或房地产等资产的需求,不断增长的住房需求遇到了短期非弹性住房供应,因此导致房价不断上涨。房地产升值后又通过两个渠道刺激消费:财富渠道和信贷渠道。财富渠道是指受益于资产增值的家庭可以增加他们的消费。例如当房价从200万上升到500万时,看到住房升值了,家庭趋向于减少他们储蓄,增加消费。信用渠道(Credit Channel)是指房地产作为经济中最重要的抵押品(Collateral),不断上涨的房价增加了贷款的机会,这些多贷出来的资金可以用于各种目的,如住宅翻新或偿还信用卡债务,也可以用于消费。消费的增长刺激了经济,并进一步刺激了住房供应。这种互动的结果,形成了一个良性循环发展,直到住房需求和住房供给达到新的均衡。世界各国房地产经济在2008年以前呈现出正向循环。但是,这种相互作用也可以逆转,当提高

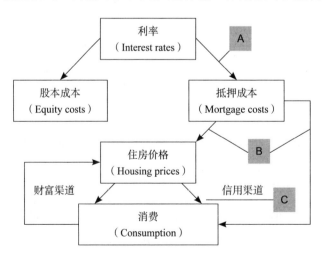

图5 德国住房金融抑制房地产投机的机制

基准利率时，也增加了抵押贷款成本，抑制了对房地产的需求。房地产价格随之下跌，抵押品价值降低，从而减少再贷款机会，随之而来的消费缩减带来其他家庭收入减少，住房需求进一步萎缩，而房地产供应量却按惯性持续，导致房地产价格会进一步深跌。这种连锁反应带来恶性循环导致美国和其他国家房地产乃至国民经济在2008年后经历了毁灭性打击。当然，加息并非造成这些房地产动荡的主要原因，但他们至少触发了大多数家庭过度负债风险而导致经济下滑。

德国住房金融并没有起到推波助澜的作用，既不倾向于良性循环，也不倾向于恶性循环，宏观经济冲击德国住房市场不太有效。如图5所示，从A到B再到C，德国住房金融系统又构建小型三道风险隔离墙：（1）以固定利率为主（A表示固定利率）。固定利率抵押贷款保护家庭不受日益增长的偿债能力的影响，有利于稳定房价。德国固定利率抵押贷款占主导地位。从存量看，据德意志联邦银行统计（2012年），只有0.5%的德国抵押贷款是浮动利率，3%是期限为1～5年固定利率抵押贷款，96.5%是期限为5年以上的固定利率抵押贷款。从增量看，71.3%的德国新按揭贷款利率固定期限在5年以上，30%固定期限在10年以上。相比较，在欧盟其他国家，固定抵押贷款（Fixed-Term Mortgage）在整个市场中所占的份额要低得多。如根据英国抵押贷款协会所提供的数据，截至2011年底，英国72%的未偿抵押贷款都是浮动利率。（2）贷款价值比通常很低（B表示贷款价值比）。根据欧洲抵押贷款联盟（2012）的数据，2010年德国未偿抵押贷款总额占国内生产总值仅为44.8%，英国为81%。随着杠杆率的降低，房价上涨有可能传导给消费有限。（3）审慎对待再贷款业务（C代表再贷款）。房屋净值抵押贷款等再贷款业务的实质，是允许居民在住房价格上涨后获得新增贷款。德国家庭和银行不习惯再贷款，如果房主已经偿还了抵押贷款，他们可以申请新的与第一笔贷款相等的抵押贷款。这是因为担心再贷款会直接增加房价涨跌与银行信贷资产的关联，一直以来德国监管部门并不允许开展类似业务。在英国，如果房价飙升，家庭也会常常申请第二笔贷款，这些贷款可用于消费或其他债务的摊销。在2003年末，英国资产增值抵押贷款高达155亿英镑的峰值（图6）。

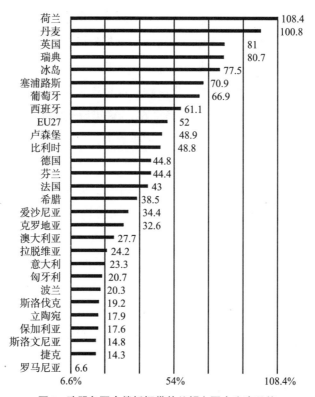

图6　欧盟各国未偿抵押贷款总额占国内生产总值

3.第三道风险封锁线

第三道风险封锁线是住房市场抑制投资行为的一系列税收和经济政策。德国政府严厉打击炒房行为。不仅购房需要缴税，德国法律还规定了长达10年的投机期以及"三套房屋上限"。（1）如果购置房屋到再次出售房屋不满10年，出售非自用房屋所获得的收益（转让价格与当初购置价格之差）将被征收25%的资本收益税。实际需要缴纳的税额还跟累进制度的个人所得税率以及房屋的折旧有关。但是如果房主可以证明房屋是自住的（也就是说业主自己、配偶或者生活伴侣或者自己的孩子在房屋出售当前以及之前两年都居住在此），就可以免交这笔"投机税"。（2）如果在五年之内购买了3套以上房产，就被认为是专门的商业行为，即使10年期满，出售房屋仍需要缴纳商业税，2009年后商业税率统一为3.5%。各个城镇还将对出售房屋获得利润征收额外商业税额。自然人和合伙公司商业税免征额为2.45万欧元，而协会和特定企业商业税免征额为5000欧元。除了商业税，出售房屋的商业行为还需要缴纳19%的销售税（增值税）[①]。（3）德国法律规定，对于房价、房租超高乃至暴利者，地产商、房东要承担刑事责任；如果开发商所定的房价超过合理房价的20%，根据德国经济犯罪法已经构成违法行为，购房者可向法院起诉，而违法者可能面临最高5万欧元的罚款。如果开发商定的房价超过合理房价的50%，则为房价暴利，就已触犯了德国刑法，而构成刑事犯罪，出售者可能面临三年的徒刑[②]。

（三）销售市场和租赁市场的平衡

首先，销售市场的首付比例更高。德国按揭贷款首付比例高于其他国家，通常在20%～30%，国际对比中处于相对较高的水平，德国居民负债占GDP一半左右，居民杠杆率在发达国家中处于显著偏低水平。

其次，自有住房补贴较低。相对于欧洲其他国家，德国对自有住房补贴较低，其购买住房的抵押贷款利息不能从所得税中进行抵扣，而只是在购房时给予一次性补贴，这个补贴大大低于税收抵扣。欧洲其他国家，如荷兰，对购买房子的抵押贷款利息进行税收减免，其住房自有率从1993到2006年上升了10个百分点。

最后，出租住房享有更多优惠。在德国，建设用于出租的房屋比建设用于出售的房屋会得到更多税收优惠。例如以前规定出租房屋的建筑成本在50年内折旧完毕（每年2%比例），现在加快折旧政策（前4年按5%折旧），对用于出租的建房人有利，且出租房折旧率要高于普通商品房。出售市场和租赁市场相对平衡有利于租赁市场的迅速发展。

四、政策性住房制度和市场性住房制度之间的均衡

政策性住房制度和市场性住房制度并不是隔离，而是有机联系在一起。瑞典吉姆·凯梅尼将住房体制分为单一化体制和二元化体制，并认为在二元化体制中，是以一种国家控制的、以命令型经济模式运行的公共住

[①] 孙付.破解德国房价平稳之谜.浙商证券股份有限公司.2017-11-23.
[②] 台湾地区专业者都市改革组织.德国合作住宅交流计划成果报告书[R].2018.

房;而在单一化市场,成本型租赁住房和私有租赁住房在一个逐渐解控的条件下进行竞争[①]。他认为德国住房体制是单一化体制,德国社会性住房最初并没有设定收入线,而且也没有把保障性住房和市场住房严格划分开来,而是打通了两者之间的通道,可以实现转化,而二元制度国家,如美国、英国(我国也类似),却截然把保障性住房和市场性住房划分来,由政府为主导投资保障性住房建设以及运营,给政府带来沉重的负担,甚至可能造成贫民窟现象。

1. 住房类型流动均衡

均衡只是一个结果,要保持制度之间的均衡,尤其是租赁性住房和市场性住房之间的平衡,关键在于制度设计。第二次世界大战之后,为了解决住房短缺,德国设计了一套独特的制度设计。那就是在鼓励社会力量建设社会性住房的过程中,政府给予一定的优惠条件,让私人企业、市政房地产公司以及住房合作社去平等竞争,政府要求各类经济主体按照限定的租金在规定的期限内向中低收入者出租。过了限定期限,可以恢复市场租金。这种制度设计的结果必然是租赁性住房占比增加,而社会性住房占比减少,造成了流动均衡。实际上在此过程中,全国住房供求关系已经实现平衡,所有权补贴已经逐渐转向住房租金补贴(图7)。

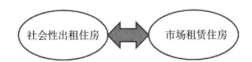

图7 社会性出租住房与市场租赁住房的流动均衡

社会性住房是德国社会市场经济道路典型的体现。政府和市场之手结合起来,这就是社会市场经济,而不是盲目走自由主义的资本主义道路,也不是计划经济的道路。计划经济体制下易形成以公房为主的住房体制,而自由资本主义往往孕育房地产泡沫危机(如美国的次级债危机)。德国社会性住房就是通过市场力量包括私人力量建设保障性住房,政府给予一定的补贴,要求市场提供限期、限租的社会性住房,这就是社会市场经济

---

① [瑞典]吉姆·凯梅尼.王韬,译.从公共住房到社会市场——租赁住房政策的比较研究[M].北京:中国建筑工业出版社,2010.

在房地产行业的一个典型的体现。

德国社会性住房推动普惠型租房市场形成。德国社会性住房的推广为租房市场的发展奠定基础。对于德国社会性住房租金和出租行为的规定只限于承诺期间。承诺期间一般是指公共住房接受补贴期间，通常在公共资金偿还完成后结束。一旦承诺期间终止，社会出租住房转变为私人出租住房，并允许租金上升到市场水平。近年来，由于社会出租住房的增加数量少于转移到私人出租部门的数量，社会性住房规模一直趋于下降。表2表明，西德房产的社会出租住房比例已经从1968年的19.4%下降到2002年的7.1%。私人出租住房1968年从44.1%上升到48.4%。Kirchner（2007）预测未来社会性住房比例将进一步下降，由于承诺到期，社会性住房规模将从2002年的210万套下降到2020年的126万套。

德国不同类型住房不同历史时期的变化　　　　　表2

绝对量/比例		1968年	1978年	1993年	1998年	2002年
社会性住房	百万套	3.7	4.2	2.9	2.5	2.1
	占比	19.40%	18.30%	10.90%	8.90%	7.10%
私人租赁住房	百万套	8.5	10.1	12.7	13.4	14
	占比	44.10%	44.30%	47.50%	48.10%	48.40%
自有自住住房	百万套	7	8.5	11.1	12	12.9
	占比	36.40%	37.40%	41.60%	43%	44.40%

资料来源：Joachim Kirchner. "The Declining Social Rental Sector in Germany" European Journal of Housing Policy.7.No.1.2007.

Kirchner（2007）指出，自从1968年开始，西德私人出租住房比例稳步上升，其他国家则是大幅下降。在社会出租住房方面完全相反，自从1968年开始，西德社会出租住房大量下降，而其他国家不断上升。西德社会出租住房占比下降的过程就是市场租赁住房占比不断上升的过程。这显示了西德住房机制迥乎于其他西方国家的住房机制（图8）。

从2007年1季度开始，德国的平均住房价格一直保持着较强的上涨趋势，为了抑制房价的过快上涨，政府采取了一系列措施，使得市场性住房回流到社会性住房。除了鼓励新建住房之外，在存量房之间的转化的措施有二：第一，政府重新回购一部分市场住房作为社会性住房；第二，政府

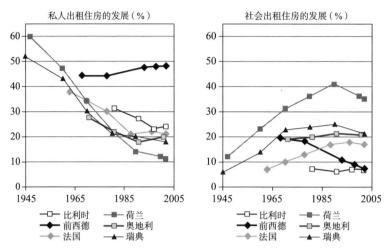

图8　德国与其他国家私人出租住房和社会出租住房的变化对比

支持住房改造,需要政府优惠政策支持,同时可设定一定租金和一定限制期,市场性租赁住房又回归社会性住房。

2.租金管制和房价管制的无缝衔接

政府对不同类型住房价格(租金)限制程度是不一样的,设立四层不同的价格(租金)管制措施,形成了从保障性住房租金到自由市场租金管制的有机衔接的体系,有效地保护了租户和购买者的权益(表3)。

租金管制以及住宅价格管制的衔接　　　　　　　　　表3

自由市场价格(Free Market Pricing)		越向下,国家对租金控制强度越来越大
购买住房价格以及商业不动产;商业不动产租金	不受限制,可以谈判,评估指导价	
对自由市场的新建住宅租金	被当地的租金参考价格所限(不能超过50%)	
自由市场上的存量住房	仅仅在非常低的情况或现代化改造情况下才有可能允许租金上涨,不能超过改造成本的11%	
国家控制的价格(State-Controlled Pricing)		
社会性住房的价格	租金由业主的真实成本决定	

第一,价格限制最严厉的是社会性住房的租金,是由业主的真实成本决定的,政府之所以限制最严,是以政府承诺一定的优惠条件作为代价。

第二,存量房改造成本转嫁到租金幅度有限。存量房的改造,需要经过申请。当现代化改造时,房东可以转嫁成本,并将年租金增长限制在现代化改造成本的11%。

第三，自由租赁市场上的租金是由租金参考价格标准决定的。根据地点、建筑以及公寓特点，公布平均租金。如果租金比当地租金报告高出20%，租户可以依法办理减租。此外，超过当地租金报告50%以上，房东将被没收租金超额部分并可依法起诉。

第四，自由市场的住宅价格受制于指导价格。如前所述，住宅价格是由自由市场供求关系决定，然而，官方委员会通过分析所有土地交易以及公布平均价格作为标准地价来控制土地市场。

五、各类协会组织是均衡制度体系的润滑剂

如果说政策性住房和市场性住房以及相互之间已经建立起了均衡机制，像一个协调良好的框架，那么代表不同的住房相关利益的住房协会起到了良好的润滑剂的作用，典型住房利益相关者如租户协会和业主协会。柏林-勃兰登堡地区住房公司联合协会（BBU）代表396个住房组织，拥有将近120万套住房，这些住宅占柏林住宅总面积的40%，并占勃兰登堡州的43%。另一个重要的联邦住房联盟（BFW）是联邦自由住房公司联盟，它代表1800名私人住房组织，拥有3600万套住房。最有影响力的德国租客协会是DMB——德国租赁者协会。它被划分为若干区域协会如勃兰登堡州租赁者协会或柏林租户协会，会员超过15万人。此外，还有租赁者保护协会的地区性分支。

所有协会的一项共同使命是为会员进行游说工作，包括参与住房相关法律的制定和修改。所有的协会旨在保护其成员免受明显不利条件的法律影响。因此，所有协会都通过在联邦和州委员会的公开听证会上提交专家报告和评论。所有协会另一个常见的任务是将有关消息通知其成员。这样，一般的住房矛盾首先通过协会之间、协会内部之间进行协调，交由政府协调的矛盾大大减少。

六、小结

数量均衡只是表面现象，最重要的是制度均衡。本节分析了三类制度

均衡：政策性住房制度内部均衡、市场性住房制度内部均衡以及政策性住房制度与市场性住房制度均衡。从单项制度均衡再到制度体系均衡，构成了层层递进的关系。政策性住房制度维持内部均衡，包括异质主体均衡基石、优惠条件国民待遇、治理结构市场化导向。政策性住房难以摆脱政府干预导致的弊端，因此，政府为政策性住房制度设计了以竞争为导向的制度框架，设置特殊主体特殊定位（国有房地产企业定位为补充需求和调节需求的地位、住房合作社定位互助合作供应住房的功能），并鼓励各个主体在市场上平等竞争，平等争取政府赋予的优惠条件，并在治理结构实现市场化治理。笔者想起了对社会市场经济影响巨大的德国"弗莱堡学派"关于"秩序政策"和"过程秩序"概念：秩序政策包括为经济过程创造出长期框架条件的一切法律规则和制度规则，即在私有制基础上实现和维护竞争秩序，也就是说，实现和维护尽可能充分竞争的市场形势。相反，过程政策或进程政策则是在一定经济制度中针对经济过程的一切措施和手段。在德国政策性住房制度上，具体体现在异质主体均衡基石、优惠条件国民待遇、治理结构市场导向，从起点到过程，德国政府把控着政策性住房市场化导向，充分地利用了市场机制激励功能。

市场性住房制度相对均衡。市场性住房包括销售性住房和租赁性住房，两者平衡非常重要，而德国销售市场和租赁市场是互相制约和平衡的体系。出售市场和租赁市场至少要保持平均的利润率，资源才会均衡流向两个市场。为了保持平均利润率，必须对两个市场的价格都要进行管制，否则就会造成失衡。因此，德国政府设计了两个市场同时进行价格管制的政策措施，表现为：评估指导价引导销售市场以及租房价目表引导租赁市场，并在销售市场设立了三道风险封锁线维持自我均衡机制。此外，通过销售市场的首付比例更高、自有住房补贴较低、出租住房更多优惠等政策措施维持市场性住房制度内部（销售市场和租赁市场）之间的均衡。

为了维持政策性住房制度和市场性住房制度之间的均衡，设计了流动性均衡，即社会性住房达到了限定的期限，可以恢复市场租金。这种制度的设计结果必然是租赁性住房占比增加，而社会性住房占比减少，造成了流动均衡。从社会性住房租金限制到自由市场租金管制以及房价指导价，政府对不同类型住房价格（租金）限制程度是不一样的，设立四层不同的价格（租金）管制措施，形成了从社会性住房租金到自由市场租金管制的有机衔接，有效地保护了租户和购买者的权益（图9）。

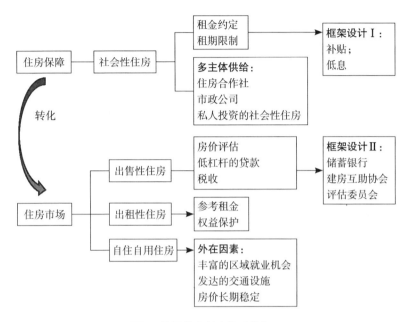

图9 德国住房制度体系均衡

第二篇

宏观篇

第一章　均衡的城市体系

一、德国地理概况

德国全称为德意志联邦共和国，位于欧洲中部。德国的首都是柏林，但是联邦政府部以及联邦管理机构中有相当大的部分设在以前的首都波恩。德国周边有九个邻国：北邻丹麦，西邻荷兰、比利时和卢森堡，西南与法国接壤，南部与瑞士、奥地利相连，东部与波兰、捷克毗邻。德国处于欧洲的中心位置，在欧洲地缘政治上扮演着极为重要的作用。

德国国土总面积357340平方公里，按照面积计算，居于欧洲第六位。德国南北之间的直线最远距离为876公里，东西之间最远为640公里，陆地边境线全长为3758公里。2003年德国居民人数约为8360万人，近十多年以来，德国人口呈现出下降趋势，2014年降为8120万人，仍然是欧盟人口最多的国家。

德国地形呈现北低南高的态势。北部的特点是北德低地一带的草原、泥沼及湖泊以及一望无际的平原。中部有艾弗尔、哈尔茨、埃尔茨等海拔大都不超过1000米的丘陵山脉。南部典型的象征有高耸的阿尔卑斯山，黑森林山区有德国最大的湖泊——博登湖。德国最高峰为阿尔卑斯山的楚格峰，总高2962米，在巴伐利亚州境内。德国西北部临北海，东北是波罗的海海岸。波罗的海中的吕根岛屿，总面积达到930平方公里，是德国最大的岛屿。德国最长的河流是著名的莱茵河，莱茵河全长1320公里，在德国境内有865公里[1]。

---

[1] 朱秋霞.德国政府预算制度[M].北京：经济科学出版社，2017.

二、德国城市空间分布的特点

德国大中小型城市均匀分布在整个国家,城乡等值化程度高,学术界称之为"分散型集中"。截至2010年底,德国共有大中小城市2065座,其中82个10万人口以上的行政区生活着2530万人,占德国总人口的30%,其余人口则多数分布在2000~10000人的小型城镇里[①]。与许多其他西方国家相比,德国城镇体系非常均衡。8100万人口中的70%以上居住在城市,多数人住在中小城市。全国大多数城市为家庭提供了包括工作岗位和便利公共基础设施在内的高品质生活条件。在宜居性方面,中等城市和大城市没有太大区别。不过,最具有吸引力的中小城镇都处于多中心的城市区域内部。

为了避免过度发展城市区域中的某一单一支配性中心城市,1995年以来,德国确定了11个大都市圈,这些大型多中心城市区域均衡地分布在整个德国,形成了"多中心"的格局。包括莱茵-鲁尔区、柏林-勃兰登堡、法兰克福区、莱茵-美茵区、斯图加特区、慕尼黑区、大汉堡区等。这11个大都市圈分布在德国各地,集聚着德国70%的人口,并解决了国内70%的就业(表1、表2)。

11个大都市区基本情况 表1

大都市区	人口(万)	国内生产总值(亿欧元)	1997—2005年GDP增长率(%)
莱茵-鲁尔(Rhein-Ruhr)	1150	3250	12.9
萨克森三角城市群(Sachesendreieck)	740	1420	17.8
柏林-勃兰登堡(Berlin-Brandenburg)	590	1270	6.9
莱茵-美茵(Rhein-Main)	540	1860	18.5
斯图加特(Stuttgart)	510	1630	18.1
慕尼黑(Munchen)	470	1890	27.6
汉堡(Hamburg)	410	1370	18.1

---

① 王鹏.德国城镇化建设的经验[J].行政管理改革,2013(4).

续表

大都市区	人口（万）	国内生产总值（亿欧元）	1997—2005年GDP增长率（%）
汉诺威-不伦瑞克-哥廷根（Hanover-Braunschweig-Gottingen）	390	1020	14.5
纽伦堡（Nurnberg）	350	1030	20.0
不来梅-奥尔登堡（Bremen-Olderburg）	230	620	16.4
莱茵-内卡（Rhein-Necker）	230	680	17.4

德国城镇布局分散化 表2

国别	总人口（万）	大中城市个数	国家统一时间	第一次工业革命开始
德国	8200	18	1871年	19世纪20年代
意大利	6081	17	1861年	19世纪中期
法国	6500	5	8世纪初	19世纪30年代
英国	6226	4	1700年左右	18世纪60年代

数据来源：根据维基百科资料整理.

根据世界经济合作与发展组织（OECD）2014年的统计，德国第一大城市柏林的都市圈人口仅仅426万，占总人口的比例仅为5.2%。同为西欧国家的英国、法国的人口分布比较集中，第一大都市区伦敦、巴黎人口均在1200万以上，分别占全国总人口的13.3%、18.56%。另外，从经济发展速度看，柏林-勃兰登堡1997—2005年经济增长速度为6.9%，反低于全国平均水平。尤其值得注意的是，首都柏林缺乏德国南部拥有的高技术和制造业，有85%的人都在服务业工作，而且这里的服务业并不是以法兰克福金融业为代表的高级服务业。40%的人是非固定长期工作，例如兼职、服务生、短期合同工、外派合同工等，只有14%的人在税前月平均收入达4085欧元的制造业工作。2018年8月3日，柏林晨报援引联邦就业局数据报道，柏林人均月收入税前3126欧元（换算成人民币大约24500元），低于德国平均水平3209欧元，和第一名汉堡的3619欧元相差近500欧元。2018年7月，柏林-勃兰登堡就业局官方数据显示，德国平均失业率为5.2%，柏林失业率高达8.1%，高于全国平均水平（表3）。

德国第一城市圈人口比重（单位：万人） 表3

国别	总人口	第一大城市	都会区或大区人口	占全国人口比重（%）
法国	6500	巴黎	1206.70	18.56
英国	6226	伦敦	827.83	13.30
意大利	6081	米兰	755.00	12.42
西班牙	4719	马德里	560.30	11.87
德国	8200	柏林	426.20	5.20

数据来源：世界经济合作与发展组织（OECD），2014年.

按照人口统计，德国100万以上人口的城市只有柏林、汉堡、慕尼黑和科隆四个，首都柏林拥有340万人口，第二位的汉堡只有170万人口，第三位的慕尼黑只有120万人口，到2005年，前四位的城市人口占全国人口的比重基本维持不变甚至下降，没有其他超大规模的城市。大部分重要城市的人口为50万左右（包括法兰克福、杜塞尔多夫、埃森、多特蒙德），其次是人口介于10～25万的中型城市。

从历史维度看，20世纪50年代以来，德国城市人口分布区域更加分散化。1965—1985年，10万以上人口的城市只增加了7个，而1万～5万人口的小城市增加了485个。大城市人口占全国人口总数的比重，由1960年的8.84%下降到2005年的7.76%，德国城镇分布更加均衡[①]（图1）。

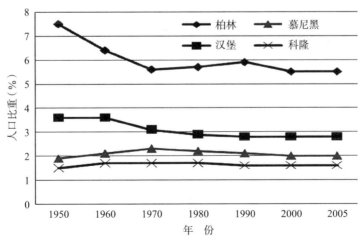

图1 德国四大城市占全国人口比重的变化

① 周彦珍，李杨.英国、法国、德国城镇化发展模式[J].世界农业，2013（12）.

德国城市化进程完成后，形成了多核心均衡发展的城市特点。德国重要的房地产市场也分别位于多个城市，主要有柏林、汉堡、慕尼黑、法兰克福、杜塞尔多夫、科隆和斯图加特七个大城市。另外，汉诺威、莱比锡等也是德国重要的房地产市场。德国作为早期的工业化强国，城市化水平一直比较高。早在1970年，德国城镇人口占比就达到了72.3%，进一步城镇化的空间不大。到2016年，德国的城镇化水平为75.5%，城镇人口变化少，由此引发的对城市地产的增量需求较少。

三、为数众多的邦国是"分散性集中"城镇体系的历史基因

德国城镇空间结构比起其他欧洲国家更为均衡，这和其历史因素有很大关系。德国在历史上曾长期处于四分五裂的局面，最多的时候在德国土地上散落着300多个大小不等的独立诸侯和1000多个骑士领地。由于这些封建邦国、公爵领地以及其他独立领地的长期存在，德国形成了为数众多，相对分散的城市中心。公元911年，查理大帝在德国一脉断嗣后，便开始由各诸侯国选举德国国王，可见德国国王只是德国最大的诸侯国国王而已，起到协调作用，各诸侯国在军事、行政、税务和司法上独立，如同今日的欧盟。在诸侯国内部，国王权力受到多方限制，国王只是世俗中心，还有与之相制衡的精神中心（教会），世俗政权中还有享有各种特权的贵族。拿破仑占领期间合并成39个国家，由于形成的历史各异，有着不同名称，如公爵国、伯爵国、侯爵国、独立城邦，直到1871年，才由普鲁士完成统一全国的任务，并确定柏林作为帝国首都。虽然在此后70多年间柏林的中心地位得到一定的强化，但是第二次世界大战后，东西德分裂，占领国对其大型企业的再布局以及国家历来有公平发展的理念，因此德国逐步形成了较其他国家布局更为均衡、职能更为分散的城镇空间结构。

四、均衡空间政策是"分散性集中"城镇体系的规划基础

政治角度的空间均衡。第二次世界大战后，德国空间布局受到盟军

军事政策的影响，为了避免纳粹中央集权式发展模式，当时在军事上要求德国选择分散式的发展，同时又在中央和地方层级之间建立一个相对强有力的区域管理层级，将旧的区域改组为联邦州（如巴伐利亚州）或城市州（如汉堡、不来梅和柏林），或者组建新的联邦州（如北莱茵-韦斯特法伦州、巴登-符腾堡州）。直到现在，11个原联邦德国和5个原民主德国的联邦州是德国均衡的区域发展模式的支柱。每个州的首府设有传统上首府必须并设置了功能完备的公共服务机构（金融、高等教育、卫生、企业总部、经济促进机构等）。此外，波恩作为一个中等规模城市被选作首都，有利于避免像法国和英国那样由首都主导整个国家的局面。即使是在1990年德国统一，柏林重新成为首都之后，联邦政府的一半职能部门仍然留在波恩。另一项德国特有的政策就是加强联邦制的作用，许多公共机构，如联邦法院、联邦劳工局、联邦环境署，都特意避开首都设在其他城市。两者在欧洲几乎独一无二的，在其他大多数国家，这些国家级机构一般都聚焦在首都，以便于组成中央权力的网络。

规划角度的空间均衡。"分散型集中"特点形成既与德国的文化传统有关，又与联邦政府有意识控制单一城市的发展规模，希望各地区均衡发展有关。联邦政府专门制定《联邦建设法》，空间秩序规划与州域规划以中心地理论为依据，全国范围内的城镇按照等级划分（上级中心、中级中心、下级中心等），不同等级中心得以分配不同的职能和设施，从而有力推动了均衡发展的空间格局的形成。由联邦州政府主导的区域空间规划基于中心地理论，州级发展规划需制定中心城的级别，并分配给每个级别固定的公共服务。在一些联邦州，如北莱茵-韦斯特法伦州的发展规划中，中心城被分为10个等级。在城市地区，高级别中心提供满足中长期需求物资和服务，而中级别中心提供中短期需求。在德国，高等级中心通常是人口多于10万的中心城市和大的经济、就业中心，在整个国家占据重要位置。全德共有154个高等级中心，在全国有序分布，使得每个市民都能在60分钟之内乘车达到距离最近的高等级中心。而中等级中心人口在2万～10万，全国共有超过1000个此类城市。在农村地区，高等级和中等的功能可以被一些地方中心和低级别中心所补充，它们同样可为相关地区居民提供基本的物资和服务。德国城市规划体系有一个突出特点，就是地方层级在城市调控中有较强的自主性，住房领域就属于其中的一部分。完善中心相应的属性是地方公共管理机构职责的重要组成部分，这也保证了地方政府在发展和运营公共服务中，如学校、医院、警察局或邮政局，能够得到相应的支持[①]。特别是在20世纪70年代以后，德国各地的中型城市纷纷建立大学，除了满足年轻人接受高等教育的需求之外，也帮助大城市以外的地区培训了大量高素质的劳动力，吸引和维持了当地大量重要的企业，反过来极大加强了德国多中心的城镇体系。

在德国乡村并不是城市发展的附属品，其与城市共同成为国土空间的重要组成部分。德国乡村地区可以提供同等的生活环境、便利的公共设施和公共服务。以法兰克福大都市区内的上乌瑟尔市为例，小镇人口不足5万，但其规划局表示"上乌瑟尔市与法兰克福市是平等的"，不存在乡、村受上级市、县行政管辖的情况，与其附近的大城市政府之间是平级关系。

五、均衡的财政政策和全面的社会保障政策是"分散性集中"城镇体系的保障

《德国联邦宪法》第106条规定，德国应追求区域的平衡发展和共同富裕。在城乡建设和区域规划政策上，有两项最高宗旨：一是在全境内形成平等的生活环境，减少各地区的差异；二是追求可持续发展，使后代有生存和发展的机会。为了完成这两项宗旨目标，德国创设了三大体系：

第一，州际财政平衡体系。自1951年起，甚至要早于联邦政府开创了纵向转移支付，成员州开始以富帮穷为特征的转移支付体系，借助由联邦宪法法院允许的一整套财经指标实现资金的转移。州际财政平衡以德国人均税收为基数，把各州划分为"富"州和"穷"州，如果某州人均税收超过这一基数，那么它就有责任提供资金帮助"穷州"，以实现后者的人均值达到全国均值的95%。该制度延续至今，成为德国政府间横向财政平

---

① 易鑫，[德]克劳斯·昆兹曼.向德国城市学习——德国在空间发展中的挑战与对策[M].北京：中国建筑工业出版社.

衡的雏形。

第二，对原东德财政倾斜。1990年10月两德统一，当时东德的领土面积相当于西德的44%，人口约为后者的24%，人均GDP为西部的26.3%。虽然当时东德号称"世界第十大工业国"，但是经过测算后发现，东部地区的经济实力仅仅相当于西部地区的10%左右。由于缺乏市场竞争力，大量工厂废弃，失业率直线上升。联邦财政部借助纵向平衡体系向5个新州不断注资。"1990年以来，西德每年向东部地区转移相当于GNP5%的1500亿马克资金"。"新德国一次性地对不过10.81万平方公里的原东部地区投入了10000亿马克，无疑是人类历史上最大的一次性投资，也无疑是人类历史上投资密度最高的一次性投资"。原民主德国地区的城市再开发问题同样也面临更大的挑战，当地人口大量外流，亟须改造利用预制混凝土建设的大型居住区以提高当地的生活品质，为此德国政府专门制定了"城市再开发计划（东部）"。同时，也制定了"城市再开发计划（西部）"，旨在以紧凑型城市的模式引导原联邦德国地区的城市再开发。同时，《建设法典》也引入一系列规定以适应这方面的变化。德国依靠城市更新、基础设施建设、产业发展、团结税直接补贴、联邦及欧盟专项投入等各种手段，东西德差异迅速缩小，基本实现了区域均衡[①]。

第三，完善的社会保障体系。德国是世界上最早建立社会保障制度的国家，也是目前社会保障体系较为完善的国家之一。自俾斯麦政府于19世纪中后期颁布了《医疗保险法》《事故保险法》《伤残保障和养老保险法》以来，经过100多年发展，逐步建立一个涵盖社会每个公民的生老病死、失业、退休、教育以及住房等体制健全的社会保障制度。统一而健全的社会保障体系为城镇化降低了门槛，社会上没有明显的农工、城乡差别，可以说农民享有一切城市居民权利，如选举、教育、就业、迁徙、社会保障等方面平等权利。

---

① 汤怀志，梁梦茵.德国空间均衡发展的特点、做法及借鉴[J].中国土地，2019（3）.

六、发达基础设施是"分散性集中"城镇体系的关键

大都市集聚区之间由交通廊道强有力地连接起来。这些交通廊道覆盖了很大的区域，往往是穿越国境通往欧洲其他国家。德国交通廊道聚集了国内绝大部分的交通量，所经之处城镇密集，城市化水平高，经济发展活力强。这种高度交通可达性和连通性使得国内高效率的劳动分工成为可能。可达性替代空间在现实存在，如专业化功能（法律咨询、金融服务、工程服务和研究等）在至多一天的通行圈就能完成（图2）。

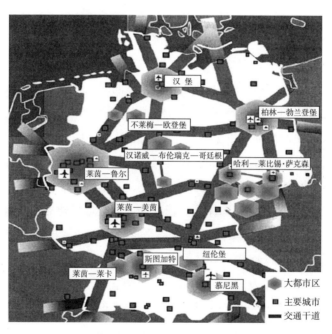

图2 德国"分散型集聚"的11个都市圈和交通廊道

德国高速公路网总长约12917公里，属于世界上最长最密集的系统，仅次于中国（97355公里）和美国（75932公里）。德国国土面积比中国、美国小，为其工业带来了运输和时间上的巨大成本优势。德国约有33000公里轨道，是欧洲迄今最长的铁路系统，每年有超过39000次列车运送1400多万名乘客。慕尼黑建有世界上第二大火车站，排在曼哈顿的大中央车站之后，是欧洲之冠。汉堡是世界第二大铁路调车场所在地，仅逊于

美国内布拉斯加州的贝利调车场。丰富充足的基础设施令德国四通八达，最近的机场、火车站或高速公路距离中小企业往往只有一箭之遥，因此边远或偏僻地区的地理位置毫不构成区位成本劣势。

一些主要国际评估机构专门比较国家基础设施及其对竞争力的贡献，像洛桑国际管理发展学院的《世界竞争力年度报告》，始终把德国列入世界领先位置。再如世界经济论坛在2011—2012年《全球竞争力报告》，将德国评为基础设施质量位居世界第二的国家（地区），仅次于中国香港地区。

第二章 注重均衡的社会市场经济体制

一、德国社会市场主义经济形成的背景以及基本内容

德国社会市场主义经济形成是有深刻历史背景的,西方国家自由放任的市场经济导致了1929年世界经济大危机,加上两次世界大战期间,西方国家长期经济不景气,进一步证明了自由放任的经济政策失败,苏联集中统一的计划经济存在许多明显难以克服的弊端。第二次世界大战结束后,盟国占领区(即后来的联邦德国)仍保持了原来纳粹政府的集中管理经济体制,进一步加剧了物资短缺、物价飞涨。因此,战后,在德国探索"第三条道路"势头增强,逐渐形成了经济学的新自由主义思潮。各派政治力量围绕着联邦德国应该采取什么经济体制和经济政策而展开了激烈的争论。拥有三分之一选民,背后有英国支持的社会民主党人,主张实行生产资料国有化,由国家控制经济活动,即走集中管理经济道路。右翼基督教民主联盟主张实行有管理的市场经济(即以后提出的第三条道路社会市场经济),最终在美国支持下取得了胜利。新自由主义经济学家艾哈德成为西方占领区经济管理机构的负责人,领导了以货币改革为始端的经济改革,带领联邦德国走上了社会市场主义经济之路。

社会市场主义经济政策源于20世纪30年代形成的德国自由主义学派经济理论,奠基人为瓦尔特·欧根,其代表人物有亚历山大·罗斯托、缪勒·阿尔马克和路德维希·艾哈德等。社会市场经济是不同于统一的计划经济和自由放任市场经济的第三条道路,但是其内涵争议很大。

当时,探索"第三条道路"的经济思想流派主要有:凯恩斯主义经济学、经济的社会民主主义、经济学中的新自由主义、天主教社会学、竞争

的社会主义五大类。这五大流派各自提出的社会经济改革具体方案，尽管差别很大，但在核心问题上保持一致，即反对自由放任的经济政策，主张在很大程度上保证个人消费和职业选择上的自由，强调要以某种方式在一定程度上限制个人的经济自由，保证社会稳定，并实现其他的社会经济目标。这些流派的争论焦点是：对个人经济自由应该在多大程度上加以限制以及采取什么方式加以限制。艾哈德认为政府的责任是建构和维护正常的市场经济秩序，而不是直接参与经济事务。艾哈德以足球比赛为例，将政府看作足球比赛中的裁判，私人好比足球运动员和教练员。裁判员并不亲自踢球，只是不偏不倚地保证比赛规则的遵守，这也正是社会市场主义经济的政府责任。艾哈德反复强调必须把政府职责与商人的职责区分开，"国家的任务不在于直接干涉经济""不再对商人发号施令"。当然，并不是说政府对市场经济放任自流，而是有责任规范人们按市场经济正常秩序运作，例如，政府必须制止企业垄断谋利。主要经济秩序是完全竞争，既不像集中管理经济那样由国家和政府来领导经济过程，决定谁是市场上的优胜者，也不像各种垄断那样由卡特尔或辛迪加来统治经济生活，操纵市场价格，而是由竞争来领导经济过程，由消费者来决定谁是优胜者[①]。

联邦德国的社会市场主义经济方案是多重理想的秩序政策观妥协的结果，主张在德国西部建立一种以市场为基础的经济社会秩序，反映了各式各样的自由主义秩序政策方案最基本的共同要求，实际上否定了当时绝大多数社会主义秩序政策方案，这些方案希望在西占区实行关键部门生产资料的社会化和经济计划化。联邦德国一开始就没有把社会市场主义经济方案视为一种僵化的、一成不变的理想模式，认为它应该随着经济社会条件的变化而发展，应该随着新的任务产生而不断吸纳新的经济社会理论和新的秩序政策主张，这就为社会市场主义经济模式的成长留下足够的空间。联邦德国不仅仅为自己的社会市场主义经济方案发展留下余地的同时，也为吸纳其他秩序政策主张，如社会主义的经济政策和社会政策，打开了方便之门。社会市场主义经济方案吸收了许多社会主义因素，就连德国经济

[①] 乔洪武.德国社会市场经济的伦理基础及其对我国的启示[J].社会主义研究，1998（5）.

自由主义者也不否认。

社会市场主义经济并没有官方、明确的定义。艾哈德社会市场主义经济模式可简单表述为：市场经济+国家干预+社会保障。基本内容是：第一，保护竞争是核心。艾哈德认为：切身物质利益能激发人的积极性。因此，必须通过竞争发挥个人和企业作用，国家通过政策、法令，为竞争制定"规则"，保障公平进行。第二，国家干预必不可少。国家主要采取符合市场规律的手段，通过货币、信贷、财政、税收和外贸政策进行总体调节。为了政治或社会稳定的需要，也会采取行政措施；一些涉及国计民生的重要经济部门，受到国家保护，完全不参加或只是部分参加竞争，如农业、铁路和城市交通、邮政、住房建设等。第三，建立社会保障体系，以维护社会稳定，实现公平。第四，中央银行独立于政府，发挥稳定货币的作用。但是在重大问题上，中共中央银行应和政府磋商，配合行事。第五，建立各种行业协会，使之成为承上启下的纽带作用。第六，建立强大的工会，形成对资方的制约因素，有利于经济发展和社会稳定。第七，把整个西德经济纳入世界经济体系，推向国际自由竞争，国家作为后盾。

二、部分物价受到控制下的自由竞争是社会市场经济的基础

（一）自由竞争是社会市场经济体制的核心理念

自由竞争是社会市场经济体制的基础。社会市场经济的倡导者认识到，没有竞争，就没有一个有效率的市场。为了推进和保护市场自由竞争，德国政府主要采取以下措施：第一，政府制定法律和法规禁止垄断，保护竞争。1957年，政府通过《反对限制竞争法》，并于1958年开始实施，这是贯彻市场经济竞争原则的重要法律依据。这项法律严格禁止企业间签订商品售价以及划分销售地区等做法。企业间凡是限制竞争，影响市场条件的协定，政府可宣布无效，并对违者要处以罚金。企业兼并也要受到法律约束，超过一定限度的大规模企业兼并，必须事先要向联邦卡特尔局提出申报。第二，强调私人从事经济活动的自由。从德国基本法即宪法到一些专业法规，如商法和对外经济法等，都体现了经济活动自由的原则和赋予个人自由发展、自由结盟、自由择业等权利，每个经济主体在市场

上都具有赢得收益和承担亏损和风险的均等机会。第三，确立以自由价格为主体的价格体系。艾哈德教授认为，竞争重要前提是自由市场价格，自由市场价格不仅能够协调供求关系，而且会刺激必要的生产，限制无效产出，使得有限的资源最大化利用。

联邦德国的社会市场主义经济探索开始于货币改革。1948年6月20日，开始实施"货币法""货币发行法"和"兑换法"，使得货币改革顺利取得成功，旧的帝国马克被废除，新马克开始流通。其后，又实施了"关于货币改革后的经营管理与物价政策原则的法令"，取消了在德国已实施12年之久的经济管制和价格冻结政策。作为双占区经济部长的艾哈德，将上百条物价和管制法令作废，并取消了配给制。但是对一些生活必需品、重要的工业原料等，分别规定最高限价、固定价格和最低限价。以后，又随着经济发展的情况，逐步扩大了市场调节的范围，到20世纪五六十年代，这些产品的价格也先后放开了。此外，在1948年11月3日还取消了工资冻结，确定工资由劳资双方自由谈判商定，恢复了工资自治制度。货币改革与价格放开"彻底取消了全部经济领域中（从生产到最后消费）的一整套复杂的政府管制"。因此，这种改革取得了巨大的成功。

当然，在改革过程中也出现了一些问题，主要是货币与价格改革后最初几个月物价上涨，物品短缺，以及失业增加，这就引起了社会动荡。1948年11月12日工会举行总罢工，货币改革与放开价格的政策受到怀疑。面对这种局势，艾哈德仍然坚持自己的主张，坚决反对重新冻结物价和国家控制经济。直到1952年，在新经济政策持续作用下，失业率开始减少，物价稳定，生产与工资同时增加，货币与价格改革政策越来越受到欢迎，社会市场主义经济开始真正确立。

面对战后突出的住房匮乏，即使在货币改革以后也必须保持冻结房租的做法。但是其后果是房主不维修和修缮房屋，进一步扩大了住房紧张状况，同时新建房屋的数量也会非常少。因此，1950年和1956年制订的住房建筑法特别规定为促进私人资助修建项目提供税收优惠和利息补贴，并从国家预算中拨出相当可观的资金用于修建社会性住房，这是促使冻结房租措施失效的第一个做法。为了加快建设速度，同时保证紧张的房源能够按照一定的社会公平原则进行分配，德国将住房分为三类进行管理：对旧房和以公共资金援助的新房继续以统制经济的措施进行管理；对于享受税收优惠建造的新房不再实施统制经济的管理方式，用制定"成本租金"的方法部分松动了其原有的租金管制；对自由集资建造的新房完全取消租金管制[①]。这一做法非常成功，住房数量从1949年增加了一倍，超过了两千万套（从1950年到1969年，政府平均国民生产总值的5.3%用于住房建筑，而在1925年到1938年期间仅为2.6%）。但是住房市场仍然很小，为防止收取过高的房租有必要增订法令[②]。1960年颁布"压缩强制性住房经济法"是走向住房自由化的序曲，在其后几年内，逐步在联邦德国的广大地区内原则上建立起住房自由市场。

（二）物价稳定以及一定区域存在的房租房价管制

物价稳定在德国备受重视，既是德国民众备受两次严重通货膨胀之苦的教训所致，也是经济和社会稳定的需要：第一，通货膨胀首先使得那些必须依靠微薄和固定收入生活的人受到冲击，他们没有可能摆脱通胀的影响。货币贬值是一种冷酷的财产掠夺，因此物价稳定是构建富有成效的社会福利政策的第一步。第二，通货膨胀会误导投资方向，因为市场的调控信号已经失真。因此，物价稳定是机制健全的市场经济的基本条件之一[③]。为了保持物价稳定，除了货币政策保持稳定和独立性之外，总的来说，同居民日常生活密切和容易被某方垄断的商品和劳务，也是国家进行调控的重点。

第一，生活用品价格管制。根据德国政府的估计，在列入居民生活费用指数的计算项目的800～1000种商品和劳务的零售价格中，约有40.5%受到国家不同程度的调控，这在发达型市场经济中属于价格控制程度比较高的。在某些生产和服务领域内，为了提供一些最基本的公共供给，防止利用垄断地位牟取暴利，以及保护经济弱小者，政府直接确定和间接影响

---

① [德]迪特尔·格罗塞尔，等.晏小宝，王广成，译.德意志联邦共和国经济政策及实践[M].上海：上海翻译出版公司，1992.

② [德]卡尔·哈达赫.二十世纪德国经济史[M].北京：商务印书馆，1984.

③ 卡尔·冯·沃高.欧盟的社会市场经济[M]//[德]罗尔夫·H·哈塞等.德国社会市场经济辞典.上海：复旦大学出版社，2009.

的行政性价格政策，主要涉及公共交通、邮政、水电气、卫生保险、农副产品、主要食品、汽油以及烟酒等方面。但是德国在价格控制上不是随意进行，而是遵循"适应市场"的原则。政府在绝对必要的地方进行价格调控，所有价格控制都要充分地考虑市场趋势和经济周期变化，要定期进行审查，以便在控制力度和范围上及时做出调整，减少价格政策带来的扭曲和失误。德国价格政策体现了强制性和灵活性的统一，即使在行政价格的范围之内，也采取了不同的调控形式。即有某些部门的直接行政价格，又有与欧共体协议相衔接的间接行政价格；有的领域还实行部分的行政价格，其余部分实行市场价格；有的部门实行以高额税收控制的类型行政价格。多种形式的价格控制也反映出政府在调控过程中力求遵循"适应市场"原则的倾向[①]。为了给社会最下层居民提供基本生活保障，以维护社会稳定，政府与工会联合对一些基本生活必需品开设专营商店，实行非常便宜的所谓"社会保障价格"。这些商品是：大米、面粉、面包、食油、食糖、牛奶及奶制品、鸡蛋、肉类制品、低度酒类、土豆及少量蔬菜和水果。这类商店经营的商品品种少；有的保质期快过；有的质量较差；有的稍有污染，但对健康无大损害。这种专营商店，就是普及全德城乡的"穷人商店"（图1）。

图1　德国超市中普通红酒价格（作者自摄）

---

① 慕海平.德国社会市场经济的政府调控[J].世界经济文汇，1994(12).

第二,对房价的管制。虽然欧洲许多国家,特别是信奉自由市场经济国家,如英国、爱尔兰等并不承认住房投机,并坚信住房市场价格如同经济领域其他价格体系一样是供求关系的正常体现。但是在德国社会国家体系下,对住房领域投机活动加以限制。突出的特点是,在德国各类土地出让与交易价格既不是由开发商定价,也不是由政府定价,而是由独立的地产评估师负责评估认定,注册评估师对自己的评估结果负责30年,并对评估结果负法律责任。除了私人评估师外,德国还按照《联邦建筑法》成立了各地的"房地产公共评估委员会",其职责之一就是负责制定当地的"基准价"或者"指导价",这类指导价具有法律效力,所有开发商有义务参照执行。如果开发商所定的房价超过"合理房价"的20%,根据德国《经济犯罪法》就已经构成违法行为,购房者可向法院起诉,而违法者可能面临最高5万欧元的罚款;如果开发商制定的房价超过"合理房价"50%,则视为"房价暴利",由此触犯德国《刑法》而构成犯罪,出售者可能面临三年的徒刑,因此在德国,独立的地产评估制度与严厉的刑法相结合,使得对住房的投机行为面临巨大的风险。

第三,对房租的管制。房租和医疗费用一直是德国调控的重点之一。住房问题和医疗保险费用的庞大开支,一直都是困扰各级政府的重要社会问题之一。国家对大量社会性住房规定最高房租限价;对私人出租房屋,以法律的形式确定指令性的房租表,并根据房屋位置、建房时间、内部装修以及冷水、热水和暖气供给情况,规定不同的房租附加费。就房租管制形式而言,欧洲国家可以大致分为两类,一类是德国、瑞士、丹麦等国家主要管制房租价格限制,另一类如意大利对住房出租年限,爱尔兰对出租条件进行管制。德国最大的特色是租金价格管制和租户住房权益保护高度结合。如法律明文规定,3年之内不允许房租涨幅超过20%;如果房东的房租超过"合理租金"的20%,就构成违法;超过50%,就构成犯罪。《租房法》《租金水平法》等相关法律对租赁合同的签订、期限、解除以及出租人和承租人权利义务等进行了全面规定,尤其偏重于对承租人的保护。

(三)住房行业政策市场化取向

第一,政策工具市场化取向。第二次世界大战后初期,据官方统计,当时约1540万个家庭，存在550万到600万套的住房缺口。面对严峻的住房短缺问题，联邦德国既没有像民主德国那样，以政府指令和计划规制住房建设，也没有像美国那样出台金融市场的相关政策和法令，通过银行体系为购买者降低准入门槛。面对建设资金的极度短缺，政府通过联邦预算投入资金，同时通过政府贴息和税收优惠等措施鼓励民间自由投资，将建设任务交由包括企业和个人在内的私人部门承担。除了针对贫困家庭的救济型住房外，社会性住房（即获得政府补贴、无息贷款的住房）主要通过包括个人在内的社会部门解决。在解决了战后初期的住房短缺问题后，联邦德国于1956年出台了第二版《住房建设法》，将住房政策的重心明显转移到对家庭自有房屋的资助，以出租为目的住房竣工量日渐减少。因此社会性住房的种类既包括以出租为目的的租赁住房，也包括以自行居住为目的的自有住房，惠及人群实际上覆盖了德国大部分居民。20世纪80年代，出现出租类社会性住房结构性过剩，政府进一步转向住房维护和修缮。进入21世纪后，政府致力于借助住房租赁补助金政策，进一步推动住房市场化发展。

第二，住房投资市场化取向。在第二次世界大战后近70年时间里，德国住房投资模式的主要架构和任务是政府通过以贷款贴息（无息低息贷款）为主要形式的直接政府补贴，或者采取税收减免、土地优惠出让等间接手段为出租性住房和自用住房的建设及修缮提供资助，而社会性住房的所有权人均为企业、非营利性社会机构、住房合作社、公民团体和个人。各类主体都可以平等申请政府资助，政府资助的受益者必须根据与政府签订合同，按照规定标准建造或修缮住房。其中的出租性住房，按照低于市场的租金分配给符合条件的家庭租住。显然，德国住房建设投资是全民参与自助互助的开放模式，政府以资助者身份参与投资。国家通过一定量的财政投入引导、鼓励社会资本进行住房建设，通过这种模式最大限度动员社会资源参与，为民众构建广泛的住房福利，不仅仅致力于实现弱势群体的住房保障。当然，政府介入保障性住房市场并非大包大揽，而是充分发挥社会力量，尽量调动社会积极性，建立了以市场机制为基础的保障性住房体系。政府通过补贴鼓励社会资金，尤其受助人的自有资金进入住房供应体系，并将尽可能多的社会群体纳入其中，从而充分体现社会团结，住房政策因此成为一项广泛的社会政策。

第三，房租制定市场化取向。德国租金指导价格并非静止规定房租上限或者简单冻结房租上涨，而是跟着市场形势的变化而变化，需要租客协会和房东协会的共同商量，每隔一定年度，通过广泛发放调查问卷，调查不同类型的住房租金的情况，之后合理商定上涨的区间，体现了自由市场价格导向的原则。

三、坚持社会国家原则是社会市场经济的核心

（一）社会国家原则的基本内涵

德国的社会国家原则在第二次世界大战后联邦德国的《基本法》中被确立起来。德国《基本法》第20条第1款规定：德意志联邦共和国是一个民主的、社会的联邦国家。按照《基本法》，社会国家原则与民主原则、联邦原则、共和原则以及法治国原则成为各州所必须遵守的宪法原则，各州均不得制定与其违背的法律。同时，《基本法》第79条规定了其修改程序，社会国家原则及其他宪法原则与《基本法》第一条"人的尊严"条款一样不可修改，成为一个"永恒条款"。

"社会"这一概念，就表明了德国的社会国家性原则，要求国家"以人类的尊严和社会公平为标准来评价经济关系和由经济决定的关系"。此外，《基本法》第14条第1款规定保证财产和个人占有的权利。但是，第14条第2款和第3款都规定，"财产权负有义务，即使有利于公众""公众利益起见，财产可以征收"，强调了财产所有者的社会义务。第15条甚至规定，在一定条件下可以将"土地、自然资源和生产工具"等私有财产收归社会所有。总之，德国《基本法》中的具体经济制度，具有鲜明的特色[①]。在保障公民自由权利的同时，赋予其明确的社会义务，不同于早期资本主义经济生活中的"自由放任"和"私有财产神圣不可侵犯"的原则[②]。

---

① 顾俊礼.德国社会市场经济的运行机制[M].武汉：武汉大学出版社，1994.

② 陈泽环.德国的社会市场经济伦理观——读《联邦德国的社会市场经济》[J].德国研究，1997(5).

社会国家原则与其他几个宪法原则有所不同。社会国家原则内容模糊，而且随着时代的变迁，内容也在无限地增加。社会国家原则被写入《基本法》以来，一直伴随着争议，有人认为社会国家原则是第二次世界大战后联邦德国对于现代欧洲一大富有洞见的创举，但是也有人指出，社会国家原则削弱了市场经济的力量，使得人们逐渐失去工作的意愿，期待国家救济[①]。

平等原则服从于社会国家原则。德国《基本法》第3条：法律面前人人平等。这是最传统、最基本的法制原则。但是到社会主义思潮兴起，这一传统的法制原则发生变化。且不说法制的平等原则与社会的社会公正原则冲突时应服从社会国家原则，仅仅在日常司法上，平等原则本身就发生了变化。例如在租房上：房主将房子租给房客，两人签订租房合同，如"双方都可以提前3个月单方面宣布解约"。按照法制国的平等原则，房东与房客是平等的，双方都必须遵守签署的合同。但是现实情况是，在德国，房客想离开，不用说出任何理由，提前3个月通知就可以解约；但是房东却必须陈述理由，根据判例，只有出于自己本人或子女住房需要的才可以解约，而不能因想把房子租给出价更高的第三者而解约。在理由充足的情况下，才能提前3个月解约。显然，合约的双方是不平等的，但是依法治国的目标应当是保障人的尊严、自由、正义以及法的稳定性，与社会国家的原则并不冲突。

《基本法》第14条保障私有财产（如私房、企业）不受侵犯。但是同时指出，如果使用该私有财产（如私房出租、企业运转），必须同时考虑使用者利益和公众利益。出租私房和雇佣工人不仅为了房主或企业主赚钱，也必须兼顾租户或工人的利益。在劳工合同和德国民法上都明确定义了解雇期，即劳资双方要解除劳工合同，都要提前一段时间通知对方。但是现实情况是，雇员要离开公司非常简单，提前通知就可以；而公司要解雇雇员却非常麻烦，十人以上的公司，不仅仅要事先通知，还要申述解雇理由，要给一笔"遣散费"。法定只有三大理由可以解雇雇员：由于雇员的个人原因和行为原因，出于公司的经济原因——条件之苛刻使得企业

---

① 陶亚骏.论德国《基本法》社会国家原则在联邦宪法法院的适用[D].华东政法大学硕士学位论文，2016.

通常不敢去惹这个麻烦，所以德国被解雇的情况相当少。在租房上，如果第三者愿意出更高的租价，如果纯粹按照唯利是图的市场经济规律（法治国原则），当然应当把原来的房客赶走。但是根据社会国家原则，房东出租房子必须同时考虑房客的利益，而不能仅仅考虑自己的利益。社会国家原则要求有财产的人（雇主、房东等）做出更多的贡献，也是另一种形式的社会平衡，富人多给予穷人支持，有房的多支持没房的，没有孩子的多赞助有孩子的……这样就能形成和谐社会，全社会就像兄弟姐妹，这就是源于法国大革命倡导的博爱精神，19世纪社会主义思潮的团结原则。

显然，社会国家原则[1]规定体现在两方面：一方面，国家直接从财政中拨出相应的资金用于社会福利，如子女补贴费、国家养育费以及住房补贴等。另一方面，社会国家原则还体现在各个部门法中，如国家对于房屋租赁关系中弱势一方承租方有较大的倾斜保护。

（二）社会国家原则在住房租赁关系上体现的典型案例[2]

W是一个华人，在德国以较低的房租租了所在公司一间房子，没想到公司换经理，要他搬出，其实想以更高的租金租出去。对方的第一次解约书没有给出要收回住房的理由，当然无效。公司便去法律处，律师帮助写了解约书，理由是：公司扩大生意，办公室不够用，所以要收回住房。W只能请求再给几个月时间找房子，对方也默认了。没有想到几个月后，W还是没有找到房子只能继续住着。对方就通过法庭强制W搬走。W不懂法，也没有找律师，结果没有在规定时间反驳，法庭决定自然就生效

---

[1] 社会国家原则是德国《基本法》规定的原则之一。早在德国魏玛共和国时期（1919—1933年）的魏玛宪法中，就强调传统的人权内容（法制国家原则）以及社会主义理想的公民的社会权利（社会国家原则）。在1949年联邦德国颁布《基本法》（相当于我国的《宪法》）第28条第1款规定，"各州宪法应当符合基本法所规定的共和国家、民主国家、社会国家和法制国家原则"，见祝捷等译，《德国州宪全译》，人民出版社，第12页。另外在钱跃君所著的《德国法律精神与司法现实》（社会科学出版社）对德国《基本法》的社会国家原则以及法制国家原则作了解释。

[2] 本案例来源于《德国：法律精神与司法现实》（钱跃君，2014年）一书，进行了精炼和缩写。

了。按照常理，对方根据民法要求给出了收回住房的理由，又宽宏大量默认了几个月让对方找房子，起诉后W又错过了应诉时间。所以法律步骤都走到了尽头，没有挽救希望，最后通过律师的周旋，利用法庭程序来拖延1个月，1个月后W必须搬出。

但是W找到一名德国华人律师[①]，利用社会国家原则几个条款打赢了官司。现在对方逼着他搬家，是非人道的，有以下五个理由：(1)一家五口，三个孩子都在上学(需提供户口本复印件、学校证明)；(2)夫妻俩从事简单工作，收入刚刚支付现在的低房租(需提供全家收入证明)；(3)按照报上的租房广告打了一圈电话，别人见到拖儿带女的穷人躲还来不及，全都拒绝(需提供打过电话的广告证明)；(4)申请过社会救济房，社会局没有空房，让继续等着(社会局来函证明)；(5)W一家不是无赖，每个月按月支付房费(近一年支付房费证明)。由此可见逼着一家五口搬出住房，就是逼着他们去睡大街或桥洞，过着没有尊严的生活，哪个法官敢判他们一家人搬出？该律师再通过法治国原则和实地调研认为对方陈述的理由不符合实际情况，对方不需要该房子。因为对方收回住房提出的理由是因为公司扩展业务，需要用房。但是这些理由是否属实？可以根据该公司的雇员人数，以此推断该公司的营业额上升还是下降。该律师亲自跑到现场考察公司的实际用房情况，并得出结论：该公司营业额在下降，现有房间都还没有用足。在此基础上，该律师亲自起草了反诉函，陈述了以上理由。法庭不仅回函，而且亲自前来考虑公司的实际用房情况。现场劝说对方撤回起诉，否则将判对方败诉。对方如梦初醒，一场已经判胜的官司面临完全败诉，只能当场撤回起诉[②]。

四、大力发展非营利组织是社会市场经济中的润滑剂

(一)非营利组织在战后飞速发展

在德文语境中，非营利组织(NPO)是指在国家和市场之外，以为其

---

① 钱跃君.德国：法律精神与司法现实[M].北京：社会科学文献出版社，2014.
② 同上

成员或第三方提供需求满足、支持或利益代表为目的的志愿公益组织及公助私营商业机构。在法律形式上，德国的非营利组织分为以下几类：注册协会、私人基金会、公益性质的有限责任公司、公益合作社、其他。现有资料显示，2011年德国有注册协会580298家，私人基金会18000多家，另外还有9000多家注册合作社。德国非营利组织主要活跃在社会服务、卫生健康服务、教育与科研、住房与就业、文化与娱乐、经济与职业、公民与消费者维权、环境保护、国际活动、资金募集等领域。2004年，非营利部门的支出估计达到了1250亿欧元，相当于当年德国国内生产总值的5.5%，非营利组织已经成为德国经济的重要力量。1995年非营利部门的雇员数则达到250万人（以全职工作位置换算），占全国就业总数的8%[①]。

  第二次世界大战以后，德国确立了社会市场经济体制和建设福利国家的目标。在明确政府公立机构和私立（非营利）组织在国家福利供给方面的比例关系引起在野党和执政党之间的争论。两部法律《联邦社会救助法》（第93条）和《青年福利法》（第5条）都规定，公立福利机构不仅有义务支持私立福利机构，而且公立福利机构在新建福利设施时要实行"功能锁定"的原则，只要私立机构还有能力建立新的福利设施，公立福利机构就不得介入，这就是所谓辅助原则。按照辅助原则，国家只行使非营利部门无能力承担的职能。"更高一级的单位（如国家行政机构）只应该承担那些更低一级的区县层面上的单位或私立机构（如教区）或家庭承担能力的任务"。非营利组织应该首先采取行动，实在找不到办法，政府才会介入。另一方面，非营利组织在提供福利产品和社会服务方面相对于国家干预的优先地位。国家认可非营利组织的自决权利和自治实践，同时提供财政支持和法律保障，当然并非平等对待所有非营利组织，只有社会服务领域的非营利组织才能享受特别的待遇，才能从政府获得财政支持[②]。

---

① 张网成，黄浩明.德国非营利组织：现状、特点与发展趋势[J].德国研究，2012（2）.

② 张网成.辅助原则与德国非营利部门发展[J].中国社会科学院研究生院学报，2012（12）.

(二)住房非营利组织起到重要的作用

德国住房保障的强社会和政府、市场中性的特征主要表现为：政府在住房保障中始终保持一定的政策中性，政府在住房保障当中更多扮演法律制度和市场规则的制定者以及通过财政补贴等手段来影响市场，政府并不直接参与住房保障实施。全社会的住房需求主要通过市场得到解决，同时，政府通过法律对市场力量弱势的一方，如对租户权益保护，通过包括市场租金规制、无限期合同、解约保护等手段有效维护租房者权益，市场力量并非像自由主义模式的国家那样得到无限释放。同时，社会力量在制度建构中发挥着较强作用，国家在选择社会住房政策时，更倾向于选择社会机构，依靠第三部门——社会组织，并给予政府税收、贷款等优惠政策支持下解决住房问题。因此，德国的保守主义福利体制模式，构建出的理想社会蓝图是要维持全体社会成员的合理生活水平，保障成员无条件享有社会公民权。因此，保守主义模式下德国住房保障呈现出强社会和政府与市场中性的特征[①]。

社会组织在德国住房保障的参与度一直很高，这也同"社会市场主义经济"特征密不可分。社会组织参与住房保障主要包括早期的"单位房"（企业住房）、住房合作社、业主协会和租户协会等形式。这些社会非营利组织在住房保障中对政府住房政策和住房市场的影响巨大。

单位自建房。德国社会组织力量参与住房保障最早始于工业化早期的"单位房"（Company Housing）模式。这一时期德国工业化和城镇化使得大量劳动力涌向城市，由此带来住房短缺和房价上涨。企业为了吸引劳动力而在工厂周边建立职工公寓，开始建设大量的"单位房"（Company Housing）。"单位房"将居住和就业等不同功能综合在一起，有效解决了工人和城镇居民的住房问题。"单位房"模式作为社会组织集资建房的雏形，开启了社会组织参与住房保障的历史。

业主协会和租户协会。不同的协会和联合会也起到一定的作用，协

---

① 黄燕芬，唐将伟.福利体制理论视阈下德国住房保障政策研究[J].价格理论与实践，2018（3）.

会、联合会这些组织完全是非公有的，由私人或感兴趣的成员组成的组织。虽然不受国家委派或不受国家影响，但是代表所有成员的利益，互相协商或与政府协商。如柏林-勃兰登堡业主协会（开发商协会）拥有的出租房占比42%，主要任务是帮助政府制定政策和法律、对房租的控制、检查诸多住房合作社遵纪守法等。德国租户联合会成员超过300万，大约有1300名全职工作人员和2500名志愿者。

邻里协会。德国邻里协会的功能远远超过我国的物业协会，据调研，邻里协会有以下的功能：第一，帮助难民获得低租房；第二，青少年的工作，包括学校工作、幼儿园工作等；第三，从组织创设之始就有的古老目标，那就是为居民提供场地，供聊天、开会、讨论之用；第四，帮助失业人士找到工作，即由于比较高的失业率，邻里协会帮助长期失业人士为主以及覆盖管辖范围内的所有失业人员。

住房合作社。德国合作社住房非常有特点，是德国合作精神在房地产行业的体现。所有住在合作社的租户必须是合作社的成员，具有参与合作社的决策权，住房产权属于住房合作社，只能租给合作社的成员。作为一个成员，既是所有者，也是使用者还是决策者。截至2015年，住房合作社住房在德国住房总量占比5%，在租赁性住房总量占比9%。

市政房地产公司。市政房地产公司对房地产市场起到调节需求和补充需求的作用，历史悠久。柏林有六家政府市政房地产公司，汉堡有一家，慕尼黑有两家。市政房地产公司除了为市民提供低租金的住房（租金水平比较低，只有私人公司租金的一半或者2/3，导致公司净收入低），公司还承担其他的社会责任，如为很多社会机构提供活动场所，开展半公益性甚至完全是公益性项目等。

第三章 各负其责的德国央地关系

为了更加深入了解在德国各级政府之间的住房建设以及住房补贴的职责以及变迁，有必要了解一下德国央地关系，尤其是两者之间的财税关系。德国是联邦制国家，《基本法》把国家分为联邦和州两级，并规定了各自独立的管理权限，但是需要合作完成一些共同任务。州政权以下的市、县、乡、镇，在法律上是州的组成部分，统称"地方"。地方各级政权也依法享有独立管理自己事务的权限。因此，在行政体制和财政体制方面，习惯统称为：联邦、州、地方三级体制。联邦制三级财政体制主要包括：公共任务的划分与财政支出范围的确定、税收收入的分配，以及各级财政依法实行财政平衡所进行的收入再分配。

一、德国财税体制变革以及典型特征

目前，德国实行以共享税为主体的分税制，所谓以共享税为主体，不是因为共享税的税种比专享税多，而是共享税收入在联邦、州、地方三级财政收入中所占比例最大，是各级财政的支柱。正因为共享税在各级财政收入中具有举足轻重的作用，因而通过调整共享税种的分配比例（例如1951—1985年间，联邦对所得税所占比例调整9次，对销售税所占比例调整8次），可以较好地解决各级财政负担与收入之间的尖锐矛盾。德国财税体制曾经历过两个主要阶段：

（一）以专享税为主的阶段（1949—1969年）

1949年颁布的《基本法》规定各级财政实行"自主和相互独立"的原

则,强调在法律制度上保持国家必要的集中统一,以保证对整体经济进行必要的调整,这就是所谓的"三级分立制"。

建国初期,社会市场经济德国迅速医治第二次世界大战创伤,创造出令人瞩目的经济奇迹。"1949年西部的工业产值比1948年提高了42.3%"。1951年到1956年,德国GDP实现了高速增长,依次为10.4%、8.9%、8.2%、7.4%、12%、7.3%。同时,联邦财政支出受到战后重建、社会保障、国防等大宗开支的影响而逐渐膨胀,联邦债务规模与日俱增,从1950年到1955年,联邦占三级政府债务比例由35.4%上升到50.7%。为了缓解财政压力,联邦内阁自从1951年开始多次向州政府表达了分享个人所得税和公司利润税的愿望。在1956年财政改革中,联邦政府依靠立法权优势终于开创了共享型税收模式,个人所得税、公司利润税纳入共享税,其划拨比例依照年度政府间协商确立。1956年宪法修正案还授予联邦政府增值税(即销售税)、保险税、货物税(烟草税、咖啡税、酒精税、矿物油税等)税种的专有权,授予州政府遗产税、财产税、机动车辆税、啤酒税等税种的专有权,授予地方政府贸易税、房地产税、营业税等税种的专有权(表1)。

1956年联邦德国税收改革 表1

	联邦政府	州政府	地方政府
专享税	增值税(即销售税)、保险税、货物税(烟草税、咖啡税、酒精税、矿物油税等)	遗产税、财产税、机动车辆税、啤酒税	贸易税、房地产税、营业税
共享税	个人所得税、公司利润税纳入共享税,其划拨比例依照年度政府间协商确立		

《基本法》赋予了联邦政府以"专有立法权、共同立法权、框架性的总体立法权"为代表的大多数决策权;州囊括了大部分行政事务,负责执行《基本法》和州宪法的有关规定。凭借强势的立法资源,联邦政府得以在新中国成立之初就拥有大量财政收入,1950年联邦税入占总税收的40.2%,此后持续上升,到1955年已达到总税收的45.3%[1]。尤其经过1956年税改,1956—1969年间,联邦税收占政府总税收的比重持续上升,

---

[1] 罗湘衡.德国联邦制度下府际财政关系研究[M].北京:人民出版社,2018.

最高突破50%的大关（1965年甚至高达56.7%）。同期，政府税收占GDP的比重稳定在23%左右，"1960—1969年依次为23%、23.1%、23.5%、23.4%、23.5%、22.8%、22.9%、22.6%、24.6%"。

此时，联邦政府相对集权，利用多种手段向州和地方政府施加压力，进而将权力触角伸向某些法律真空地带。这突出表现在20世纪50年代初，"联邦政府向州和地方政府提供用于社会住房、地方工业政策和农业政策的特殊用途赠款；而对大学建设和地方运输投资的其他联邦赠款计划也随之而来"[①]。赠款机制成为联邦诱导州和地方政府保持政治忠诚的政策工具，对实现各州居民生活水平一致性具有积极功效。到20世纪60年代末的近20年中，联邦政府始终以"金色缰绳"控制各州，在几乎所有的重要地方投资项目上，都加大了拨款和出资，以至于一些较小的州几乎完全依赖联邦政府，地方自治相对减少。

（二）以共享税为主体的分税制阶段（1969年至今）

在1956年税改之后，随着社会秩序好转，经济日渐繁荣，作为地方专享税的房地产税（包括土地税、土地交易税和房产税）和营业税占据了地方税收的主体，导致地区差距越来越大。20世纪50年代中期到60年代末，地方财力不断拉大的关键是营业税收入分布不均。营业税规模取决于人口密集、城市化水平、工业化程度，那些人口密集、城市化水平高、工业生产强劲的地区在财力上遥遥领先。同时，房地产税主要是由于建筑用地、农业用地的价格差距从而拉大了地区财税差距。1969年，在数万个城镇中出现较大的贫富分化，"人均GDP从多特蒙德的15050马克、埃森的15850马克和杜伊斯堡的18520马克到法兰克福的3168马克、杜塞尔多夫的26100马克和斯图加特的25700马克；人均税收潜力从多特蒙德389马克到法兰克福的730马克"[②]。

---

① [德]贝尔恩德·赖塞尔特京，等.朱建军，等，译.德意志联邦共和国的中央和地方的关系[M]//.[英]尹夫·梅尼，等.西欧国家中央与地方的关系.北京：春秋出版社，1989.

② [德]韦·阿贝尔斯豪泽.张连根，等，译：德意志联邦共和国经济史：1945—1980年[M]，北京：商务印书馆，1988.

为了缩小地区差距,1967年7月出台了《促进经济稳定与增长法》,是国家对全国经济进行总体调节,并对财政体制进行改革的法律基础。根据此项法律成立的"反周期政策委员会"提出"在财政预算方面,联邦、州和地方政府采取协调行动"。联邦议院批准这一财政体制改革原则,这就是"三级合作与协调制"。具体而言,明确各级政府承担的公共事务,本着支出和任务一致的原则,确定支出范围;在财权上,实行以共享税为主体的分税制,财税体制从三级分立制走向三级合作与协调制。

1969年,宪法修正案决定将由联邦政府专享的增值税(即销售税)以及由地方政府专享的营业税纳入共享税之中,并重新调整分配关系,增值税按照年度政府间财税谈判所商定的比例进行分配。如1970年、1971年联邦、州两级财政按70%:30%分账;1972—1973年比例为68%:32%;1978—1982年比例为67%:33%。作为补偿,联邦政府对个人所得税和公司利润税的分成分别上升到43%、50%,州财政对两税享受同等份额,地方政府出让40%的营业税,以换取辖区内居民所缴纳个人所得税的14%(表2)。

1969年联邦德国税收改革 表2

	联邦政府	州政府	地方政府
专享税	保险税、货物税(烟草税、咖啡税、酒精税、矿物油税等)	遗产税、财产税、机动车辆税、啤酒税	贸易税、房地产税、营业税
共享税	个人所得税、公司利润税纳入共享税,其划拨比例依照年度政府间协商确立。联邦政府以前专享的增值税(即销售税)和地方政府专享的营业税纳入共享范围,划拨比例依照年度政府间协商		

1969年,德国分税制改革奠定了以后德国财政体制的基本框架,德国分税制改革的特点是,税额大的税种都作为联邦、州或地方二级或三级财政的共享税。共享税税种包括增值税、个人所得税、营业税、公司利润税等。这些共享税约占全部税收收入的75%,联邦从共享税中获得的税收收入占其全部税收收入的75%,各州约占85%[1]。共享税在联邦、州和地方三级财政之间的分配比例,除了增值税之外,一经确定不再调整。因为

---

[1] 顾俊礼.社会市场经济的运行机制[M].武汉:武汉出版社,1994.

增值税是共享税税种中唯一能平衡联邦和各州财政能力的税种。

市镇政府（地方政府）成为1969年分税制改革的最大受益者，尽管让渡营业税的40%交换个人所得税的14%似乎不利于地方财政，但是后者征收额高居德国所有税种的榜首，规模远在营业税之上。自此，地方税收打破了长期依赖营业税和房地产税的局面，逐渐建立地方储备的雄厚基础，增加了市镇进行区域竞争的实力。例如，1970年营业税、个人所得税各占地方年度税入的42.7%、37.8%，随后前者的重要地位日益被后者取代，例如，到1981年双方对比为39.7%、44.8%。显然地方税收的构成已经出现转折，个人所得税和营业税的组合取代了早期的营业税和房地产税组合。为了提高所得税，市镇唯有积极主动参与政府间横向竞争以吸引更多公民定居本地，大力优化生活质量、改善环保水平、加强基础设施建设、提高公共服务能力，也提高了地方治理绩效[①]（表3）。

目前德国共享税在联邦、州及市镇政府之间的配置比例　　　表3

具体税种	联邦政府	州政府	市镇政府
个人所得税	42.5%	42.5%	15.0%
公司利润税	50.0%	50.0%	—
增值税	53.2%	44.8%	2.0%
利息税	44.0%	44.0%	12.0%
进口增值税	41.4%	58.6%	—

同时，1969年宪法修正案规范了联邦政府对地方政府的赠款行为。以前联邦政府可以较为自由赠款给市县乡政府，州政府对此比较反感。州政府认为即使赠款不可或缺，但是联邦不能无视州政府作为中枢层级的态度，直接为地方赠款有违合作联邦主义精神。以1969年财政改革为契机，各州强烈呼吁以法律形式规范联邦赠款。为促进成员州出让更大比例的工资所得税、公司利润税以及实现利益交换，联邦政府承诺有关赠款事项实行两级政府协商一致的原则。根据新立法，联邦给予州和地方政府的赠款只能用廉租住房、农业和地方基础设施建设、大学、城市更新等领域，或

---

① 罗湘衡.德国联邦制下府际财政关系研究[M].北京：人民出版社，2018.

用在短期稳定计划方面，联邦政府为经常性开支提供无条件转让或赠款权力遭到坚决抵制。为体现对联邦州作为国家执行机构的尊重，各种名目的赠款一并归入州财政账户，由州政府决定资金的流向和规模。

（三）纵向和横向的财政平衡体制

德国财税体制另一个比较突出的特点是纵向和横向的财政平衡体制。财政平衡的法律基础是《基本法》第107条。所谓纵向平衡，就是为适应联邦、州、地方不断变化的需要，不断调整共享税中的主要税种（如增值税）的分配比例，或者上级向下级直接提供补助金，或上级资助下级完成一些社会经济项目，以解决联邦、州和地方的财政平衡问题。纵向平衡的总趋势是，上级财政每年通过各种方式转移给下级财政巨额的转移支付。20世纪90年代初期，这种纵向财政转移支付规模占上级财政总支出的13%左右。横向财政平衡的办法主要有三点：（1）富州直接拨款给穷州。具体操作程序是，先进行各州税收能力指数和平衡指数的测算，实现各州财力的大致平衡。根据财政平衡法规定，如果州的税收能力指数小于平衡指数的95%，则95%以下的差额会全部得到平衡拨款；税收能力指数与平衡指数的差额在95%～100%之间，其差额部分按照37.5%的比例给予平衡拨款。（2）调整各州对共享税的分配比例。共享税最重要的税种是增值税，既可以在联邦与各州之间依法调整分配比例，也可以在各州之间调整分配比例，前者称为纵向平衡，后者称为横向平衡。增值税在联邦与各州之间的分配比例（目前是53.2∶46.8），属于各州的共同的份额（46.8%）不是在各州平均分配，而是本着"富帮穷"原则进行分配。具体操作是，将各州财政共同份额的3/4的税收，除以各州居民总数，计算出人均增值税收入份额，居民数越多，分得的这部分税收越多，这叫增值税的人均基础分配，剩下的共同份额的1/4的税收，实行向穷州倾斜的平衡分配原则。凡是税收能力指数低于各州平衡指数95%的州，均有权参加这部分税收的分配。（3）联邦财政对穷州提供援助性的财政拨款。一般情况下，联邦财政每年从自己享用的增值税份额的税收中提出15%，无偿拨给贫穷的州财政，而且州财政可以自由支配这部分资金[①]。

早在1951年，联邦州就开始实施以"富"帮"穷"为特征的转移支付机制，通过由联邦宪法法院承认的财经指标实现资金流转。州际财政平衡体系选取全国人均税收额为基数，如某州人均税收额超过这一基数则有义务提供资金扶助未达标的州，实现后者的人均财力达到全国平均值的95%。鉴于各州围绕州际财政平衡体系出现大量矛盾，95%的均衡目标经历多年才最终实现。20世纪50年代初，同级转让体系将最穷州的税收提高到平均值的88.75%，1959年增加到91%，1969年又增加到95%。州际财政平衡体系是德国政府间横向转移支付制度的雏形，被视为在合作联邦主义模式下最为复杂的政治任务，并享有世界声誉，特别是在两德统一后为协调东西部地区间关系，促使国家由政治统一向社会统一转变发挥了不可替代的作用。

二、德国三级政府财政收入与支出结构

（一）联邦政府的财政收入与支出

1996年之前，联邦政府在德国税收中的份额从未低于45%，但是1996年之后，一直稳定在42%。原因有二：第一，在统一之后，联邦在共享税的分配对州妥协让步，直接导致联邦在国家税收占比中有所收缩。第二，联邦财政直接出资支援东部地区的结构转型和基础设施重建，严重妨碍了联邦税收的集中，导致相当数量的财源流散（表4）。

德国联邦政府的财政支出结构（2008—2013年）（单位：亿欧元） 表4

年份	2008	2009	2010	2011	2012
房屋、区域规划与地方社区服务	16.07 (0.6%)	18.08 (0.6%)	21.14 (0.7%)	20.33 (0.7%)	20.89 (0.7%)

数据来源：罗湘衡.德国联邦制下府际财政关系研究[M].北京：人民出版社，2018.

在德国，住房建设被视为德国社会福利机制的重要部分。在政府层

[①] 顾俊礼.社会市场经济的运行机制[M].武汉：武汉出版社，1994.

面，住房保障责任在三级政府间有明确划分，联邦负责设立法律框架，16个联邦州参与法律制定，并具体负责社会性住房项目，市镇级政府负责城市土地管理，为住房提供基础设施，具体办理社会性住房出租管理等。2006年生效的联邦制度改革，将住房职责划归为各州政府，联邦政府从2007年到2019年仍会向地方发放财政资金，但是以后将由各州自主负责住房领域[①]。联邦层面主管住房领域的是联邦交通、建设和城乡建设部，该部前身是联邦交通、建设和住房部，负责所有交通和建设领域的基础设施部分。同时，联邦交通、建设和城乡建设部在老年人居住方面会和联邦家庭、老人、妇女和青年部共同合作。

在住房方面，联邦各部以及州议会负责住房和建筑的法律框架。除了制定法律框架，联邦政府的一项重要活动为房地产开发和社会住房提供补贴。此外，联邦政府负责为公务员提供住房。住房建设是联邦政府和州政府、市政府的共同责任。联邦政府向各州拨款，各州相应配以配套资金，再分配给投资者（"补砖头"）。在某些情况下，市政当局也参与补贴。补贴资金的主要比例是由联邦政府提供，但是在联邦制改革的背景下，住房补贴的责任完全由各州承担。

在过去的几十年里，德国住房政策的重点已经逐步从住房供应转变成支持个人住户，政策和资助方法不断改变，但是所有拨款制度应遵守以下原则：(1) 补助的原则。尽可能根据当地水平处理。各个城市规划社会性住房开发方案。州政府和联邦政府只有在地方政府不堪重负的条件下才介入；(2) 共享拨款的原则。要求最终住户（通常是居民）除了市、州和/或联邦拨款外，需要支付一定资金（租金、按揭付款）；(3) 因地制宜的原则。要求住房不能建成州或联邦政府的房产。德国所有的社会性住房都是私人所有，甚至市政房地产公司都是由商业法管理的私营实体，其股份由该市持有。

各州政府根据自身发展计划的各种投资项目，联邦政府不能直接插手。关系到各州经济发展及人民生活水平均衡的项目，如住房建设投资，本是州政府的事权，但是关系到能否使得每个德国公民获得相应的价格

---

① 倪虹.国外住房发展报告第1辑[M].北京：中国建筑工业出版社，2013.

合理的住房，联邦政府制定了《住房补贴法》，由联邦政府负担社会性住房建设费用的50%。其他类似项目如城市规划建设与发展，联邦政府负担33%[①]。在早期阶段，联邦政府曾直接投资社会住房建设，例如1953—1956年，联邦政府在预算中安排了5亿马克用于社会住房建设；1957年，安排了7亿马克；1965—1967年，安排了6.2亿马克；1968年，每年安排1.5亿马克；2002—2005年，共安排约9.7亿马克[②]。

目前，房租补贴是德国针对低收入居民提供住房保障的主要形式。根据法律规定，联邦政府有义务协助州政府完成某些特殊的补贴任务，例如联邦政府负担房租补贴的60%等[③]（据笔者调研，这一比例会变动）。德国《住房补贴法》规定：居民可支付租金一般按照家庭收入的25%确定，低收入居民实际缴纳租金和可支付租金的差额，可向地区政府申请房租补贴。房租补贴标准综合考虑家庭规模、租金费用、住房水平（面积、地段、配套等）、家庭收入状况等因素，补贴资金由联邦政府和州政府共同负担。目前，德国约11%的家庭申领了房租补贴，每年政府支付房租补贴约155亿欧元。

（二）州级政府的财政收入与支出

自1990年起，各州税收地位明显上升，州政府税收占全国税收的比例，其中以1995年为节点大致划分为"35%阶段"和"40%阶段"。这两个时段都呈现出高度均衡性和稳定性，并未出现缓升和缓降现象。各州税收的主体来自对共享税的提取，其次是征收专享税。按照《基本法》的规定，州级财政分享了个人所得税和工资收入税的42.5%，公司利润税的50%，利息税的44%和少量的进口增值税（以上税种分配比例未经修宪不得调整）；各州的专享税包括财产税、遗产与赠予税、土地交易税、博彩税、消防税、啤酒税等。除了遗产与赠予税，其他税种来源分散、税基易迁移、征管成本高。

[①] 廖明.联邦德国财政税收制度综述[J].经济社会体制比较，1993(8).
[②] 严荣.德国住房租赁市场的发展[R]//上海市房地产科学研究院研究报告，2019.
[③] 廖明.联邦德国财政税收制度综述[J].经济社会体制比较，1993(8).

目前，各州财政支出主要用于人事支出、拨付市县乡镇等自治地方的财政转移支付和救助款、投资活动三方面。因为州政府公务员在全国公务员占比最高，"只有不到10%的公共部门工作人员属于联邦，大约50%的工作人员属于联邦州，而地方政府工作人员所占比例却达到约40%"。州政府人员规模相对优势提升了各州搭建伙伴型府际关系的主观能动性，便于构建"适度集中、相对分散"型的府际财政关系模式（表5）。

州级财政支出结构（单位：亿欧元）　　　　表5

年份	总支出	人事性支出		市县乡镇等基层拨款		投资性活动		流动性支出		利息支出	
		总额	占比	总额	占比	总额	占比	总额	占比	总额	占比
2010	2867	1021	35.6%	642	22.4%	347	12.1%	256	8.9%	197	6.9%
2011	2967	1046	35.3%	671	22.6%	348	11.7%	262	8.8%	194	6.5%
2012	2993	1073	35.9%	685	22.9%	306	10.2%	267	8.9%	187	6.2%

数据来源：朱秋霞.德国财政制度[M].北京：中国财政经济出版社，2005.

对市县乡镇的财政转移支付和救助款是各州财政第二负担。在1969年财政大改革后，成员州通过政治手段迫使联邦在赠款问题上做出让步，联邦直接干预市镇财政的局面结束。长期以来，州政府对市县乡镇的拨款占州财政支出的20%～23%，呈现出小幅震荡的稳定格局。由于德国统一以来，东西部之间在基础设施建设力度、国民经济发展水平、人民群众生活质量、社会福利/社会保障机制的衔接程度、环境治理能力等方面存在地域差异。东部新州的市镇比西部老州的市镇更依赖于救助款进行公共服务。

州财政支出第三大项目是投资活动。投资活动主要集中在交通基础设施、住房建设和维护、大中小等学校的发展、前沿科学技术的研发、工农业装备的购置与维护等生活扩容性领域。投资活动存在东西部之间的区域差异，东部5州在投资领域的支出占比是西部11州的2倍以上。因此，如果没有东部地区的高额开支，实际上投资活动的比重将会大幅萎缩。譬如笔者在勃兰登堡州（东部州）投资银行调研时，州投资银行就肩负着重大的住房投资职责。

根据新住房法规定[①]和2006年德国联邦结构改革的要求,住房领域的职责被重新分配,由国家一级转交给联邦州一级负责。此后,住房领域的首要原则调整为:由联邦政府(基于新的住房法)来调节未来政府资助房屋发展的整体目标;16个德国联邦州负责制定自己的住房政策目标,同时可以选择灵活的资助方式。通过责任的重新分配,在某种程度上可以使负责住房管理的各联邦州部门和地方政府之间更加密切合作。同时,在地方一级也引入了新的住房管理手段。《住房法》第四款("社区参与")规定:"联邦州应考虑地方政府及其协会在提供社会住房援助时对于住房政策方面的要求,特别是如果他们为联邦州的援助提供了自己资源时候更应该如此。如果地方政府及其协会在行动方案中解释自己的政策,联邦州应考虑这些方案及其措施所产生的影响"。此后,许多城市开始制定自己的住房行动方案。但是很多州政府无法提供足够的财政支持,只有北莱茵·威斯特伐利亚、巴伐利亚和汉堡可以较大规模资助自己的住房项目。其他13个德国联邦州都要借助地方政府的力量,地方政府要掌握更多可供开发的土地,同时还要让自己的住房公司在社会性住房上有更多的投入。因此住房市场需要很久才能实现转变[②]。

德国州政府也对联邦法律框架有影响力。一方面,他们负责提高住房可支付能力,向市政当局和住房组织提供补贴。另一方面,各州负责为租户提供主体补贴(补人头),为低收入租户提供住房援助。并控制地方建筑活动以及界定地区发展的目标来影响房地产开发活动。因此,各州的决定也对以营利为目的的建筑活动设置了一定的限制。

联邦州层面上还有州建设部长会议常务委员会,由德国各联邦州主管住房领域的部长和议员组成,委员会每年定期举行一次会议,并为制定及修改各州相关法律条款提供框架意见[③]。

[①] 2001年生效的新住房法取代1956年的《住房建设法Ⅱ》,意味着国家住房政策的法律框架和目标重大转变,不仅住房政策重心由供应方为主转向以需求方为主,而且住房领域的职责由国家一级转变为联邦州一级。

[②] 易鑫,[德]克劳斯·昆兹曼.向德国城市学习——德国在空间发展中的挑战与对策[M].北京:中国建筑工业出版社,2017.

[③] 倪虹.国外住房发展报告第1辑[M].北京:中国建筑工业出版社,2013.

(三)市镇政府财政收入和支出

德国市镇政府财权相当有限,仅有较少比例的共享税提成、微乎其微的专享税、面向公共设施(如游泳池、成人教育、幼儿园、影剧院等)和公用事业(如公共交通、污水排放、垃圾清运、墓地等)受益者的收费、源自上级的纵向财政转移支付、出售和变卖部分公有资产所得以及借贷性收入。自从统一以后,市镇共享税包括个人所得税和工资收入税的15%、利息税的12%、增值税提成2%。尽管个人所得税占比小,但是由于基数巨大,成为市镇政府的第一大税收;德国市镇专享税大致包括了土地税、娱乐税、打猎与钓鱼税、营业税、消遣品税、第二套房房产税、饮料税等。市镇税收收入占全德税收收入的18%左右,但是由于存在广泛的上级对市镇的转移支付,市镇自身的税收收入仅仅占市镇财政收入的40%左右。

市镇政府在地方事务上占据了绝对优势地位,如社会保障和劳动力市场政策、健康和环境、房屋修建及其维护、城市发展和区域政策、能源与水源管理、贸易和服务等方面(保证经济稳定与增长、收入分配等职能划归为联邦和州政府)。市镇政府重心在于改进当地的生产生活条件,强化基础设施的建设力度,完善环境保护和治理能力,提升辖区内居民的生活幸福指数,对包括交通设施、能源设施、环保设施、文化设施负有总责(表6)。

市县乡镇等地方政府的实物投资支出(单位:亿欧元) 表6

年份		2008	2009	2010	2011	2012
全德总计	实物投资支出	206	219	232	220	197
	占总支出比重	12.3%	12.3%	12.7%	11.9%	10.5%
西部老州	实物投资支出	169	178	187	181	164
	占总支出比重	11.9%	11.8%	12.2%	11.6%	10.4%
东部新州	实物投资支出	38	41	44	39	32
	占总支出比重	14.1%	14.7%	15.5%	13.5%	11.2%

数据来源:罗湘衡.德国联邦制下府际财政关系研究[M].北京:人民出版社,2018.

名目繁多的社会支出也是市镇财政支出的另一大头。大致包括了社会救济、福利性住宅补贴、社区图书资料中心、社区老年/青少年/妇女活动中心、社区心理诊疗与康复中心、妇女/儿童/老人等弱势群体救助站点等(表7)。

市镇等地方政府的社会支出(单位：亿欧元)　　表7

年份		2008	2009	2010	2011	2012
全德总计	社会性总支出	386	405	419	433	444
	社会性净支出	138	149	149	—	—
	社会性净支出占比	9.6%	10.0%	9.7%	—	—
西部老州	社会性总支出	324	342	356	368	380
	社会性净支出	121	131	134	—	—
	社会性净支出占比	10.0%	10.4%	10.3%	—	—
东部新州	社会性总支出	62	63	63	65	65
	社会性净支出	17	18	15	—	—
	社会性净支出占比	7.6%	7.7%	6.4%	—	—

数据来源：罗湘衡.德国联邦制下府际财政关系研究[M].北京：人民出版社，2018.

目前，市镇政府是住房市场重要的机构，负责为当地弱势群体提供住房。绝大多数当地政府成立市政房地产公司，建设和出租保障性可支付性住房。此外，政府还向私人和商业投资者提供补贴，以解决这一任务。此外，地方政府必须为低收入家庭提供直接住房补贴，包括房租在内的社会福利。市镇政府另一个主要角色是开发建设用地和审查建设项目。

地区政府负责房租补贴资格审核，只审核申请人的收入，不审核资产。过去主要审核个人陈述资料，2013年底实行信息系统联网核查收入。据黑森州工作人员介绍，以前资格审核，不合格率约为5%，预计信息系统联网后将达到20%。居民领取房租补贴后，可以申请社会性住房，也可以在市场上租房，但是只能选择房屋设施、区位条件普通的房屋，并须经政府部门认可，以保证租赁的房屋仅仅是满足基本居住需求（政府部门根据房屋质量、区位、配套等因素将房屋分为六个等级，一级为最差，六级为最好。领取房租补贴的家庭只能租住一到二级类别的住宅，最高不能超过三级）[①]

---

① 杨瑛.借鉴德国经验，加快建设以公租房为主的住房保障体系[J].城市发展研究，2014(2).

第四章　分工明确的银行体系

众所周知，德国以间接融资为主，银行在德国金融市场上占有主导地位。德国联邦银行采取独立稳定的货币政策，通货膨胀率长期处于很低水平，这为德国住房市场稳定奠定了基础。同时，德国银行体系中的各类专业银行为住房建设、改造、消费提供了源源不断的金融支持，因此可以说，银行体系是房地产制度的"定海神针"。德国银行体系非常具有特色，有必要介绍德国联邦银行的定位以及独立银行体系，以便能更好地了解德国住房制度和德国住房金融制度。

一、联邦银行执行的长期低通胀率为房地产市场发展提供了良好的外部环境

（一）房地产市场受益于长期低通胀率

第一，长期低通胀率提供德国社会性住房投资商的良好投资环境。德国投资商是否乐意投资社会性住房取决于政府提供各种优惠措施（如无息低息贷款和市场利率贷款的差额、建设补贴、税收优惠等）与接受政府约束条件（如受限租金）比较。如果这些政策优惠超过因租金受限（包括受限程度和受限时间）而造成的损失，投资商愿意投资于社会性住房，因此，市场利率和政府提供的低利率的差距对投资商非常重要。一个反例是在欧债危机之中欧盟采取宽松货币政策，导致德国市场利率直线下降，与政府为社会性住房提供的低息贷款利率相差不大，因此社会性住房投资逐渐失去了吸引力。具体可见本书的德国勃兰登堡州投资银行的调研报告。

第二，长期低通胀率也为德国合同储蓄的固定利率奠定基础。德国住

房金融体系主要包括3个部分：综合性银行（以提供住房抵押贷款和以浮动利率为主），商业银行（提供固定利率的中期和长期抵押贷款为主），住房储蓄银行（地区化运营、封闭式运作、先存后贷、固定的低利率供应、政府对参与者进行奖励）。由于可调利率抵押贷款使得借款人往往暴露于利率风险之下，故而很少使用，以固定利率为主，个人抵押贷款的大部分都是固定利率与预付补偿（Prepayment Compensation）相结合。在欧盟其他国家，固定抵押贷款在其他国家比较常见（如荷兰、法国和比利时），但是在整个市场中所占的份额要低很多。实现以固定利率为主必须以保持长期低通胀率为前提，否则如果发生了较高的通货膨胀，实行固定利率为主的银行体系会受到严重的损失，这就要求德国长期保持低通胀率，这也是德国联邦银行的首要目标。

（二）德国联邦银行独立性是两次通胀教训的结果

联邦德国的联邦银行（即中央银行）拥有相当大的独立性，这是德国半个世纪痛苦的历史教训总结。在第一次世界大战期间，当时的帝国银行（即中央银行）完全听命于政府，为战争提供资金。帝国银行的最高机构"五人管理委员会"由帝国总理担任主席，直接由帝国政府总理领导；在战争过程中，帝国银行完全成了帝国财政部的执行机构。在1923年底到1924年初，恶性的通货膨胀达到了令人难以置信的程度。1923年11月，德国批发价格指数是战前1913年的7260万亿倍。尽管有300家纸厂和足足两千台印刷机日夜印刷钞票，而纸币量仍不能满足物价飞涨的需要。买一个面包或一份报纸装一背袋或装一儿童车的钞票还不够。1923年11月，一块面包值200亿马克，一份报纸值500亿马克[①]。后来人们吸取了第一次世界大战前后的教训，颁布了1924年银行法。法律明确规定，帝国银行独立于帝国政府，帝国银行领导工作和对货币政策责任只属于帝国银行管理委员会，帝国银行对帝国政府贷款受到了严格的限制。但是随着1933年希特勒上台，颁布了新的银行法，规定任免帝国银行委员会主席和成员的权力归于帝国总理，取消了帝国银行的独立性，帝国银行董事会直接接

---

① 〔联邦德国〕卡尔·哈达赫著.二十世纪德国经济史[M].商务印书馆，1984.

受帝国元首的领导。第二次世界大战爆发后，希特勒政府通过帝国银行发行所谓占领区马克，据统计，1938年年底到1945年2月帝国马克从82亿猛增到564亿。战争末期，帝国银行承担了国家全部军费债务的1/5，其中至少有1/3的短期债券①，最后导致了第二次灾难性通货膨胀。人们宁愿要法国的白兰地酒和美国的纸烟，而不愿使用纸马克。这种严重的通货膨胀，使得德意志联邦共和国认识到，要恢复和发展被战争破坏了的国民经济，必须建立一个稳定的货币制度②。

德国在两次世界大战中货币大幅度贬值的后果，使得一代人在时间跨度里两度面对全部货币财产几乎丧失殆尽的重创，最终促使德意志联邦共和国力图建立一种杜绝重蹈覆辙的货币秩序。核心要素是：(1)德意志联邦银行的法定职责是，其货币政策必须以确保价格水平稳定为首要目标，维持货币稳定、控制通货膨胀是德意志联邦银行的首要任务。(2)不接受联邦政府和其他政府（其中也包括联邦议院）的指令。(3)最高货币政策决策机构，即中央银行委员会的成员在任职期间不可撤销其职务。(4)严格限制德意志联邦银行为公共预算赤字融资。这种货币秩序赢得了公众强烈的认同，同时秩序的遵守与否也始终处于监督之下，德国内部存在一个广泛的有关确保稳定的共识。该货币秩序曾经是成就德国战后时期的通货膨胀率跻身于全球范围最低之列的最重要的原因③。

根据金融学界的研究成果，中央银行的独立性是指在三个领域中必须排除或大大削减政府的影响：人事方面的独立性；融资的自主性；政策的独立性。所谓"人事的独立性"是指政府对任命程序的影响，包括很多相关标准，如政府向中央银行的董事会派代表的问题、任命的程序、任职期限以及支配着中央银行解散的程序。显然，如果各国政府能够直接或间接通过中央银行的信贷为政府支出融资，那么政治家可以影响中央银行的决策，就没有"融资的独立性"。政策的独立性分为目标独立性和工具独

---

① 何广文著.德国金融制度研究[M].中国劳动社会保障出版社，2000.
② 同上。
③ [德]罗尔夫·H·哈塞等.王广成，陈虹嫣，主译.德国社会市场经济辞典（第二版）[M].上海：复旦大学出版社.

立性。"目标独立性"是指相对自由选择货币政策做的最终目标，例如可以选择物价稳定目标比产出稳定目标更重要。"工具独立性"是指中央银行可以自由选择各种有效的工具，达到其政策目标的措施。如果中央银行使用政策工具需经政府批准，那就不存在"工具的独立性"[①]。在各种著作中，对中央银行的独立性曾经涉及过各种各样的指标，强调中央银行独立性的不同方面，尽管各个专家稍有不同的评分体系，但是德国中央银行的独立性都高居榜首，如表1所示。

各专家对西方国家的货币政策独立性的评价　　　　表1

标准	阿勒辛那	格里利等	艾芬格—沙林	丘基尔曼
最高总分	4	16	5	1.00
人事独立性	2	6	2	0.20
财政独立性	1	5	1	0.50
政策独立性	1	5	2	0.30
德国	4	13	5	0.66
加拿大	2	11	1	0.46
日本	3	6	3	0.16
英国	2	6	2	0.31
美国	3	12	3	0.51
欧洲中央银行	4	14	5	0.94

数据来源：[荷兰]塞尔维斯特尔·C·W·艾芬格，雅各布·德·汉.向宇，译.欧洲货币与财政政策[M].北京：中国人民大学出版社.

（三）德国联邦银行独立性的体现

1.联邦银行独立性受法律保障

德国联邦银行相对独立性，受到法律制度保障。依据1957年7月26日颁布的《德意志联邦银行法》而成立了德意志联邦银行，其前身是德意志帝国银行。根据《德意志联邦银行法》，它虽归国家所有，但是在法律上是一个独立于政府的机构，在行政上高于内阁各部，在行使职权时不受

---

① [荷兰]塞尔维斯特尔·C·W·艾芬格，雅各布·德·汉.向宇，译.欧洲货币与财政政策[M].北京：中国人民大学出版社.

联邦政府的约束，只对联邦议院负责。与其他发达国家的中央银行相比，它在组织上、在制定货币政策等方面具有很大的独立性。更重要的是《德意志联邦银行法》第12条规定："在行使本法所赋予的权力时，联邦银行可以不受联邦政府的指示。"这就在联邦银行与联邦政府的关系上，以明确的法律形式保证了联邦银行的独立性。同时，法律还规定：联邦银行必须支持联邦政府的一般经济政策，并与联邦政府密切合作。《德意志联邦银行法》第13条还规定"联邦政府成员有权出席中央银行理事会会议，他们没有投票权，但可以提出议案。应其要求，中央银行理事会的决议最多可推迟两周做出。"此外，联邦政府在讨论重大的货币金融政策时，则邀请联邦银行行长出席，联邦银行行长有责任向联邦政府提供情况说明以及咨询意见，供联邦政府的决策机构制定财政政策时参考。

物价稳定也是政府和联邦银行发展的目标。1967年6月，联邦议院颁布了《促进经济稳定与增长法》，规定"联邦和各州在采取经济和财政措施时，要注意宏观经济平衡的要求。这些措施必须在市场经济制度的范围内，在保持经济持续和适度增长的同时，保持物价稳定、充分就业和对外经济平衡"这就从法律上赋予国家对经济进行总体调控的权利，明确提出了包括物价稳定在内的四个目标。在1957年制定的《德意志联邦银行法》的第一章中，明确规定：德意志联邦银行利用本法授予的货币政策权限，调节货币流通和经济的资金融通，以达到保卫货币的目的。德意志联邦银行作为联邦德国的发行银行，它在本国领土内，拥有发行货币的特权，根据本国经济发展的需要调节货币流通量和信贷供应量，承担保卫货币，保卫马克的职能。为了加强联邦银行保卫货币的权利，此法第三章还规定，联邦政府在讨论与货币有关的事项时，必须邀请德意志联邦银行的行长参加。像联邦德国这样，以法律形式明确地规定本国中央银行活动的总目标等，在世界上尚属不多见，因此德国央行的独立性与欧洲各国相比也是最大的。保卫货币，一直被认为是德国联邦银行的首要任务，联邦银行一直被认为是"货币的守护神"。

2. 联邦银行的独立性体现

（1）人事独立性

联邦银行人事任免具有独立性。联邦银行的行长、副行长和理事经联邦政府提名，由联邦总理任命，任期通常为8年。由于联邦总理的任期是

4年,因此不受联邦政府更迭的影响,从人事上保证联邦银行的独立性和货币政策的连续性。它在履行自己的职责时,不受联邦政府指示的约束,具有相对的独立性[①]。

(2) 经费独立性

联邦银行的经费具有独立性,在制定执行货币政策的过程中不受外来因素,特别是政府行政部门的干扰。同时,联邦金融监管局的财务也是完全独立的,虽然名义上隶属于德国联邦财政部,其经费来自于被它监管的2400余家银行、800余家证券投资机构和700余家保险公司,代表是公共利益,能够保证金融监管局独立、公正地行使监管权而不会被利益集团所俘获。

(3) 政策工具独立性

在社会市场经济中,货币政策是促进经济稳定的最适当、副作用最小的工具。在德国,货币政策由德意志联邦银行负责制订。1957年联邦议院颁布《联邦德意志银行法》,其中第3条明确规定:"德意志联邦银行运用本法赋予的货币方的权力,以稳定货币为目的,调节流通中的货币量和提供给经济部门的信贷量,并且办理国内外的银行支付往来"。

对国内来说,联邦银行的货币政策主要包括制定和定期公布中央银行的货币量目标,以及在年度执行中,通过采用调整最低储备金率、贷款利率和公开市场业务等传统的货币政策工具保证货币量目标的实现。1974年12月以来,联邦银行向社会公众公开货币量目标。1988年起,这一计划指标被放弃,改为采用货币量M2,这些都是德国货币政策的创举。一方面,M2增速与经济增速相匹配,货币供应水平合理,如图1所示,另一方面,M2货币发行与经济增长相匹配,德国M2占GDP比重仅仅为90%,如图2所示,在主要发达国家中处于中等水平,低于欧元区平均水平(96%)。德国联邦银行的独立地位和独特的货币政策,使得它40多年在与通货膨胀做斗争、保持币值稳定、实施宏观调节方面,发挥了十分重要的作用,成了社会市场经济不可缺少的重要内容。

此外,法律还规定政府债券要通过联邦银行发行,联邦银行往往作为银行团的领导,既能保证政府债券发行,又对它的价格(利率)施加很大

---

① 何广文.德国金融制度研究[M].北京:中国劳动社会保障出版社,2000.

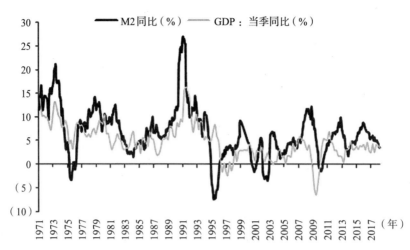

数据来源：夏磊.全面解码德国房价长期稳定之谜——德国住房制度启示录，恒大研究院，2018-08-21.

图1　德国M2增速与经济增速相匹配

的影响。联邦政府制造的铸币要通过联邦银行投入使用，联邦政府和各州政府之间采取非现金结算，政府流动财政资金必须存入联邦银行。这样把政府的资金业务纳入货币信贷政策轨道（图2）。

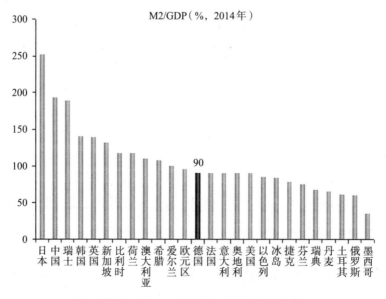

图2　德国M2占GDP比重处于发达国家中等水平

（四）德国联邦银行执行低通胀政策取得的成效

在德国联邦银行领导下，德国通胀水平长期维持在较低水平，1950—2017年，德国CPI年均增速仅2.4%，即使是在全球陷入滞胀的20世纪70年代，德国年均CPI增速也仅有5%，在全球主要发达经济体中，通胀控制能力突出。在稳健的货币政策和温和的通胀水平背景下，德国房价基本保持长期稳定，房价涨幅与通胀基本同步，1970—2017年，房价指数上涨234%，CPI指数上涨242%（图3）。

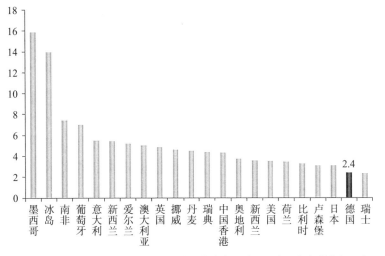

数据来源：夏磊.全面解码德国房价长期稳定之谜——德国住房制度启示录，恒大研究院，2018.08.21.

图3　德国1950—2017年CPI年均增速（%）

由于德国秩序政策的巨大成功，在创建欧洲货币联盟之时将其作为范例。德国货币秩序政策所有核心要素都包括在欧洲货币联盟的货币秩序之中，有些甚至在表述形式上比德国更为明确和严格，例如与联邦银行相比，在目标表述以及禁止为公共预算赤字融资方面的规定便是如此。此外欧洲货币秩序还体现出德国货币秩序的不少机构性特征，譬如欧洲央行与德国央行具有几乎一致的组织机构，由欧洲央行行长、副行长和其他四位成员组成的执行委员会负责贯彻实施欧洲央行委员会做出的有关货币政策的决议。在欧洲央行委员会这个最高决策机构中，除了执委会的成员之外，还有欧洲货币联盟各成员国的央行行长。1999年初，欧洲央行成立以后，德国央行作为欧洲央行的组成部门，在货币政策方面执行欧洲央行的货币政策，其主要目标依旧是维护本国货币的稳定。为了适应欧洲货币联盟及一体化的进程，德国调整了关于央行的相关法律，2002年3月23日修改了《德意志联邦银行法》。调整后的法律并没有改变德国央行的基本职能，只是在欧洲央行的体系下重新构建了其体系[1]。

二、独特的银行体系为住房体系注入源源不断的资金

德国银行体系的专业银行为住房融资提供稳定的来源。德国专门化各类银行提供了专门的政策工具，从供应端来看，州立投资银行为社会住房以及租赁住房投资提供了低息贷款；复兴信贷银行为住房节能改造提供资金支持；而住房储蓄银行（Bausparkassen）提供消费者固定利率的购建房贷款支持。

为了更加深入了解德国住房金融，我们必须了解一下德国银行体系，就能知道为住房建设、改造以及住房消费提供资金的各类机构在银行体系中所处的位置。德国银行体系分为两类：全能银行和专业银行。全能银行包括信贷银行、储蓄银行-汇划中心-州立银行、合作银行与合作中央银行。专业银行则包括不动产抵押贷款银行、房屋建造互助银行（住房储蓄银行）、直接银行、投资公司、证券存储保管银行（表2）。笔者将重点介绍与住房金融相关的银行。

德国银行体系　　　　　　　　　　　　　　表2

全能银行	专业银行
信贷银行 储蓄银行、州立银行和储蓄银行汇划中心 合作银行和合作中央银行	不动产抵押贷款银行 房屋建造互助银行（住房储蓄银行） 直接银行 投资公司 证券存储保管银行 特别业务信贷机构（包括复兴信贷银行）

---

[1] 魏曼，刘骞文.1974—1990年德国货币政策独立性与有效性检验[J].北京工商大学学报（社会科学版），2013（1）.

德国提供住房融资的分为二大类：第一类是全能银行，主要包括私人银行、储蓄银行、合作银行，储蓄银行占比27.5%（2003年）。第二类是专业性银行，包括抵押银行、住房储蓄银行。在提供住房融资的银行中份额占比最大的住房储蓄银行，占住房贷款的29%（2003年）；抵押银行住房贷款占比21.1%（2003年）。在全国银行贷款总额2.3万亿中，用于建房和买房的房地产开发贷款和个人购房贷款1.1万亿，占比47%[1]。

德国主要住房贷款有以下几种：第一，固定利率贷款。期限一般为20～25年，其固定利率多限于贷款开始的头10年，以后的利率随行就市调整。贷款额一般不超过抵押资产额的55%～60%。同时，在固定利率期间，不许客户提前偿清全部抵押贷款，以防止利率变动给金融机构带来损失。第二，储贷合同贷款。主要由建房互助储金信贷社（住房储蓄银行）提供，期限一般为6～13年，贷款利率低而且始终不变，这主要借助于社员较低的储蓄利率维持。这一贷款储蓄方法、存款的限额和期限根据合同而定。第三，浮动利率的短期抵押或无抵押贷款。由于德国不允许金融机构提供百分之百的抵押贷款，当客户个人的资产和储蓄均不足，以上两种贷款都不能满足需要时，第三种贷款作为补充就应运而生。这种贷款多由商业银行和保险公司提供，其资金来源于各种短期存款，利率随金融市场行情而定。第四，低息或无息贷款。这是国营的抵押银行和储蓄银行向低收入者、多子女家庭、残疾人，以及维修建造社会住房的非营利企业提供的贷款[2]。

（一）全能银行

联邦德国是世界上实行全能银行制度最早和最好的国家之一。所谓"全能银行"，就是可以经营一切业务，同时又能提供一定的专业服务。它向社会所有行业、个人或公共部门提供贷款，发行和买卖各类证券，办理贸易结算等银行服务。例如，客户可在德国任何一个小城镇通过银行在芝加哥购买明年收成的大豆，同样又可以通过银行在6个月将大豆卖出。

---

[1] 李世宏.德国房地产市场及房地产金融的特征分析[J].西南金融，2011（5）.
[2] 李平.德国住宅的金融体制[J].金融信息参考，2001（3）.

1. 信贷银行

根据德意志联邦银行统计，信贷银行可分为四类，分别是：大银行、区域银行、其他信贷银行和外国银行本国的分支机构。大银行是指十大银行集团，其中规模最大的四家信贷银行是德意志银行、巴伐利亚抵押联合银行、德累斯顿银行和德国商业银行。区域性银行的业务仅仅局限于某个固定的区域，习惯上称为区域型银行，如巴伐利亚抵押联合银行。大银行和区域银行一般以股份公司形式存在，而外国银行分支机构一般以股份公司或有限责任公司等形式存在。所有信贷银行都起源于私有经济，追求盈利是其主要的经营目标。与储蓄银行和合作银行相比，信贷银行国际业务在业务结构中更加突出。此外，信贷银行也从事大量的证券业务，涉及有价证券买卖、发行和其他投资银行业务。

2. 储蓄银行和州立银行

有人可能认为会把储蓄银行等同于住房储蓄银行，其实两者并不一样。储蓄银行和州银行属于公法信贷机构，即它们的资产所有者是公法机构（乡镇、区、合作区域协会或联邦州）。德国第一家储蓄银行是1778年在汉堡由私人建立，目的是为贫困阶层提供存款的机构。早在20世纪初，德国约有2700家储蓄银行，主要为地方政府所有。最早一批转账中心创立于1909年至1918年间，开始它只是储蓄银行的附属部门，后来逐渐发展成为具有独立法人地位的机构。随着地区性转账中心的不断建立，1917年作为中央机构建立了德国转账汇划中心。显然，转账中心的职能起初作为各储蓄银行间支付往来的结算点，后来则发展成现在的转账汇划中心。

储蓄银行分为三个层次，基层是地方储蓄银行，中间层次是地区性和州一级层面上从事业务的州立银行和汇划中心，最上层是德国汇划总署。各个地方储蓄银行联合成为地区性联合会，一般称作为汇划中心或州立银行或拥有复名"州立银行——汇划中心"，均属于公法性质机构，州立银行更是被视为联邦州的往来银行。储蓄银行尤其是州立银行作为公法机构承担法定义务，使得它们公益性很强，它们取得的盈利用于储备金积累，最高目标不是为了追求利润的最大化，而是向经济界和居民提供贷款，尤其是向中小企业和资产较少的群体发放贷款。储蓄银行和州立银行的数据显示，它们在为中小企业服务领域的市场份额达到40%以上。储蓄银行的法定义务还包括促进自主创业/独立就业、保证大城市以外地区的银行服务、均衡的地区经济结构以及通过发放地方性贷款来使得乡镇和联邦州更加现代化。储蓄银行和州立银行两者的资产合计占36.3%（2003年），2009年占比33.7%，超过了商业银行，如表3所示。

德国存款机构构成　　　　　　表3

	资产				机构数量		分支数量	
	2003年		2009年		2003年	2009年	2003年	2009年
	亿欧	占比	亿欧	占比				
商业银行	18040	27.9	21920	29.2	261	278	5105	11496
大型银行	10450	16.1	12920	17.2	4	4	2221	8773
地区银行	6710	10.4	7170	9.6	173	170	2861	2620
国外分支	880	1.4	4820	2.4	84	104	23	103
州立银行	13460	20.8	14580	19.4	13	10	571	475
储蓄银行	10000	15.5	10730	14.3	491	431	14757	13266
区域合作银行	1870	2.9	2490	3.3	2	2	12	11
地方合作银行	5660	8.7	6900	9.2	1393	1157	13201	12144
抵押银行	8720	13.5	7710	10.2	25	18	76	65
特殊目的银行	5240	8.1	8830	11.8	14	18	31	30
建筑贷款协会（住房储蓄银行）	1730	2.7	1940	2.6	27	25	2822	1924
合计	647200	100.0	75100	100.0	2226	1939	36575	39411

资料来源："IMF Germany: Financial Sectoral Stability Assessment" IMF Country Report No 11/169, 2011, P44.

德国储蓄银行同时也受到地域原则的制约。该原则规定，每个储蓄银行只能在其所属的行政区域里开展业务，可以是一个城市、一个区县、一个乡镇，也可以是几个区县的联合体。这意味着他们不能自主选择市场，而必须在指定地区内开展业务，获得一定的经营利润。在必要时，一家储蓄银行只能通过与邻近分行合并来扩大经营区域。储蓄银行与其他银行另一个区别就是，由于储蓄银行拥有储蓄存款所带来的充裕资金，没有必要依靠资本市场，也不依赖于个人投资者和投资基金。另一方面，虽然为了自身可持续性发展及满足有关区、县政府的要求，利润也是储蓄银行的目标之一，但值得强调的是获取最大利润并不是储蓄银行的终极目标[①]。

目前，德国储蓄银行金融集团是德国金融市场的领先者，也是全球最大的金融集团之一。集团下属430家储蓄银行，9家州立银行（含德卡银行），10家州立建房储蓄银行，11家保险公司，5家租赁公司，1家IT服务公司，11家地区储蓄银行汇划联盟和688家基金会，同时还参股78家公司。该集团现有员工36.65万人，其中储蓄银行员工24.96万人。储蓄银行网点21700家，储蓄存款市场份额占整个德国的49.9%。2009年末，该集团资产总额达3.41万亿欧元。员工人数和资产总额远远超过了德国最大的私人银行——德意志银行[②]。

3. 合作银行和合作中央银行

合作银行包括大众银行（城市信用合作银行）、赖发森银行（农村信用合作银行）、储蓄与贷款银行，它们在会员制的基础上成立，建立之初的主要目的是为了促进手工业和合作银行成员经济的发展。通过会员制度，它们将一部分会员的存款作为闲置资金贷放给另一部分有资金需求的会员。

（二）专业银行

专业银行包括不动产抵押信贷银行、住房储蓄银行、直接银行、投资公司、证券存储保管银行、特别业务信贷机构（包括复兴信贷银行）。

1. 不动产抵押信贷银行

在德国，同时也在奥地利、斯堪的纳维亚和其他欧洲大陆国家，不动产抵押银行是最常见的专门机构类型。德国不动产抵押银行为购买住宅和商业不动产提供资金。他们为国内房地产提供贷款，也为公共部门贷款。不动产抵押银行是长期融资的提供者，也为消费者和商业投资者提供融资支持。大多数抵押贷款银行给购房者提供贷款。不动产抵押贷款银行受到严格的监管，特别是在投资方面，但反过来又被赋予了发行抵押债券的专有权。不动产抵押信贷银行通过发行固定长期债券为其主营业务长期贷款融资。《抵押银行法》规定，房地产抵押品价值的60%作为贷款发放的最

[①] 毛亚社. 对德国储蓄银行的考察与启示[J]. 西部金融, 2011（3）.

[②] 同上。

高限度。公法地产信贷银行通过房地产抵押发放抵押贷款,或以公法机构资产或税收为担保发放市政贷款,通过发行房地产抵押债券或市政债券进行融资,根据抵押贷款以及公共部门的债券的基础上发行德国抵押债券。

2. 住房储蓄银行

德国住房合同储蓄模式是一种内部封闭的长期储蓄融资体系,只有事先参加住房合同储蓄才能获得申请购房低息贷款的权利,通过大量住房储蓄者的参与形成一个互助的集体,为自助而互助,利用集体成员的存款帮助集体所有成员获得购房资金。德国住房合同储蓄模式的直接执行机构是住房储蓄银行,因为德国《住房储蓄合同法》规定只有住房储蓄银行才能办理住房合同储蓄业务,其他商业银行不能承办专项住房储蓄业务。

住房储蓄银行相当于一种会员制银行。一方面从一部分住房储蓄者那里获得存款,另一方面向另一部分住房储蓄者提供用于购建住房为目的的贷款。住房储蓄者首先必须和住房储蓄银行签订合同,并按合同要求定期存入资金,通常这笔存款的利率比较低。相应,住房储蓄者将在合同期满时得到一个以较低利率获得贷款的权利。当存款达到一定数目时(一般是40%~50%),银行就贷给他全部建房的款项,这笔贷款以固定的低息长期借出。贷款的时间取决于客户的偿还能力,国家也为此拨出一定比例的建房储蓄奖金并实行优惠政策。住房储蓄合同的成熟期取决于已存续的存款量和贷款期限以及选择的利率和其他的合同特征(图4)。

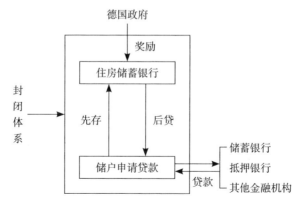

图4 住房储蓄银行贷款流程

3. 复兴信贷银行

负责为中小企业提供融资的特殊机构之一是德国复兴信贷银行。始建于第二次世界大战之后，旨在促进快速重建的复兴信贷银行，如今肩负着清晰的使命：提供资金帮助德国中小企业发展技术能力，复兴信贷银行实质上是中小企业融资的主要来源，特别是它为德国中小企业提供长期投资贷款和流动资金贷款。复兴信贷银行还是贯彻政府政策的一个重要机构，最近实行的优先政策包括推广绿色技术，增加建筑物节能装修的投资或者强化节能生产。用于这类目的贷款有联邦预算部分资金的支持，所以利率特别优惠。复兴信贷银行作为合作伙伴，与储蓄银行、合作银行和私人银行等相辅相成，协调互补。复兴信贷银行通过这些普通银行进行借贷，从而简化了给中小企业发放和审批贷款与信贷的过程。详见本书德国复兴信贷银行的住房业务。

（三）德国银行体系特征

与西方国家相比，德国银行体系具有以下显著特征：

第一，国有银行占有较高。和英美以股权市场为主的模式不同的是，德国银行业中，国有银行和合作金融机构等非私人控制银行占有相当重要的比重。截至目前，德国国有银行的资产占全能银行资产总额的47.6%。

第二，德国公司治理机制为利益相关者主导型，与美国相比有较大差异。美国公司将股东价值最大化作为经营目标，而德国公司，比如储蓄银行和合作银行，不仅追求股东价值最大化，其他利益，特别是雇员和其他利益相关者的利益也是很重要的。股东价值不是德国商业文化的唯一成分，德国股份公司法将公司结构分为股东大会、监事会和管理委员会（董事会），并赋予管理委员会最大权利，其次是监事会，最后是股东大会。管理委员会在履行其职责时不仅要考虑股东利益，而且也要考虑利益相关者的利益。

第三，德国银行业盈利率较低。储蓄银行等金融机构由于在法律上被要求支持地区发展，盈利成为次要目的；合作社银行宗旨是服务于其顾客和所有者，盈利部门所占银行资产总量不到20%，因此德国的银行业盈利率低于国际平均值。2003年德国银行自有资本盈利只有0.7%,因此金融机构的国际竞争力薄弱,资产回报率偏低(2005年世界25大银行中德国仅占一个席位,即德意志银行,市值前25名中德意志银行排第23位)。

第三篇

理论篇

第一章　社会性住房的内涵、演变及机制研究

一、德国社会性住房的内涵

(一) 社会性住房本质是对政府优惠政策的一种交换条件

社会性住房，德文为Soziale Wohnraumforderung，英文为Social Housing。但是在德国，"社会性住房"一词很少被使用，在法律表述上一般指的是"公共补贴住房"（Publicly Subsidised Housing）或"住房促进"（Housing Promotion）。所谓"公共补贴住房"，是指德国对住房政策的公共干预并不与特定的提供者挂钩，而是为各类住房提供者提供优惠政策（既包括公共补贴又包括低息无息贷款等），作为交换条件，业主会按照政府的要求对受到补贴的住房以低于市场租金的标准在一定期限内进行出租。具体而言，如图1所示，在生产过程中开发者接受政府的补贴以及银行的无息贷款等政策支持，并按照一定规则分配，并在一定期限内按照限定租金收租，在限制期结束后恢复市场租金。简而言之，德国的社会性住房是受租金限制和准入限制的住房，业主接受优惠政策的前提条件是必须对住房的租金和准入进行限制。优惠政策不仅仅限于任何特定的业主群体，而且是所有符合条件的业主或地主（All Landlords），包括市政房地产公司和私人房地产公司、住房合作社、其他公司和个人等。

概而言之，标准形式的社会性住房具有以下三大主要特征：第一，这类住房的建设得到了政府资助，包括财政拨款、低息贷款、减免税收等；第二，投资建设方拥有住房产权，但在与政府事先商定限定期内（限制期限不等，获得政府资助越多，限定期限越长），所建住房应作为社会性住房，由其向外租赁并负责维修，期满后可按市场价格自由出租或出售；第

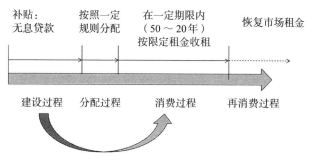

图1 标准形式的社会性住房生产和消费过程

三,向承租人收取租金,不得高于政府确定的租金标准上限。

在社会性住房发展过程中,至少可以分为二种不同类型:第一种是以出租为主流的标准形式,建设时间一直延续到20世纪80年代中期,户型面积和房间大小都有上限;第二种为高于申请资格40%～60%的收入水平的居民提供更高价格的社会性住房。在许多地区,包括自住独栋住房(Single-Family Homes),其房间和公寓的面积仅略大于标准形式的社会性住房。

(二)德国社会性住房内涵不同于他国

尽管社会性住房概念在各国使用频率很高,欧盟统计局有统计社会性住房一项。如奥地利、丹麦、英国、法国、匈牙利、爱尔兰、荷兰和瑞典等国社会性住房占存量住房比例,最高为35%(荷兰),最低为4%(匈牙利)。但是整个欧洲对社会性住房没有统一定义。在不同国家,社会性住房建设主体、适用人群等各异,实际上,德国社会性住房和其他国家的社会性住房有着很大的差异:

第一,德国社会性住房仅仅指的是一种社会承诺。在德国,无论各种业主(地主)的类型,社会性住房是与个人住房相联系的接受补贴的临时性承诺。承诺的期限性意味着社会性住房的时效性,一旦过了期限,则恢复市场住房的身份。然而,在其他国家,社会性住房仅仅是指某类主体开发的住房如非营利性机构或市政房地产公司的住房。如英国社会性住房是指地方政府和住房协会的住房。

第二,德国社会性住房均设置准入限制以及租金限制、期限限制。德国最早的社会性住房保障对象比较广泛,后来对收入有所限制,此外,期限限制是德国特色。除了德国，一些国家如比利时、法国和奥地利等社会性住房也有收入限制和租金限制，但是没有期限限制。而在荷兰和瑞典，社会性住房也是针对所有家庭，社会性住房和私人租赁住房的租金一样。在奥地利（Austria），对申请对象的收入也不作限制。

第三，德国社会性住房融资手段基本无变化。德国社会性住房融资手段基本是银行无息贷款、政府补贴，并未随着时间变化而变化。而其他欧洲国家的社会性住房融资工具却不断在变化。如英国住房协会在2008年金融危机前能以低利率银行贷款融资，政府亦可以提供相当于50%开发成本的公共资金。金融危机之后，银行贷款收紧，贷款期限缩短，住房协会被迫依赖于资本市场和债券市场融资[1]。

德国社会性住房与其他国家不同，本质是社会市场经济模式（莱茵模式）在住房制度的体现。瑞典吉姆·凯梅尼将住房体制分为单一化体制和二元化体制，并认为在二元化体制中，是以一种国家控制的、以命令型经济模式运行的公共住房；而在单一化市场，成本型租赁住房和私有租赁住房在一个逐渐解控的条件下进行竞争[2]。他认为德国住房体制是单一化体制，德国社会性住房最初并没有设定收入线，而且也没有把保障性住房和市场住房严格划分开来，而是打通了两者之间的通道，可以实现转化。作为单一化体制，德国社会性住房模式典型特征是你中有我，我中有你。这种单一化体制极大调动了社会力量投资保障性住房的积极性，既保证了一定营利性，又减轻了政府财政负担。但是对拟引入此制度的国家，实际上操作的难度较大，其一，需要政府或者具有公益属性的投资银行一对一和开发商、私人进行谈判；其二，需要政府清正廉洁。

（三）德国社会性住房处于不断萎缩状态，最近有所回升

为了认清德国的住房类型情况，有必要与包括比利时、法国、德国、

---

[1] 杨佳燕，等.英国房地产中介市场监管培训团考察报告中附报告——英国的社会性住房制度和商品住房租赁市场监管情况[R].住房和城乡建设部"英国房地产中介市场监管培训团"，2012年.

[2] [瑞典]吉姆·凯梅尼.王韬，译.从公共住房到社会市场——租赁住房政策的比较研究[M].北京：中国建筑工业出版社，2010.

荷兰、奥地利和瑞典等其他欧洲国家比较（图2）。

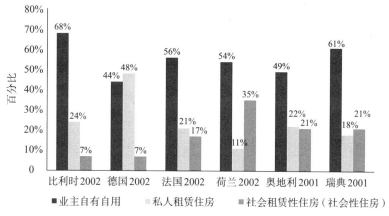

数据来源：Alice Pittini，Social Housing in the European Union，January 2012，Housing Europe，https：//www.researchgate.net/publication/308964157.

图2　不同欧洲国家不同住房类型

对比图2可以看出。其一，德国私人租赁住房比例最高，比利时、法国、荷兰、奥地利、瑞典私人租赁住房占比分别为24%、21%、11%、22%、18%，德国私人租赁住房占比高达48%（图3）。

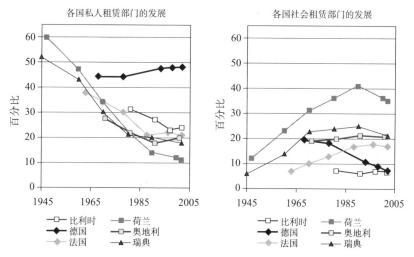

数据来源：Alice Pittini，Social Housing in the European Union，January 2012，Housing Europe，https：//www.researchgate.net/publication/308964157.

图3　私人租赁住房以及社会性租赁住房（社会性住房）的发展

其二，德国租赁性住房占比呈现上升趋势。在不同国家，租赁性住房发展趋势不同。如图3所示，自1968年以来，其他国家私人租赁住房占比则大幅下降，德国这一比例一直在稳步增长。

其三，德国（包括比利时）社会性住房占比最低。法国、荷兰、奥地利、瑞典分别为17%、35%、21%、21%，德国和比利时社会性住房仅占比7%。

其四，德国社会性住房下降趋势明显。其他国家社会性住房占比在上升，德国社会性住房占比从1968年以后，下滑得较为明显[1]。

值得注意的是，近年来，随着不断上涨的房租和难民危机的到来，让联邦政府更加重视社会性住房建设。2016年德国联邦建设部决定，自2017年起加大对社会性住房建设的投资，将原计划的每年5亿欧元的专项资金提高到15亿欧元。该资金仅供各州用于新建社会性住房，以及对现有社会性住房的修缮，或将现有住房转为社会性住房，同时，各州也应该继续自己出资共同建设，并要求所有相关资金使用情况必须详细记录并向联邦政府提供报告[2]。

从目前看，尽管德国社会性住房占住房总量的比例不高，但是在历史上社会性住房曾经显赫一时，为解决战后住房短缺起到很大的作用，因此有必要回顾一下社会性住房的历史。

二、德国社会性住房制度的历史演变

（一）1950年《住房建设法Ⅰ》鼓励以出租性社会性住房为主

第二次世界大战后，德国住房短缺的问题十分突出，"1950年，大约1540万个家庭中，只有940万个家庭拥有正常住房，据官方统计，住房缺口达到550万到600万套"。此外，还有1300万移民从东德逃离到西德，

---

[1] 1970年，德国几乎占战后人口的四分之一的住房是社会性住房。由于社会性住房契约的临时性本质，社会性住房的数量在1987年已降至为390万套，2002年为170万套，2012为150万套。

[2] 熊衍仁，沈彩文.国外住房发展报告第5辑[M].北京：中国建筑工业出版社，2018.

加大住房缺口。

面对严峻的住房短缺问题，联邦德国（西德）既未像民主德国（东德）那样采取政府指令和计划的建设模式，也未像美国那样通过银行体系为低收入群体降低准入门槛，而是规定了全国统一的住房建设促进模式，由联邦、州和城镇共同促进住宅建设，在住宅面积、设施和租金方面必须符合各阶层民众需求（1950年《住房建设法Ⅰ》规定）。政府通过联邦预算投入资金，同时通过政府贴息和税收优惠等措施鼓励民间自由投资，将建设任务交由包括企业和个人在内的私人部门承担。除了政府供应针对贫困家庭的救济型住房外，社会性住房主要通过包括个人在内的社会部门解决。《住房建设法Ⅰ》也规定了社会性住房的供应对象：凡是家庭收入在强制保险水平线以下的德国家庭都可以享受社会性住房。这意味着中等收入阶层甚至中上等收入阶层的家庭也可以享受这项优惠政策，惠及人群实际上覆盖了德国的大部分人口，充分体现了扩大供应，解决广大居民住房问题。

1950—1956年，德国住宅完工量达到350万套，大大超过预定目标。到1956年，住房供应水平已经达到了85%，比20世纪40年代末增长了17%。

（二）1956年《住房建设法Ⅱ》以鼓励自有住房建设为导向

1956年6月，《住房建设法Ⅱ》出台，代替了1950年的《住房建设法Ⅰ》，副标题为住房与家庭法，明确利用公共资金建设社会性住房的首要原则为"优先建造家庭住房，满足低收入人群的住房需求"，并确定"在1957—1962年建设180万套社会性住房"的任务。可见，《住房建设法Ⅱ》已经开始以鼓励私人财产积累和促进健康家庭生活为政策导向。

原因在于：随着建筑材料价格大幅度上涨，租赁住房的建造成本也不断提高。联邦政府考虑到，租赁性的社会性住房，不仅需要国家大量低息贷款，而且费用越来越高，而私人家庭住宅建设则相对便宜。同样的资金预算可以满足更多的私人家庭住宅建设的需要，私人家庭住宅的供应对象为中等收入阶层，支付能力和购买能力也比较强，因此鼓励私有住房建设是《住房建设法Ⅱ》中住房建设优惠政策的重心。

公共资金申请使用的优先顺序也体现了这一点：(1)家庭新建住宅优先于新建公寓；(2)新建公寓优先于在多户住宅中建造新公寓；(3)根据城市发展需要，战争中毁坏的房屋重建和恢复优先于新建住宅。同时，对申请公共资金的住房建设标准也作了规定：(1)独栋家庭住宅面积不超过120m^2；(2)联排家庭住宅面积不超过160m^2；(3)利用公共资金购买公寓的面积不超过120m^2；(4)其他公寓面积不超过85m^2。在住房建筑面积上限有所提高，公共资助惠及更广泛的中等收入家庭。

对私人家庭住房的补贴方法于1965年推出，针对的是家庭收入超过第一种补贴收入线的40%，承诺期为10~15年，比第一个承诺期短得多。此外，这种住房必须遵守成本租金原则，新的补贴方法的目的在于通过较少的补贴就能撬动大量个人住宅的建设（Individual Cases），政策适用范围主要是业主自有自用住宅。

通过住房建设法的变化，拥有高出社会性住房收入线40%的居民，会在购建房时得到同样的补贴（俗称"补砖头"）。第一次促进时（Promotion）主要则用于修建租赁性住房，第二次促进中的大多数政府补贴被用于修建自住自用的住房。通过这种方法，调动了各阶层民众的积极性和住房储蓄意愿，有效减轻了政府的财政压力。

20世纪60年代后，随着住房供求矛盾的极大缓解，德国社会性住房建设量逐年大幅下降。到1970年左右，每年社会性住房建设量降到15万套左右，略低于20世纪50年代每年建设量的一半；政府的住房政策开始转向规范住房市场发展方面。到1980年前后，社会性住房建设进一步下降到每年不足10万套。

（三）2001年的《住房促进法》提供针对性住房需求的社会性住房

从第二次世界大战结束到20世纪70年代末，德国建造了社会性住房780万套，占同期新建住房总数的49%。早在1982年，据国土规划与房屋建造部门统计，联邦德国拥有2530万家庭户，住宅总量约为2610万套。这表示，住房供求关系已经实现了基本平衡。

政府认为大规模投资社会性住房的时代已经结束，社会性住房已经实现了为德国大多数社会阶层提供住房的目标。新房建设不再是居民最主要的需求，将现有住房改造为更加符合当前居民需求的住房则成为政府需要实现的更为重要的目标。2001年颁布实施《住房促进法》，取代了1956年《住房建设法Ⅱ》。因此，2001年《住房促进法》旨在满足"残余需求者"（Residual Demanders）的需求，这意味着国家住房政策正在缩小范围以及公共资金用于改善存量住房，而非建设新的住房。《住房促进法》中将重点放在社会性住房促进方面，包括对房屋节能修缮，对老年人住房进行宜居、无障碍设施改造，对低收入家庭进行住房补贴（以平衡因修缮住房而上涨的房租等）。但是针对一部分群体即使国家支付足够的住房补贴也难以使得"残余需求者"找到合适的住宅，必须继续建设一批社会性住房。

最重要的是住房保障优惠政策的重心调整。联邦政府加强了对个人和家庭住房补贴的作用，根据不同家庭收入情况和家庭人口数量等设立不同的补贴标准，以保证低收入家庭有能力负担合适的住房。如2011年，德国政府约投入15亿欧元用作住房租金补贴，其中联邦和州政府各承担一半（表1）。

西德地区社会性住房（GDW成员）所建设的时期　　　　　表1

时期	建设量（万套）	至今仍在限制期的住房套数	
		占比	套数（万套）
1950—1959年	180	3%	5
1960—1969年	130	21%	27
1970—1979年	60	83%	50
1980—1989年	30	100%	30
1990—2002年	30	100%	30
总计	430		142

评价：战后六十多年，德国政府的住房政策虽然根据住房供求情况的变化有所调整，但是德国住房制度模式主要架构和任务目标从未改变：政府或通过以贷款贴息为主要形式的直接政府补贴，或通过间接的税收减免，为出租性住房和自用住房的建设及修缮提供资助，而上述住房的所有权人通常是企业、非营利性机构、住房互助协会、公民团体和个人。政府资助的受益者根据与政府签订的合同，按规定标准建造或修缮住房。

对于出租性社会住房，根据获得资助的种类和金额不同，政府参照市场租金价格，确定低于市场价格的租金，并按照此租金将住房分配给符合条件的家庭租住。

显然，德国的住房投资模式是：国家调控市场，同时鼓励私人部门参与，这意味着住房领域中市场与政府间界限的淡化。与美国政府将社会福利资金投入住房市场的方式相反，德国政府更倾向于吸纳市场资金进入社会性住房体系。

三、德国社会性住房制度演变的主要特征

(一) 社会性住房供应主体随着时代而变迁

1950年《住房建设法Ⅰ》为住房建设打下了法律基础，也出台了支持社会性住房措施。社会性住房项目成为政府的主要目标之一（包括联邦政府和地方政府）。在这段时间，成立了许多所谓的住房协会，如Neue Heimat。这些住房协会建设了大约2/3的社会租赁性住房。

20世纪五六十年代，社会性住房主要由三类非营利机构供应，一是政府房产公司，二是住房合作社，三是Neue Heimat住房代理组织。他们与州投资银行或联邦发展银行合作，接受补助或者低息贷款，建设社会性住房。前两类机构至今依然活跃，Neue Heimat住房代理组织在20世纪80年代因财政丑闻退出社会性住房建设领域[①]。由于种种原因，非营利性机构的优惠措施于1990年被取消。原因有三：其一，这些非营利性住房机构的社会承诺与税收优惠相比，显得微不足道。政府各种尝试引入资格限制的改革措施都被非营利住房机构所否决。其二，由于非营利性住房机构管理固化、效率不高，日益受到批评。其三，由工会所有的最大非营利性公司Neue Heimat由于丑闻而破产，剩下巨额债务。这进而成为1989年取消非营利组织的优惠措施的最后推手。今天前非营利住房机构已经具有了和其他商业机构（Commercial Landlord）相同的法律地位。

---

① 王胜军，胡云忠.住建部德国社会性住房考察报告[R].住房和城乡建设部改革发展司和住房保障司，2011.

目前，社会性住房的所有者构成为：其一，机构和私有出租房屋所有者。20世纪70年代开始参与社会性住房供应，并提供了很大一部分社会性住房。他们建造并管理社会性住房，收益不高但稳定。许多市政房地产公司以及企业职工住房公司在1997年到2008年被私有化，因此社会性住房私人业主占比有所上升。其二，过去几年国际投资机构逐渐成为社会性住房持有者。他们购买存量社会性住房，承担剩余限定期内义务，将所购住房继续按政府对社会性住房要求进行出租。其三，国有市政房地产公司住房。如在柏林大约有30万套社会租赁住房掌握市政房地产公司手中。大部分社会性住房都是以有限利润为导向的房东所有，事实上，在德国，无论是私人投资者还是公共投资者都可以从社会性住房的开发中赚取有限利润。

（二）社会性住房供应对象逐渐收窄

从历史角度看，社会性住房在过去分布非常广泛，覆盖面宽。尤其在20世纪五六十年代，社会性住房为消除战争造成的住房短缺贡献巨大，这是德国租赁性住房存量庞大的一个重要因素。传统的社会性住房补贴方法和现代的社会性住房补贴方法具有很大的差异。1950年，联邦德国颁布《住房建设法Ⅰ》。该法对社会性住房的供应对象有如下规定：凡是家庭收入在强制保险水平线以下的德国家庭都可以享受社会性住房。这就意味着中等收入阶层甚至中上等收入阶层的家庭也可以享受国家优惠政策，由此充分体现了扩大供应的目标。随着时代变迁，传统的社会性住房和现代的社会性住房的规定和要求有所差别，社会性住房供应对象才逐渐集中到特定目标群体，社会性住房竣工量的比例开始下降。这些特定目标群体是没有住房支付能力的居民，尤其是低收入家庭、多子家庭、单亲家庭、孕妇、老人、无家可归者等弱势群体，提供更多以需求为导向和差异化的支持如表2所示。

德国的社会性住房保障对象以及相关规定演变　　　　表2

	传统的社会性住房	现代的社会性住房
目标群体	广泛	特定群体
规则制定者	联邦政府	州政府

续表

	传统的社会性住房	现代的社会性住房
年限限制	45～50年	10～25年
补贴强度	高	低
租金水平	远低于市场租金和租金指导价	紧随着租金指导价
开发方式	大规模在郊区开发	小规模开发
集中新建/存量改造	新建	存量改造

数据来源：Stefan Kofner, 2017, Social Housing in Germany: an inevitably shrinking Sector? Available online http://dx.doi.org/10.13060/23362839.2017.4.1.325.

（三）社会性住房责任逐渐由联邦政府转向地方政府

在早期，社会性住房责任主要由联邦政府承担，联邦政府采取了各种办法降低财政负担。最初，为了降低租金成本，直接提供大笔补贴给业主。20世纪70年代，引入了公共担保的抵押贷款补贴（Publicly Guaranteed and Subsidized Mortgages）。这些资金通过地区投资银行和私人银行分配给房东。这些抵押贷款的还款期限就是限定期。除了这些低息抵押贷款，还予以税收优惠，吸引了中产阶级和机构投资者投资社会性住房，完成了从赠款（Grants）到利息补贴（Interest Subsidies）为主逐步转变，主要是为了削减联邦政府住房预算。这使得联邦政府摆脱了高前期成本的困境，但需要在长达40年的锁定期内支付对房东的利息补贴和其他支出补贴，也给政府的未来支出造成了相当大的负担。数十亿欧元以联邦财政的援助名义投入这些地区，在20世纪70年代达到了最高峰，并于统一后短时期再次形成新高峰。近几十年来，联邦政府支付占比至少50%以上。

直到2006年，社会性住房都是由联邦政府和地方政府共同资助。之后，社会性住房职责逐渐被下放到地方。2013年，联邦政府预算继续支持这些地区（由于存量的社会性住房的利息补贴贯穿着整个限制期），每年仅仅约5亿欧元拨作社会性住房用途，这些支付可能会持续到2019年。一些地区甚至没有在社会性住房投入配套资金，以启动新的联邦政府社会性住房补贴，联邦政府资金通常被地方政府用于支付存量社会性住房积累的长期债务（长期贴息）。

(四)社会性住房主要分布在市场紧张的区域

社会性住房建设集中在市场压力已经很大或者希望吸引劳动力的地区,社会性住房建设一直发挥着突出作用。在柏林、巴伐利亚等人口净流入地区,住房供求关系紧张,社会性住房高达十万套以上,而在人口稀少的地区,如不来梅、萨尔,社会性住房仅仅只有数千套,如表3所示。

德国各地具有限制期的社会性住房数量(为GDW成员)　　表3

地区	住房数量(套)
巴登-符腾堡州	70000
巴伐利亚	152000
不来梅	3500
汉堡	93000
黑森州	79000
下萨克森	49000
北莱茵威斯特伐利亚	267000
莱茵兰-普法尔茨	22000
萨尔	2200
石勒苏益格-荷尔斯泰因	29000
柏林	138000
勃兰登堡	58000
梅克伦堡西波美拉尼亚	16977
萨克森	15000
萨克森-安哈尔特	20000
图林根	39000

来　源:Christiane Droste and Thomas Knorr-Siedow, 2014, Social Housing in Germany, UrbanPlus, Berlin, Germany, Social Housing in Europe, First Edition.

(五)社会性住房保持着高品质特征

根据欧盟的收入统计和生活条件的统计数据(EU-SILC),在西北欧国家中,德国是住房数量最多的国家。无论是住在西部还是东部,无论是作为业主还是租房者,绝大多数德国人都经历过生活逐渐改善的过程。

在德国,除了20世纪六七十年代少数社会性住房之外,社会性住房一般广受欢迎，原因在于其相对较高的质量标准（户型及设施设备良好）。随着时间的推移，社会性住房质量标准越来越高，外人很难区别社会性住房与私人住房。在其他国家经常出现"将社会性住房等同于低劣住房"的现象，相反，德国的社会性住房吸引了很多来自中产阶层的承租人。因为社会性住房的对象较广泛，而且只有在入住时才核对其收入状况，所以准入门槛较为宽松。如果租户在承租期的收入增加了，也不会受到影响。所以，新兴的中产阶层特别愿意租赁此类住房，这也就抑制了潜在的购房需求。一些国家如英国，尽管出台了不少支持社会性住房的政策措施，但是由于英国社会性住房的成本和租金之间存在差距，投资机构往往通过牺牲住房的舒适度来压缩成本，从而使英国社会性住房与私人住房存在较大质量差距，由此导致社会性住房的承租人感到低人一等。

与同时期市场住房相比，德国社会性住房质量一直相对较高。利用社会性住房制度激励房地产市场提供更高质量的住房是德国政府的政治目标。此外，德国社会性住房资助机制鼓励生产高质量的住房产品，社会性住房投资者有实力追随时尚的建筑设计。此外，社会性住房建筑设计比较人性，也很好地适合工薪阶层家庭居住的空间需求。

四、社会性住房的租金限制

房产所有权人收取的租金分为限额租金和成本租金两种。前者由政府制定，后者则根据经营成本变化经政府认可确定。

《德国住房限定法》第八条"禁止房东用高于维持日常成本（成本租金）的金额出租住房"。那成本租金是如何计算的呢？成本租金不仅包括建材成本，而且包括自身劳动力潜在价值甚至包括利息。成本租金在第八条A和B得到了详细描述："在计算成本租金时，应当依据受到公共（资金）扶持的住房基于经济核算得出的每平方米平均值（平均租金）。经济核算中包括自身价值（在德国的房屋建设中，不少业主与家人会投入自身的劳力以降低建筑成本，比如自己铺瓷砖、安装洗手间等，这类自身工作较为普遍，也被官方所认同，因此建房中的家庭自身劳动，应该予以赋值）。这种自身劳动的价值不超过整个建筑项目总成本的15%的情况下，可以按照获得4%的利息计算，超过的金额可以按照（一类）抵押品的市场利率计息"。"在第一次平均租金计算后出现变更，或者在根据《住房建设法Ⅱ》第72条批准平均租金后，日常成本改变（如资金成本、运营成本），新变更的平均租金替代至今的平均租金"。"成本提升包括由法律或者法规许可提高的经济核算中的某部分估价。"

大多数情况是社会性住房由政府补贴，最终是由租户承担（包括管理成本以及当地公共服务）。社会性住房租金在一段时间内逐渐上升（经常为12年）到每平方米的成本租金为止。如果没有进一步的补贴，租户不得不支付所谓"成本租金"。这种成本不同于市场租金（市场租金源于供求关系的平衡），也不同于受到补贴的社会租金。但是社会性住房租金也是变化的，社会性住房租金的水平取决于建设年代（当年的建设成本）以及当时的金融支持。因此，老的社会性住房有着相对较低的租金，主要是因为它受到公共贷款的支持和较低的建设成本。

不同时代的社会性住房成本租金不同，随着时间推移，新建社会性住房的成本租金快速增长，同时，社会性住房租金以相对较低的速度增长。成本租金快速上涨的原因在于土地价格上升，尤其是在大城市（Conurbation）建设成本以及更重要的是利息成本。

社会性住房的租金水平由政府参考成本租金核定，租金标准约为同地段同质量房屋市场租金的50%～60%。如果租住社会性住房的居民收入超过规定收入上限，政府一般不会强制要求搬出，而是提高租金标准，收取额外租金（市场租金），以利于不同收入人群混居，促进社会融合。

五、德国社会性住房的申请与分配

（一）社会性住房的申请

《德国住房限定法》首创了住房权利证书制度[①]，由当地主管部门颁发

[①] 《德国住房限定法》首次制订于1965年8月24日，经过多次修订，尤其是根据德国统一协议进行修订，目前版本是2001年9月13日版本，最近一次修订时2015年8月31日对第126条进行的修订。

给符合条件的居民,例如失业或低收入家庭,持有人有资格住在共同资助的住房单位。住房权利证书由求租人申请,并且求租人必须证明其满足《住房资助法》第9条第2款所规定的所得限额。所得限额在满足特定条件下可以变通处理。同时,该申请人应该是常住人员而且是家庭的户主,拟将取得受到资助的住房作为常住地。在符合申请条件下,主管机关授予其有效期一年的住房权利证书。出租人有义务把住房交付给符合条件的求租人后,在两个星期以内将承租人的姓名通知主管机关,从而一定程度上预防欺诈事件的发生。如果出租人违反规定将住房出租给住房权利人以外的人,主管机关可以要求即时终止其租赁关系,或者直接要求承租人腾空住房。同时,主管机关对于受资助住房的居住目的具有绝对的控制力,即出租人要改变其受资助住房居住目的必须得到主管机关的许可。根据《住房承诺法》(Housing Commitment Act),地方政府可以将所有住房补贴集中在某个区域,这样就增加了该区域的住房提名权。

目前,德国社会性住房供应对象主要包括低收入群体、特殊人群(如老人、残疾人、怀孕妇女等)和关键工作者(如政府雇员、教师、医生、警察等)。社会性住房准入条件、规则及具体审核工作由市镇政府制定。准入条件一般要求申请家庭收入在国家规定的低收入线以下,无自有产权住房,并且在申请城市工作或居住一定年限(表4)。

德国不同地区社会性住房的申请收入线　　　　表4

	家庭户人数			每个孩子扣减额
	1	2	增加一个	
住房援助法规定	12000	18000	4100	500
石勒苏益格-荷尔斯泰因	14400	21600	5000	600
汉堡	15600	23400	4100	1000
柏林	16800	25200	5740	700
北莱茵-威斯特法伦州	17000	20500	4700	600
斯图加特	21600	25200	5740	700

来源: Unpublished Reports by Public Housing Support Authorities of Respective Regions,2012.

获得社会性住房的资格是通过由市政府颁发资格证书,以此为凭,符合资格的家庭就可以向公共业主或私人业主申请,他们可在所有符合资格的申请人中作出选择。这种做法使得房东有可能进行歧视性选择，因此，少数族裔等弱势往往处于不利地位。统计表明，这些群体在一般的社会性住房所占比例低于平均水平，而在20世纪60年代的大型密集型住宅区中（质量稍差的社会性住房），所占比例又超过平均水平。为了减少这类问题的发生，相关法律又对人与物的分配权进行了细化，包括三类分配权：一般分配权、提名权和指定权（具体见下文）。

能够获得租住权的家庭不仅限于德国公民，还包括在德国合法居住、纳税、缴纳社会保险的欧盟及非欧盟家庭。社会性住房所有权的转让须经过政府许可，且受让人须承诺维持住房的性质。在政府资助协议规定的年限期满之后，其所有的房产便可以进入自由住房市场，租金定价不再受到限制。

（二）社会性住房分配

在受到资助住房的空置或可预见住房可供迁入时，出租人有义务将此情况下尽快以书面告知主管机构（主管机构是指由州政府指定或者根据州法律有权主管的机构），并告知预计可以搬入或者空置的时点（《德国住房限定法》第二章第四条规定），使得主管机关对其所管辖的社会性住房情况有足够的了解。主管机构对社会性住房的分配包括以下几种：

第一，社会性住房义务在一定条件下可以转移。受到资助的住房是不是正好为可供出租的住房呢？形象地说，某人有两套住房A和B，其中住房A受到资助，但B没有。如果此人自己想住住房A，是否可以让住房B接受从住房A转移过来社会性住房义务，将住房B出租给申请对象呢？因此根据受到资助的住房和可供出租的住房是否存在一致性，产生了物与物之间的匹配关系，也就是说，社会性住房的义务可以转移。德国《住房资助法》根据受分配限定的住房与受资助的住房是否具有统一性为标准，将分配权分为三类：直接分配限定、间接分配限定和联合分配限定。直接分配限定是指供出租给住房权利人的住房和受到资助的住房是同一的，这是分配的最初状态。但是随着社会进步和收入差距的拉大，受到资助的在城市城区集中分布的出租房可能逐渐沦为类似的"贫民窟"。随后，中高收入者纷纷离开该区域，转移到市郊或者其他交通相对便利的小城镇生活，造成了所谓社会隔离现象。为了缓解这一现象，德国《住房资助法》又创设了间接分配限定制度，即目的限定并不直接设立在受到资助的住房，受到资助的接收人可以提供替代性住房而非受资助的住房，使得住房权利人有更多的机会住到其他收入和社会地位相对较高的居住区，从而缓解受到资助的社会性住房过度集中在某些区域的现象，有利于实现各区域的社会融合。最后，分配限定也可以同时设定受资助的住房和资助接收人所提供的其他住房之上，即所谓的联合分配限定。

第二，避免歧视的三类社会性住房分配方式。为了防止社会住房的业主对租客进行歧视性选择，《住房资助法》根据出租人本身的合同自由受约束的程度，创设了三类分配权：一般分配权、提名权和指定权。一般分配权是指主管机关有权要求资助接收人将某一特定受分配限定的住房出租给某一能提供住房权利证书的住房权利人，即社会性住房业主可以自由选择持有资格证书的居民，同时，一般分配权的特点是不要求资助接收人将住房出租给某一个或某几个特定的承租人，而是一切具有住房权利证书证明其具有住房权利的人，因此这种分配权保留了相当程度的缔约自由，是对资助接收人选择租户的合同自由干预程度最小的分配权。在这种情况下，资助接收人向求租人交付住房两个星期内，应向主管机构提供求租人姓名以及出示（求租人向其提供的）权利资格证明（《德国住房限定法》第4条规定）。

事实上，一般分配权仍然无法解决某些社会中受到歧视的特定社会群体的住房问题，例如某些患有严重传染疾病的家庭或者孕妇、有孩子的家庭、年轻夫妻、单亲带孩子人员、老年人和重度残疾人（《德国住房限定法》第5条规定）。从而需要对资助接收人的缔约自由必须予以更大的限制以完成目标的实现，即提名权和指定权制度。所谓提名权是指主管机关有权就某一特定受分配限定的住房出租向资助接收人至少提名三个求租人以供其选择；所谓指定权，则是指主管机关有权要求资助接收人只能将某一特定受分配限定的住房交付于某一特定的求租人，这是三种分配权中对资助权利人合同自由限制程度最大的一种。

提名权体现在《德国住房限定法》第5条规定：州政府被授权，为住房高需求的地区制订法规规定，接受优惠条件的业主必须将空置的住房提供由主管机构提名的求租人，主管机构应最少提交三个求租人。在提名时，特别优先考虑孕妇、有孩子的家庭、年轻夫妻、单亲父母、老年人和重残疾人，有居住资格的孕妇求租人，较其他群体优先。

地方政府可以根据其区域风险群体的数量与私人房主以及住房企业达成一揽子分配权交易。政府支付一定的费用获得一定数目的分配权，例如未来5年，每年1000户优先配置租户的权利，并在一定程度上承担租户的违约责任。分配权出售者获得一定的费用，在其重新出租房屋的时候，必须首先通知政府相关部门，在一定的时限内，政府部门在其数据库里，寻找是否有"有需求"人员，如果有，政府行使分配权。如果没有，政府不行使分配权，分配权出售者可以自行出租[①]。

六、政策建议

（一）从以实物建设为主到租赁补贴为主是必然趋势

住房供求总量矛盾占主导时，住房政策焦点是如何在短时间内建设足够多的住房以弥补供给缺口。政府在短时间内动员大量资源的能力尤为突出。德国政府采取了直接补贴私营开发商建房的住房政策，这一时期社会性住房占比显著提高。当住房供求关系平衡时，政府通常直接向中低收入家庭提供住房补贴（包括租金补贴和免税等），这时社会性住房占比逐渐下降，市场性住房占比逐渐上升。对于我国而言，有些三四线城市已经实现住房供求平衡，因此可以相应提高住房保障货币化的比重，而在一二线城市，仍需保持一定的保障性住房建设量。

（二）不同城市保障性住房责任不同

德国社会性住房产生于住房普遍短缺时期。联邦政府主导推动社会性住房建设，制定政策法规，安排大量资金补贴。之后，随着国家住房整体状况转好，住房问题地域性特征显现，地方政府特别是市政府逐渐掌握社

---

① [德]约翰·艾克豪夫.毕宇珠，译.德国住房政策[M].北京：中国建筑工业出版社，2012.

会性住房建设主导权，联邦政府主动弱化其作用。从我国实践看，依靠中央政府强力推动，住房保障工作已全面启动深化过程中。考虑地区间经济水平、住房状况差异，进一步推进这项工作，应因地制宜，突出地方政府责任和作用。中央政府应尽快制定住房保障条例（法）和金融、土地等支持政策，安排适当补助，实施监督检查，减少甚至不规定保障房建设任务指标和统一的保障方式和标准（如保障房面积标准）等。市县政府结合实际确定住房保障发展规划，包括具体目标（含保障对象覆盖范围及比例、保障性住房建设量）、方式等并组织实施。

（三）适应调整保障性住房资助方式

虽然政府是公共住房供应主体，但是没有一个国家单凭政府力量解决住房问题。德国住房问题的解决是政府与住房合作社、市政房地产公司、慈善机构甚至私人公司共同努力的结果。我国在解决住房问题的过程中，也不应只靠政府而排斥其他参与者。建议政府以协商方式确定政策性租赁住房的限制性条件和优惠措施，吸引社会机构参与建设和经营。政府可提供多种优惠措施，政策性租赁住房产权归投资者所有，允许限定期满后自由上市租售，明确收益预期，增强投资者参与的吸引力。

（四）保障性住房建设分配应以社会融合为导向

保障性住房建设应以集中建设与分散建设相结合，在住房供求矛盾已经解决的地区，应适当提高租赁住房的比重。分散建设供应保障房，更利于不同人群融合。保障性住房项目规模不宜过大，可以考虑同一项目供应类型多样化，实现小范围内不同收入人群共同居住。

第二章 德国住房补贴分类以及演变历程

一、从"补砖头"为主到"补人头"为主是德国住房补贴发展的趋势

德国住房保障方面，社会性住房建设和住房补贴是两大主要的手段。《住房建设法Ⅰ》中明确规定了联邦到地方各个层面对社会性住房建设的职责。早期德国住房政策主要通过给住房供应方提供补贴，也就是以生产者为导向的鼓励措施，达到推进住房建设的目的，后期采取了住房需求方为导向的鼓励措施。从广义上理解，社会性住房和住房补贴也是相互联系的，德国保障性住房（或称社会性住房Social Housing）一般指的是：公共补助住房（Public Subsidized Housing）或者住房提升（Housing Promotion）。德国住房保障概念并不与特定的提供者相联系（如政府），而是指的所有用于（具有临时性）社会性住房的公共补贴。广义上的住房补贴包括所有权补贴和租金补贴，狭义上的住房补贴仅仅是指租金补贴。

众所周知，德国住房保障逐渐从"补砖头"走向"补人头"。1960年以前联邦政府由基督教共产主义执政，废除了房租管制，开始转向住房市场化发展时期。1965年联邦政府颁布了《住房补贴法》，规定向低收入家庭发放住房补贴，补贴数额考虑家庭人口、收入水平和租金水平等因素，使得补贴后家庭实际负担的住房支出相当于税后收入的20%～25%，一定收入之下的家庭可以要求住房补贴，但是获得补贴的家庭中95%是租房者。自此，住房补贴（租金补贴）逐渐成为更为重要的保障手段。1965年到1984年间，获得住房补贴（租金补贴）的人数从40万上升到150万。

2001年，红绿政府颁布《住房促进法》，取代了1956年的《住房建设

Ⅱ》，停止了社会性住房建设，继续加强住房补贴（租金补贴）的作用，政府的住房调控目标从"向广大的各阶层人民提供适当的住宅空间"转向"资助那些不能在市场上获得适当住宅空间并且依赖于辅助措施的家庭"，目的是能让这些家庭真正融入社会。

二、德国住房补贴的分类以及演变

住房补贴包括所有权补贴和租金补贴。前期以住房所有权补贴为主，住房所有权补贴在不同阶段呈现出不同的形式：先后经历税费减免补贴（1956—1995年）、自用住房补贴（1995—2006年）、住房里斯特（2008年至今）以及改造补贴。租金补贴自从20世纪60年代就开始了，逐渐增加，到2004年德国租金补贴人数最高点，2016年租金补贴家庭户数约占总家庭户1.5%。

（一）住房所有权补贴分类以及演变

1. 税费减免补贴（1956—1995年）

从战后起，提高住房自有率就一直是德国住房政策的核心之一。德国政府认为"私有财产是经济自由的基础以及个人和家庭独立的前提，并将促进各阶层广泛占有私人财产作为稳定其社会市场经济制度的基本条件，而住房是私有财产中重要的组成部分"，对建设和购买自有住房予以特别关注，先后出台的政策包括：1956年《住房建设法Ⅱ》设计了一系列扶持措施，包括提供建筑用地，提供贷款担保和利息补贴，给予税收和其他收费减免优惠，为住房建设提供补贴；20世纪70年代中期开始实施促进二手房私有化的措施；20世纪80年代开始补贴参加住房储蓄计划的居民和信贷机构，鼓励积累和有效使用住房基金[①]。其中，延续时间最长、花费财政资金最多的扶持政策是私有住房税收减免政策。该政策从1949年开始实施，终于2006年，目标是在中产阶层中扩大住宅和公寓的所有者群体，政策对象是建造新住房单位或购买存量住房单位用于自己居住的

---

① 左婷，郑春荣.德国住房政策的转变及其原因分析[J].中外企业家，2011(10).

人①,如图1所示。

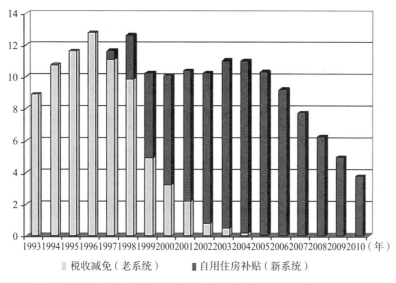

来源:引自《德国住房政策:一个最佳实践典范》,比约恩·埃格纳博士,德国艾伯特基金简报(上海),2011(1).

图1 住房所有权补贴计划的支出(1993—2010年)单位:十亿欧元

私有住房补贴政策是有史以来最大的补贴计划之一(或称建购房补贴)。它是针对打算新建住房的人或者已经购买存量房的人,但实际上只有在业主自有自住时才支付。政府的目标是提高中产阶级住房所有权的比例,在1995年以前,住房补贴都是通过税收减免的形式拨付,按照规定,私人用于建设或购买住房单元的支出可以从应税收入中扣除,扣除期为7年。其中,1949—1986年按照《所得税法》第7b条进行税收扣减,1986—1995年按照《所得税法》第10e条进行税收扣减。

减免数额主要与住房价值(或建造成本)和个人收入相关,收入越高,住房价值或造价越多,扣减额越高。因此对高收入高税负者有利。如图1所示,1996年德国对私有住房的补贴额达到高峰,当年国家少收入税收128亿欧元,是当时德国最大的一项补贴。由于扣减额有延展期,这种通

---

① 比约恩·埃格纳.德国住房政策:一个最佳实践典范[R].德国艾伯特基金简报(上海),2011(1).

过税款减免的私有住房补贴方式运行到2005年底。

值得注意的是，这项规定尤其有利于高收入人群，他们通过建造或购买昂贵的住房，较大幅度降低家庭的税负。这项政策执行了近50年之久，但在1995年，保守派政府将该计划修改为与税收脱钩的津贴，即自用住房补贴。

2. 自用住房补贴（1995—2006年）

1995年，德国保守党政府调整了私有住房补贴政策，颁布了《私有住房补贴法》，如表1所示，将税收减免式私有住房补贴政策修改成一种与纳税脱钩的补贴——自用住房补贴。这种补贴不能重复享受，每人一生只能享受一次。与税款减免式补贴相比，以自用住房补贴支出的私有住房补贴有所减少，从1999年起降到每年100亿欧元左右。

住房补贴的法律依据　　　　　　表1

法律名称	颁布日期	时效性	
		是否失效	失效日期
住房补贴法	1965年	有效	
重新制定住房补贴法	2001年	有效	
私有住房补贴法	1995年	失效	2005年

这一补贴只有收入低于某个数值的人才能享受，并考虑家庭成员的数量、节能等因素："支付给最高年收入8.2万欧元以下的人（一对夫妇最高年收入为16.3万欧元）。每多一个孩子，最高收入额标准提高3万欧元。最高私房补贴为2万欧元，等额分期在8年时间里支付，如果住房单位的价格超过了5.1万欧元。每多一个孩子，私房补贴每年另外支付767欧元。如果住房符合特定的低能耗住房标准，或者供暖系统升级，就支付额外的奖励（每年最多500欧元）随着补贴计划的修改，相关的支出显著下降"。

图1深色部分是政策修改的结果，自1999年家庭建房补贴减少到约100亿欧元，到2010年不足40亿欧元。1998年联合政府，即社会民主党（SPD）和绿党取代了保守党（CDU/CSU）和自由党（FDP）的前联合政府。新联盟试图在2000年取消自有住房补贴计划，但未能赢得德国的上议院（Bundesrat）的大多数议员同意，保守党和自由党反对尤为激烈。2003年，

新形式的家庭建房补贴计划达到峰值，超过110亿欧元。到2005年，社民党和绿党的红绿联盟党败选，联盟党和社民党又重新组成了新的大联合政府，新联盟决定在2005年开始彻底废除住房所有权补贴（自用住房补贴），如表1所示，同时从图1深色部分可以明显看出，住房所有权补贴从2006年快速下降。不过，在2005年12月1日之前获批的建房申请和购房合同仍然有效，可以继续领取私有住房补贴，因而该补贴的发放一直延续。

为什么德国废除了一个已经存在了这么久的政策工具？最大原因是所有权补贴的效果不明显。研究表明，所有权补贴对提高中产阶级的住房自有率并不明显。五十年的住房所有权补贴计划，也未能提高德国自有住房的比例，仍然是欧洲最低，在德国只有43%左右住房由其所有者占用，而在欧盟其他国家该比例明显较高（表2）。

欧盟国家的住房自有率　　　　　　　　　　表2

国家	年代	自有率
德国	2002	43.2%
澳大利亚	2009	56.2%
荷兰	2008	57.2%
法国	2007	57.4%
英国	2007	69.5%
希腊	2009	80.0%
意大利	2002	80.0%
西班牙	2008	85.0%
EU-27平均		68.2%
俄罗斯	2003	63.8%
美国	2009	67.2%
土耳其	2000	68.0%

数据来源：《德国住房政策：一个最佳实践典范》，比约恩·埃格纳博士，德国艾伯特基金简报（上海），2011（01）.

余南平在《欧洲社会模式——以欧洲住房政策和住房市场为视角》一书中认为：德国为了扩大住房生产，住房政策将目光对准了那些不必完全依赖住房补贴就能进行投资的社会群体和收入群体。一项关于住房补贴总预算包括直接补贴和税收优惠的统计表明，绝大部分获得补贴的是中等收入家庭和高收入家庭。其主要原因是，私有住房可以享有免税特权，也就相当于获得了住房补贴。人们的收入很大程度上由纳税额决定，因为建房支出和出售住房都不再需要纳税，那么那些收入最高的住房所有者，原本应该缴纳税更多，现在反而变成了获得补贴最多的群体[①]。

一些批评者也认为自用住房补贴有以下弊端：（1）收入门槛设定过高。一般居民难以申请到，因此能申请到所有权补贴（建购房补贴）只能视为意外收获。（2）所有权补贴不足。补贴对于中下阶层来说太小了，那些无能力购买或新建住房的人即使获得补贴后，也依然难以负担。（3）所有权补贴尤其有利于农村地区建房。因为农村地区建筑地块要便宜得多[②]。同时，实证研究表明在住房价格高昂地区，住房所有权补贴的效果有限，尤其是对于中等收入或者低收入群体而言。这意味着应该被支持购买或者建造新房的中产阶级以及城区居民，并没有获得所有权补贴（建房补贴）。相比较，从农村地区的绝大多数的居民因为土地廉价并获得公共资金的支持而建起了新房。因此，仍有许多人支持继续提供住房所有权补贴。

3. 住房里斯特（2008年至今）

2006年取消自用住房补贴政策之后，德国2008年颁布了《自有住房养老金法》，将个人购买或者建造自用住房纳入里斯特养老金资助的范围。这种被称为"住房里斯特"（Wohn-Riester）的养老金计划，也成为德国促进住房私有的最重要政策工具。

里斯特养老金（Riester-Rente）是一种商业养老保险，享受国家财政直接补贴和税收优惠政策。作为里斯特养老金的一种，住房里斯特是一种新型的自住型住房资助，资助额度同其他里斯特养老产品一致，每年的基础补贴为154欧元，子女补贴分别为185欧元和300欧元两种。

这意味着，一个普通四口之家，参保后每年补助近800欧元。存缴住

---

① 余南平.欧洲社会模式——以欧洲住房政策和住房市场为视角[M].上海：华东师范大学出版社，2009.

② 比约恩·埃格纳.德国住房政策：一个最佳实践典范[R].德国艾伯特基金简报（上海），2011（1）.

房里斯特的人在存缴阶段可以提取养老金，提前用于买房或者自建住房，或者为已购自有住房还款。这意味德国把自有住房补贴转移到养老领域，仅仅属于小规模私有住房促进。

4. 改造补贴

改造补贴是对二手房节能改造的补贴。德国主要采取税收优惠、优惠贷款、财政补贴三种政策途径支持现有住房的节能改造，以期实现提高建筑舒适度、降低建筑能耗、减少环境污染三大目标。除了可以向德国复兴信贷银行（KFW）申请低息贷款外，还通过财政补贴的方式，资助建筑节能领域的项目，以调动企业和个人投资的积极性。在现有住房进行外墙保温、门窗隔温、安装通风设施和更换高能耗的暖气设备时可享受最高达投资成本7.5%的补助，每套住房总补助最高为3750欧元；如果现有住房进行墙体改造并达到"KFW节能房屋标准"的，可以享受投资成本10%～20%的补助，不管住房是用于自住还是出租。

如表3所示，地方政府财政资金用于旧房改造的套数明显多于新建套数。如2016年地方政府补助新建27.298万套，补助旧房改造34.534万套。

总之，第二次世界大战结束后住房紧缺，政府动用财政资金为建房和购房自住者提供补贴，到2012年，全德55%的人口生活在自有住房，此类补贴已经逐渐减少。除了住房里斯特之外，联邦政府对私有住房补贴已经不多[①]，只剩下国有银行——德国复兴信贷银行为一部分私有住房提供的带补贴的贷款，以及住房储蓄银行提供的一些购房储蓄的优惠等；其他的补贴政策都由各州实施和管理。

从国际比较看，德国私有住房补贴与其他发达国家有较大的差异，其他发达国家多从住房金融领域的住房抵押贷款入手，例如美国主要从住房抵押贷款利息税前扣除、财产税减免、免缴资本利得税等方面支持家庭拥有住房，而德国（尤其是1996年之后）主要是提供自用住房补贴，该补贴

---

① 中国社会科学院学部委员朱玲在《德国住房市场中的社会均衡和经济稳定因素》（发表于《经济学动态》2015年第2期）一文中提到对于购房或建房自住的家庭，联邦政府对年收入51200欧元以下的多人住户和25000欧元以下的单人住户提供住房津贴。2012年以前，每年补助1000～2500欧元，此后下降到90欧元，在他们看来，这点津贴不过是象征性鼓励而已。

德国各州政府住房补贴的分类　　　　　表3

各州政府补助总量	2011年	2012年	2013年	2014年	2015年	2016年	2011—2016年	
	住宅套数（万套）							in %
补助住宅总计，其中	52.288	41.111	39.804	49.439	51.040	61.832	295.514	100.0
新建	19.272	15.671	13.894	15.532	17.296	27.298	108.963	36.9
旧房改造	33.016	25.440	25.910	33.907	33.744	34.534	186.551	63.1
补助出租住房，其中	30.635	26.643	28.085	37.034	38.230	47.202	207.829	70.3
新建	12.174	9.842	9.874	12.517	14.653	24.550	83.610	28.3
现有房屋改造补贴	18.360	16.712	17.523	23.430	23.051	22.066	121.142	41.0
分配住房申请	0.101	0.089	0.688	1.087	0.526	0.586	3.077	1.0
私有住房补助，其中	21.653	14.468	11.719	12.405	12.810	14.630	87.685	29.7
新建	7.098	5.829	4.020	3.015	2.643	2.748	25.353	8.6
现有住房申请	5.891	3.483	3.174	2.484	2.557	2.365	19.954	6.8
现有住房补贴	8.664	5.156	4.525	6.906	7.610	9.517	42.378	14.3

*"现有住房补贴"包括住房补助如房屋翻新、能源系统改造、现状维护、分配租住住房权益以及购买旧房产

数据来源：熊衍仁，沈绖文.国外住房发展报告第5辑[M].亚太建设科技信息研究院，北京：中国建筑工业出版社，2018.

只提供给收入低于某一水平的群体，由州和联邦政府共同出资。

德国私有住房补贴政策另一特色是与家庭政策、环保政策等捆绑起来，实施多重目标。例如1981年实行税款减免式补贴政策时，有子女的家庭可以在应纳税所得中扣减更大的数额。1996年之后实行自用住房补贴政策，放松了有子女的家庭的最高收入限制，且每多一个孩子，每年另支付767欧元；还对符合低能耗标准、升级供暖系统的家庭支付额外的奖励。

（二）租金补贴

1.租金补贴的历史演变

1960年以前联邦政府由基督教共产主义执政，废除了房租管制，放宽了租房法规，为了减轻这些举动对德国社会产生的不良影响，20世纪60年代，引入了住房津贴（Wohngeld）。通过住房津贴，每个家庭的住房

支出基本符合法律规定的不得超过家庭实际收入的25%这一要求。补贴数额考虑家庭人口、收入水平和租金水平等因素，补贴资金由联邦政府和州政府共同负担。根据家庭人数的多少来划分，在一定收入范围内的家庭可以要求租金补贴，但是在获得补贴的家庭中95%是租房者（相当于我国的"租金补贴"，以下均简称"租金补贴"）。租房者得到了补贴，对于不断增多的房屋所有者而言，租金补贴变成了一项重要的转移费用。1965年到1984年间，获得住房租金补贴的人数从40万户上升到了150万户。

住房补贴（租金补贴）第一次调整是2001年重新修订了《住房补贴法》，将房租和收入的变化纳入考虑范围之内，更符合家庭需要；家庭人口变化也成为住房补贴数额计算的考虑因素之一，这样，可以增强弱势群体在住房市场上的自主能力。

住房补贴第二次调整是2009年1月1日，由联邦议院和联邦参议院共同制定的《住房补助金法》改革正式生效，住房补贴更加紧密与家庭的改善与福利联系在一起：（1）考虑到能源价格的上涨，暖气费用第一次被包含到住房补贴费用当中；（2）对于租住住房或者私有住房补贴的最高金额，不再考虑住房的建造年限，而是统一以新建住宅为标准，并且最高补贴额提高10%[①]。

住房补贴第三次调整是2016年，考虑到住房市场近年来冷租（不包含暖气及热水费用）价格及能源价格上涨较快，自从2016年1月1日起联邦政府开始实施新的住房补贴改革，根据当前租金和居民收入情况调整住房补贴的发放金额。自从2016年起，联邦和各州的住房补贴预算再次升至约15亿欧元，接受住房补贴的家庭增至87万户，其中将有超过32万户家庭可以申请或重新获得住房补贴[②]。

根据德国联邦统计局数据，2004年德国租金补贴获得户数达到最高点，共有352.4万户获得租金补贴，租金补贴支出总额达到了51.83亿欧元。但之后，租金补贴发放数额以及享受户数大幅下降，2005年只有81.1万户获得了住房租金补贴，总支出下降到12.35亿欧元，而到了2006

---

① 刘畅.德国房地产市场报告[R].中国房地产经纪与估价师协会课题报告，2018.
② 熊衍仁，沈绥文.国外住房发展报告第5辑[M].北京：中国建筑工业出版社，2018.

年获益户数继续减少到了69.1万，总支出额为11.6亿欧元。最近由于租金有所上涨，到了2016年获益户数增加到了63万户，总支出额为11.5亿欧元。由于第一次（2001年）、第二次（2009年）、第三次（2016年）调整，每户的补贴额有较大的增长（表4）。

1991—2016年德国住房租金补贴情况   表4

年度	接受住房租金补贴户数（万户）	占全国家庭户比重	补贴总额（亿欧元）	平均每户接受补贴额（欧元）
1991	354	10.0%	23.3	657
1992	385	10.8%	35.2	913
1993	321	8.9%	33.2	1032
1994	274	7.5%	29.5	1077
1995	260	7.0%	29.4	1132
1996	272	7.3%	31.3	1150
1997	286	7.6%	34.3	1198
1998	295	7.9%	36.4	1233
1999	282	7.5%	36.3	1289
2000	284	7.4%	35.4	1247
2001	282	7.3%	40.6	1438
2002	310	8.0%	45.4	1465
2003	339	8.7%	48.6	1434
2004	352	9.0%	51.8	1471
2005	81	2.1%	12.3	1523
2006	69	1.7%	11.6	1681
2007	61	1.5%	9.2	1524
2008	64	1.6%	7.5	1174
2009	101	2.5%	15.6	1544
2010	106	2.6%	17.8	1677
2011	90	2.3%	15.0	1664
2012	78	2.0%	11.8	1513
2013	66	1.7%	9.8	1482
2014	56	1.4%	8.5	1496
2015	46	1.1%	6.8	1480

续表

年度	接受住房租金补贴户数(万户)	占全国家庭户比重	补贴总额(亿欧元)	平均每户接受补贴额(欧元)
2016	63	1.5%	11.5	1816

资料来源：夏磊.全面解码德国房价长期稳定之谜——德国住房制度启示录,恒大研究院,2018-08-21.

满足法律规定的一系列条件的居民均可以获得住房租金补贴（Housing Benefit）。受益人必须是公寓或房屋的租户，在特殊情况下，也可以是自有自住的业主。每户家庭每月获得补贴的多少取决于住房面积、家庭人数（包括儿童在内）、家庭收入、住房位置等综合考虑。按规定，租金补贴只能支付给低收入人群以及城区高租金地区人群或者住房需求急切的人群（例如家庭有更多的孩子或老人），其目的是使居民有足够的支付能力。简而言之，国家通过公共资金提高私人支付能力。

2. 2016年租金补贴家庭户数约占总家庭户1.5%，平均每户1800欧元左右

2014年，德国约有56.5万户家庭领取了租金补贴，约占总家庭数的1.4%，其中收入低的就职人员和退休人员占领取住房补贴家庭的大多数。2016年，德国有63.1万户家庭获得了租金补贴，占家庭总户数的1.5%，从2014年1.4%上升到2016年1.5%（表5）。

租金补贴户数逐渐呈现递减趋势，但户均补贴额上升，如表4所示。2001年共有282万户家庭获得租金补贴，共有40.6亿欧元用作住房租金补贴，平均每户领取补贴1438欧元。2016年只有63万户家庭获得租金补贴，仅有11.5亿欧元用作住房租金补贴，平均每户领取补贴1816欧元/年。

3. 租金补贴地区分布不均

租金补贴地区分布不均。其中，梅克伦堡-前波莫布州，获得租金补贴的家庭住户占比最高，约为3.3%，巴伐利亚州最低，占比为0.9%。从租金补贴支出来看，2016年，联邦政府和州政府总共支出14.67亿欧元。从每户居民可以领取的住房补贴看，全德平均为1816欧元/年，巴登-符腾堡州最高，为2066欧元/年（表6）。

2014年德国享受租金补贴的家庭户构成（单位：千户）　　　　　表5

构成\人数		领取住房补贴总家庭数	所有成员都能享受住房补贴的家庭							部分家庭成员可以享受住房补贴的家庭
			总数	就业人员		失业人员	非就业人员			
				独立经营者	就职人员		退休人员	大学生	其他	
总计		565.0	510.7	9.4	185.2	28.7	232.9	33.8	20.7	54.3
家庭人数	一人	314.3	278.3	2.5	25.1	13.8	207.5	22.5	6.9	36.0
	两人	73.7	60.7	1.4	25.3	4.2	18.7	6.6	4.5	13.0
	三人	42.6	39.2	1.4	25.4	2.9	3.0	3.0	3.6	3.4
	四人	61.5	60.4	1.9	47.8	4.2	2.1	1.2	3.2	1.1
	五人及以上	72.9	72.4	2.2	61.1	3.6	1.5	0.5	2.7	0.8

数据来源：熊衍仁，沈絺文.国外住房发展报告第5辑[M].北京：中国建筑工业出版社.2018.

2016年德国及各个地区租金补贴情况　　　　　表6

地区	获得住房补贴家庭户数	占总家庭户数比例[1]	2016年支付的房屋补贴	
			整体	每户居民[2]
			百万欧元	欧元
巴登-符腾堡	66276	1.3	136.9	2066
巴伐利亚	56058	0.9	97.8	1745
柏林	25455	1.3	42.2	1658
勃兰登堡	25878	2.1	39.9	1542
不来梅	5588	1.6	10.7	1915
汉堡	13780	1.4	25.8	1872
黑森	39769	1.3	86.2	2168
梅克伦堡-前波美拉尼亚	27535	3.3	40.3	1464
下萨克森	61733	1.6	115.5	1871
北莱茵-西法冷	148333	1.7	298.0	2009
莱茵兰-普法尔茨	28226	1.4	48.1	1704
萨尔兰	5391	1.1	8.8	1632
萨克森	53500	2.5	77.9	1456
萨克森-安哈尔特	25244	2.1	34.5	1367
石勒苏益格-荷尔斯泰因	24144	1.7	48.3	2000

续表

地区	获得住房补贴家庭户数	占总家庭户数比例[1]	2016年支付的房屋补贴	
			整体	每户居民[3]
			百万欧元	欧元
图林根	24571	2.2	35.6	1449
德国	631481	1.5	1146.7	1816
前联邦领土（不含柏林）	449298	1.4	876.3	1950
新国家（含柏林）	182183	2.1	270.4	1484

1. 在2016年普查的基础上，每年以家庭住户数计算。
2. 人口数在2011年人口普查的结果上计算得出。
3. 数据来源：德国联邦统计局。

4.全额住房补贴占主导地位

以2011年为例，德国有90.3万个家庭领取了住房补贴，大约占德国全部家庭总数的2.2%。其中77万的家庭（占85%）是以全额住房补贴金方式租房生活，而13.3万的家庭（占15%）租房时只领取了部分的住房补贴。领取全额住房补贴金的家庭，其家庭中的每个成员都符合领取租房补贴的标准。而领取部分额度住房补贴的家庭只是该家庭中部分家庭成员满足领取住房补贴的条件。这部分领取住房补贴的家庭则属于混合型住房补贴家庭。2011年德国政府住房补贴金一项的支出约为15亿欧元，平均符合条件的每户领取1947欧元/年[①]（表7）。

2011年住房补贴家庭和补贴额分布表 表7

	总计		每月住房补贴区间比率（%）			平均每月可获的住房补贴（欧元）
	总数（户数）	比率（%）	<50欧元	50～150欧元	>150欧元	
合计	770369	100	23.4	51	25.6	114
租房补贴	703259	91.3	23.7	51.8	24.5	112
困难补助	67110	8.7	20.7	42.6	36.7	142
家庭						
单人家庭	431900	56.1	30.5	58.8	10.8	83

① 刘斌.中国和德国住房保障体系差距在哪里：赴德国实地考察的一手资料，https：//xueqiu.com/5557079529/77048839.

续表

	总计		每月住房补贴区间比率（%）			平均每月可获的住房补贴（欧元）
	总数（户数）	比率（%）	<50欧元	50~150欧元	>150欧元	
双人家庭	98379	12.8	22.9	50.9	26.2	112
三人家庭	61256	8	17	46.8	36.2	132
四人家庭	89826	11.7	11.6	41.8	46.7	153
五人家庭	55179	7.2	7.6	29.8	62.6	190
六人以上家庭	33829	4.4	4.4	17.7	77.9	270

三、住房补贴确定的基础

（一）住房补贴的年收入计算以及扣除额

《住房补贴法》规定家庭所得的确定需要进行三个步骤：各所得类型的确定、申请成本、税收和社会保险费的扣除以及免除额和扣除额的扣除。首先，各所得类型的确定。根据德国《住房资助法》第21条，年收入包括所有德国《所得税法》第1条和第2条所规定的积极收入。同时，根据德国《所得税法》第2条第2款规定，收入是指进款超过申请成本的结余，例如劳动报酬、资本收入、独立性劳动收入、工商业经营收入等。此外，根据《住房补贴法》第21条第2款规定，许多免于征收所得税的收入类型，尤其是各种类型的社会给付，仍然是算作《住房资助法》意义上的收入。《住房补贴法》与其他社会给付制度同属于社会给付行政范畴，为了防止过度给付和公共资金的浪费，住房资助权利人的范围应该在合乎立法目的基础上缩小，需要注意的是，不同收入类型之间并不存在相互折算的可能（表8）。

例如，某德国两口之家《住房补贴法》意义上的年收入计算：尽管丈夫由于经营工商业亏损2400欧元，但是在计算家庭年收入时并不会与妻子的盈利相折算，因为如果允许不同类型的收入相互可以折算，那么独立性营业或者经营工商企业的家庭就会更可能通过扩大亏损轻易获得国家的住房资助，相当于用纳税人的钱为私人经营风险买单，从而有悖于社会给付是基于保障社会安全和辅助弱势群体的立法目的。

德国不同收入类型不存在互相折算　　　　　　　　　　　表8

收入类型	丈夫	妻子
劳动报酬	无	+58000欧元
工商业经营收入	−24000欧元	无
免税附加劳动报酬（节假日加班费等）	无	+1245欧元
每人收入总额	无	+59245欧元
家庭年收入		+59245欧元

数据来源：胡川宁.德国社会性住房法律制度研究[J].社会科学研究，2013（3）.

《住房资助法》第24条规定了免除额和扣除额的扣除，都是针对申请家庭的特殊情况而做出的特殊规定。首先，针对严重残障者的免除额。如果申请者或其家庭成员每多一个残障等级达到100的成员，可以概括地扣除4500欧元，同时，每多一个残障等级达到80以上且需要护理者，也可以扣除4500欧元；残障等级不足80且需要护理，扣除2100欧元。其次，针对年轻夫妇的免除额。如果结婚不满5年而且夫妻双方无一人年龄超过40岁，可以从年收入扣除4000欧元。第三，针对子女的免除额。如果家庭中每增加一名不满12岁子女，且申请者只与子女同住，可扣除600欧元。此外，已满16岁但未满25岁且有自己收入的子女，至多扣除600欧元。凡是具有以上特殊情况的，均属于弱势群体，从而贯彻保护弱势群体的社会政策[①]（表9）。

住房租金补贴的年收入以及扣减项　　　　　　　　　　　表9

年收入	扣除额	免税额	赡养费扣除
工资收入； 免税抚恤金； 终身养老金收入部分或应纳税的终身养老金超出部分； 缴费返还； 行会供养机构资助； 资本补偿； 补偿支付款	税负以及社会保障缴费应该按照收入的10%进行扣除	家庭中重度残障，伤残程度为100，每人获得1500欧元的免税； 伤残程度80，获得1200免税额； 纳粹统治受害者，每个成员获得750欧元免税额	儿童每年最高3000欧元

资料来源：根据北京农学院毕玉珠教授承接的住建部住房改革与发展司《德国住房法律研究》课题整理，2018年.

---

① 胡川宁.德国社会性住房法律制度研究[J].社会科学研究，2013（3）.

自从2016年1月1日联邦政府开始施行新的住房补贴改革,根据当前租金和居民收入情况调整住房补贴的发放金额。自从2016年起,联邦和各州的住房补贴预算再次升到约15亿欧元,接受住房租金补贴的家庭数据估计也会增到87万户,其中将有超过32万户家庭可以申请或者重新获得住房租金补贴。以一个两人家庭为例,目前两人家庭平均每月得到住房补贴113欧元,改革后每月获得186欧元。

(二)按照家庭人数以及区域确定租金补贴数量

德国法律规定,家庭租金支出不超过家庭可支配收入的25%。因此,家庭收入难以承担租赁住房支出的,有权利向政府申请租金补贴。具体申请的收入标准为:单人年均收入在12000欧元以下,或家庭年均收入低于18000欧元;每增加一名家庭成员,收入提高4100欧元,符合此标准的个人或家庭可申请获得租金补贴。申请人收入标准会依据不同时期、不同地区的实际情况相应调整,具体由联邦州政府制定。租金补贴发放与收入密切相关,因此对其发放离不开收入申报等制度构建。德国有严格的收入申报制度,德国公民需要每年申报自己的年收入,政府根据居民对年收入的申报情况,确定家庭是否属于低收入家庭,如确认为中低收入家庭,而且可承受租金数额低于实际缴纳租金数额,政府承担实际缴纳租金数额和可承受租金数额之间的差额。

德国居民拥有自有产权住房的比例不高,在有的城市居民中,不到20%的家庭拥有自有产权住房,80%以上的家庭租房居住。为了保证每个家庭都能够有足够的房租支付能力,1965年德国联邦政府出台了《住房补贴法》,规定凡是家庭收入不足以租赁适当住房的公民都可以向政府提出申请,经过审查合格后获得住房租金补贴。租金补贴按照家庭人口、税收收入及租金水平计算发放,使得补贴后家庭实际负担的住房支出相当于税后收入的20%~25%。如慕尼黑市规定,年收入在4.5万欧元的低收入家庭可以向政府申请租金补贴。并将低收入家庭按照收入由低到高划分为三类,并确定了不同补贴标准:第一类,补贴386欧元/月;第二类,补贴207欧元/月;第三类,补贴157欧元/月。申请租金补贴需要填报申请表格,内容包括收入状况、社会保障号、申请租房要求、审核情况、审核结果等，审核工作由市县负责住房保障等事务的社会部门具体负责。德国政府明确，对低收入家庭的租金补贴由联邦和州政府按比例分担。其中，低收入家庭租金补贴由联邦和州政府各负担50%，特困家庭租金补贴由联邦和州政府按照30%：70%比例负担。2006年9月1日生效的《联邦改革法》将住房职责划归各州政府后，联邦政府虽然不再需要提供财政支持，但是作为补偿，从2007年到2019年仍然必须向地方转移财政资金[①]。

对收入不高的人，可以获得一定的住房补贴，这也是促进住房市场的办法。对低收入人群（领社会救济、退休人员）发放国家住房补贴，涉及大概50万个家庭，最困难的家庭平均一个月能领到180欧元的补贴。现实中居住补贴发放的程序十分复杂，申请房补的家庭即使从社会局获得资格确认，能够领取的金额还取决于住房局根据一系列公式计算的结果，主要的计算因子的计算因子有三个，即申领家庭的规模、家庭全部净收入、合乎规定的房租或自有住房负担。在计算中这些因子还将进一步细分，如申领家庭每一供养人员的状况；若有残疾人，其残疾等级如何；申领家庭支付的房租或自有住房费用等级怎么样等等。依据同样的计算因子，各联邦州和大城市还有更为具体的标准。表10为柏林市城市发展和环境部2012年发布的标准（表10）。

柏林申领居住补贴的住户净收入线　　　　　　　　　　表10

住户规模	补贴申领最高收入线（欧元/年净收入）
单人户	12000
双人户	18000
每增加一名家庭成员可提高收入线	4100
住户中每一名儿童可再提高收入线	500

数据来源：朱玲.德国住房市场中的社会均衡和经济稳定因素[J].经济学动态，2015(2).

房租补贴是德国针对低收入居民提供住房保障的主要形式。德国《住房补贴法》规定：居民可支付租金一般按照家庭收入的25%确定，低收入

---

① 刘斌：中国和德国住房保障体系差距在哪里：赴德国实地考察的一手资料，见网页 https://xueqiu.com/5557079529/77048839.

居民实际缴纳租金和可支付租金的差额,可向地区政府申请房租补贴。房租补贴标准综合考虑家庭规模、租金费用、住房水平(面积、地段、配套等)、家庭收入状况等因素。补贴资金由联邦政府和州政府共同负担。

地区政府负责房租补贴资格审核,只审核申请人的收入,不审核资产。过去主要审核个人陈述资料,2013年底实行信息系统联网核查收入。居民领取房租补贴后,可以申请社会性住房,也可以在市场上租房,但是只能选择房屋设施、区位条件普通的房屋,并须经政府部门认可,以保证租赁的房屋仅仅是满足基本居住需求(政府部门根据房屋质量、区位、配套等因素将房屋分为六个等级,一级为最差,六级为最好。领取房租补贴的家庭只能租住一到二级类别的住宅,最高不能超过三级)[①](表11)。

德国区域租金水平 表11

租金梯次	租金水平
I	低于-15%
II	-15%～-5%(不含)
III	-5%～15%(不含)
IV	15%～25%(不含)
V	25%以及以上(不含)

全国各地租金水平根据联邦统计局对1万人(居民)以及以上行政区域的测定;少于1万人的行政区域按照更高一级的行政划分汇总;租金水平是某行政区域的平均平方米租金与德国总体平均平方米租金的百分比偏差。联邦统计局根据租金补助金统计数据,公布去年12月31日租金水平。租金补助对象不仅仅包括租赁人还包括自有住房所有者,此外还包括外籍人员,在联邦德国真实居住并拥有欧盟的自由迁徙的权利或者根据难民法拥有居住许可(表12)。

---

① 杨瑛.借鉴德国经验,加快建设以公租房为主的住房保障体系[J].城市发展研究,2014(2).

根据租金水平以及家庭人口综合确定补助额　　　表12

应考虑的家庭人数	区域租金水平	最高补助额（欧元）
1	Ⅰ	292
	Ⅱ	308
	Ⅲ	330
	Ⅳ	358
	Ⅴ	385
	Ⅵ	407
2	Ⅰ	352
	Ⅱ	380
	Ⅲ	402
	Ⅳ	435
	Ⅴ	468
	Ⅵ	501
3	Ⅰ	424
	Ⅱ	451
	Ⅲ	479
	Ⅳ	517
	Ⅴ	556
	Ⅵ	594
4	Ⅰ	490
	Ⅱ	523
	Ⅲ	556
	Ⅳ	600
	Ⅴ	649
	Ⅵ	693
5	Ⅰ	561
	Ⅱ	600
	Ⅲ	638
	Ⅳ	688
	Ⅴ	737
	Ⅵ	787

续表

应考虑的家庭人数	区域租金水平	最高补助额（欧元）
每增加一位家庭成员而增加的补助额Ⅰ	Ⅰ	66
	Ⅱ	72
	Ⅲ	77
	Ⅳ	83
	Ⅴ	88
	Ⅵ	99

数据来源：根据北京农学院毕玉珠教授承接的住建部住房改革与发展司《德国住房法律研究》课题整理，2018年．

（三）租金补贴的住房面积限制

实行住房补贴以后，政策上并不要求低收入家庭必须租廉租房或者其他低租住房。受助家庭可以选择适合自己需要的住房，比如距离城市比较近的普通公寓。因为政府的补贴根据其收入水平和房租水平有一定的限制，房租总支出越高，在所得相同的水平下，政府补助部分和个人实际支出部分都同时提高。如果受助家庭以节省货币房租支出作为最大效用选择，一般不会租很贵的房。不会因为可以多拿政府200欧元补贴，自己多出300欧元房租。但是如果受助家庭以居住实物福利为最大效用选择，可以反向思维，租好的房子才能够得到更多的福利，如果租房租低的差房子，自己反而吃亏。因此与实物福利相比，享受房贴的家庭可以在居住方面有更多的自由选择空间。德国社会性住房分配的原则是，政府补贴应该给受助者带来更多的自由，而不应该由于政府补贴而剥夺更多的个人自由。如果补贴和剥夺个人自由相当，这种救助毫无意义。由于有房租补贴，理论上使得低收入家庭可以住到一般收入家庭的居住水平，即能够享受有尊严的居住水平。因此在德国大量家庭从住的方面看，外人完全看不出这是一个低收入接受住房补贴的家庭[①]（表13）。

[①] 朱秋霞．德国社会保障住宅分配制度演变及对中国的启示[J]．现代经济探讨，2013（4）．

根据住户规模设定的补贴面积上限   表13

住户规模	补贴面积的上限
单人户	45m^2
双人户	60m^2
三人户	75m^2
四人户	85m^2
每增加一名家庭成员可增加的最大面积	12m^2

数据来源：朱玲.德国住房市场中的社会均衡和经济稳定因素[J].经济学动态，2015(2).

四、德国住房补贴做法对我国的启示

第一，根据住房市场状况适时调整住房保障方式。德国住房保障一条宝贵经验，就是根据住房市场的发展变化，不断调整住房保障方式。现阶段，我国主要以政府投资为主大规模建设保障性安居工程，通过实物方式解决低收入家庭住房困难问题，今后应当根据各地住房市场状况、住房保障需求、市场房源和财力状况等，适时调整住房保障方式，积极研究以租金补贴方式为主提供住房保障，进一步提高住房保障的针对性和实效性，以及精细化管理水平。

第二，尽快完善家庭收入核定。居民的收入核定是世界发达国家的国民经济的基石，德国也是如此。尤其以家庭收入为核准单位，这不仅为征收国家税收提供了公平的征收基础，也为国家精确甄别保障对象提供了准确的依据。

第三，完善住房保障信息系统。完善的住房保障信息系统是做好住房保障工作的前提和基础。为促进住房保障工作的科学化、精细化管理，切实解决低收入居民住房困难问题，使这项惠民政策真正落实到需要住房的困难家庭，应当建立健全住房保障信息系统，对住房保障对象、收入状况、住房状况、保障房房源分布等信息实行动态管理。通过加强住房保障信息的跟踪追查、核实和调整，建立网上查询和公示制度，增强住房保障工作信息透明度，进一步加强社会监督，确保住房保障工作公开、公平、公正。同时，根据低收入居民收入变动状况，建立住房保障定期核查制度，形成进退有序的住房保障准入和退出制度，完善保障房健康长效运行机制。

第三章　德国租户租赁权益全周期保护

根据联合国人类住区规划署数据，德国住房租赁比例比欧美其他国家高得多，德国租赁住房占比60%（高于第二名荷兰），自有住房仅占40%，其中柏林租赁住房比例高达89%[①]，租赁住房比例高的主要原因在于对租户权益的保护。我国正在积极采取各种措施培育住房租赁市场，德国对租户权益保护的经验尤其值得我国借鉴。本文拟对德国住房租赁过程中对双方的权益保护尤其是对租户权益保护作较为详细的介绍以及提出完善我国租赁市场政策建议[②]（并不包括租金管制）。

一、德国对承租人的法律保护主要体现在《民法典》中

德国作为欧洲住房租赁率最高的国家，其住房租赁制度一直以保护承租人权益为核心，为租房市场的良好运行提供了最重要的保障，亦符合"社会国"理念的要求。在德国，住房政策自从魏玛共和国开始就被视为具有社会保障性质，是其社会保障政策的主要构成部分。在诸多住房法律法规中，"租赁法"是唯一的具有细则规范性质的手段，被称为内在化的解决住房问题的方法，为规范住房租赁市场提供了细致的法律保障。早在1900年生效的《德国民法典》，其中的租赁法秉承了自由主义原则，没有

[①] 熊衍仁，沈绥义.国外住房发展报告（第5辑）[M].北京：中国建筑工业出版社，2018.

[②] 本章的主要内容借鉴于住建部住房改革与发展司的《德国联邦住房相关法律制度研究》中的《2001年德国民法典－租赁法》以及Julia Cornelius所著的《德国租户权益手册》。

对租赁合同内容做出过多地限制，如出租人正常终止租赁合同只需要符合法定期限，也没有规定租金限制。但是这种住房租赁法明显不能保障承租人的居住问题，因此立法者多次对民法典中的租赁法进行改革：其一，在租赁合同中双方当事人因为经济上的不平等性，承租人比出租人更需要法律保护；其二，住房租赁合同是继续性合同，搬家除造成承租人的经济损失之外，更多的是社会关系方面的损失，因为承租人在长期居住过程中与周边建立起密切的社会联系，因此租赁法很多条款对民法领域的契约自由原则予以限制。

具体而言，在住房租赁方面，德国《民法典》第535-580条规定租赁当事人的基本权利和义务，其中第535-548条规定了租赁合同的一般规范，适用于所有租赁关系，第549-577条专门规范住房租赁制度。与其他租赁法相比，住房租赁法最重要的是对承租人的解约保护，主要保护房客不被房东驱逐、房租不盲目上涨，着重维护住房租赁合同的稳定性。

二、对潜在承租人的权益保护

第一，房东选择租户时不得有歧视倾向。为了实现均衡的定居结构、均衡的经济社会结构和多元化的文化环境，也需要租约的多样化。根据德国《一般平等法》（General Act of Equal treatment）的不歧视原则，禁止基于种族、性别、宗教信仰、残疾、年龄或性取向的歧视。这条原则必须在住房租赁合同中得以体现。

第二，注重对租户隐私权的保护。如果对达成租赁意向实属必要，房主则应依法收集有关潜在租户的个人身份或支付能力等信息。可以合法收集的信息，包括潜在租户公民身份、孩子数量、职业、收入支付能力等。在这种情况下，租户有义务如实提供信息，否则，房主有权对已达成的合同提出异议甚至撤销合同。但如果所询问的问题不合法，尤其侵犯了人身权利，潜在的承租人具有"说谎的权利"，房主不能撤销合同。不合法的话题涉及性取向、怀孕意向或者潜在租户的健康状况等。

对潜在租户的个人财务状况核查通常包括：访谈潜在的租户（特别是关于他的偿付能力）前一个的房东或雇主；前一个房东没有义务提供以前

的房客没有拖欠租金的证明，但可以提供"收到租金"的收据；要求潜在租户提供工资单明细；在获得承租人同意下，由承租人自愿提供个人征信机构（SCHUFA）的偿还能力证明；可以查阅地方法院或其他信用机构的负债人名单；当租户是商业租户的情况下，还可以要求银行提供相关信用等信息；检查潜在租户有关财务状况的数据时，房东必须征求潜在租户同意，是因为租户决定公开信息还是选择保护都属于私人基本权利。租户没有义务同意偿还能力核查，但往往被要求提供，这样"有助于"房东选择租户。

德国存在不同类型"信用不佳的租户"名单，是由不同的公司编制，如德国租户数据库KG（DEMDA）[①]；应收账款管理有限公司（SAF Forderungsmanagement GmbH）[②]；大调查有限公司（Supercheck GmbH）[③]；德国房东保护有限公司（Vermieterschutzkartei Deutschland-GmbH & Co.KG VSK）等，这些公司获得数据的过程必须基于数据保护的原则。这些数据公司从当地法院及其债务人名单、信贷机构、能源公司、债务信息机构和房东那里获取数据。房东如果想获得有关租户信息，必须首先注册，并为每一次查询支付一定固定的费用。甚至租户为了更容易租赁到合适的住房，有可能从这些公司数据库或者SCHUFA进行自我披露。相比较而言，没有真正的房东"黑名单"数据库，但有类似的机制。例如，租户可以从本地租赁者协会获取有关房东的信息。除此之外，还有一个网站[④]，租户可以在上面给房东打分，房东姓名并不出现在网站上，但是却显示了真实的地址，如果房东有代理，租客应进一步查明房东是否具备德国房地产协会的会员，因为该协会规定每一个协会成员必须要有非常专业而且能提供良好服务的代理人。

第三，租户可获得多种帮助。租户可聘请一名房地产代理，协助租户寻找住房，根据租户的住房需求提出参考建议。如果由于经房地产代理协

---

① 见网址http：//www.demda.de。
② 见网址http：//www.immobilienscout24.de/de/anbieten/serviceleistungen/bonitaetspruefung.jsp。
③ 见网址http：//www.privatevermieter.de。
④ 该网站网址为http：//www.wowirwohnen.de/leitbild/。

商最终达成合同，房地产代理最多可要求两个月净租金作为报酬（不包括水电费和增值税）。除房地产代理之外，如果承租人正在寻找社会性住房，还可得到市政当局的协助；如果想租赁一套住房合作社，还可以得到住房合作社的帮助；如果是学生和访问学生（Guest Students），大多数大学都有专门的机构，像学生服务中心或国际办事处，可以协助寻找住房尤其是学生宿舍；如果租客想自己找房子住，可以在报纸或该城市/城镇的特定公告栏上的广告（住宅广告通常由房东打的）或在常见的互联网门户网站搜索[1]。

法律不允许房东在租赁合同的谈判中收取费用，包括除了居住面积租金之外的费用，甚至房地产中介也被禁止在订立合约前向准租客收取费用，经双方协商签订租赁协议后，房地产中介可以要求支付经纪费。

三、租赁协议签订过程中的租户权益保护

（一）租赁合同的形式与内容

第一，租赁合同以无限期为主。租赁合同可以为定期，也可以是不定期。在德国，住房租赁合同主要是无限期合同。如果是定期合同，房东必须证明定期租赁的三个原因：（1）房东希望未来某时期使用该住宅为自己、家人、本人的住处；（2）房东希望未来某个时间彻底拆除或修理该住宅，如果为长期租赁，将难以采取这些措施；（3）出租人希望将住宅出租给有履行义务的人服务，例如房东的雇员。如果签订有限期的租约，房东必须向租户强调以上某点，否则将被视为无期限的合同。如上述原因发生在租赁期间，租户不得要求租约续期，但是度假屋、公共住房、青年旅舍、学生公寓均不受此限制。

第二，通过书面形式保护长期租户权益。租赁协议不一定要签订书面形式，然而，如果租赁期限超过一年以上的租约，必须以书面形式签订，同样原则也适用于无时间限制的租约。如果租赁期限超过一年以上，且不

---

[1] 具体找房网站如www.immobilienscout24.de；www.immonet.de；www.immowelt.de；www.wg-gesucht.de（for flat-shares）。

以书面形式续签租约,则一年过后则视同租约已经结束。如果继续以书面形式续签,则租约仍然有效。

第三,规范租赁协议范本。为了满足书面形式的要求,合同主要条款条件必须遵循租赁协议范本要求,尤其是租金数量、签约双方、租期及物业租金等。租赁合同必须至少包括并描述租赁双方、租赁对象、合同期限(视情况补充说明实行期限限制的原因)、租金数额和居住用途(Residential Purpose)等基本强制性内容,这在居住用途尤其在混合用途租约中显得非常重要。除了这些最低的强制性要求外,合同还应提供包括住宅面积、使用范围、动物饲养规定以及公用事业费用分摊以及轻度维修的责任(以覆盖轻微损坏的费用)。

根据建筑法规,住宅必须至少具备一个可居住的房间、一个卫生间、一个浴缸或淋浴、一个厨房,除此之外,它视乎租约约定而定。就精装修公寓的租约而言,房东往往提供主要的家具,像厨房用具、床、沙发、衣柜和书桌。

住宅交接时,房东通常会列出入住清单(如备有家具的住宅,亦包括一份清单),作为租赁合同的一部分,并载明住宅的实际运行情况以及现有损坏情况。根据这些清单,如果住宅未来出现了超出正常使用范围的过度磨损和折旧,那么承租人将对这些(及其家具)改变和劣化负责。

其他与承租人有关的通常合同条款如下:规定的保证金条款;运营成本的分摊条款;表面修复或小维修工程费用分摊的条款;禁止饲养宠物或吸烟的条款;房东检查住房状况权利的条款;其他排除租户权利的条款。

(二)租赁住房过程中租户权益保护

第一,入住权益的保护。承租人的配偶、民事伴侣、父母和子女均可与租客同住,而无须征得房东同意,因为带近亲入住是在适当的使用范围之内。同样适用于保姆(Domestic Servants)和护理人员(Nursing Staff)。值得注意的是,带上述人员入住时,租客负有通知房东的义务。当同居者是其他家庭成员如兄弟姐妹同住,必须得到房东的同意。另外承租人不一定要使用该住宅(即用作承租人的主要家庭)。根据租赁合同,承租人没有义务（被迫）必须住在房子里。只要他还在照顾房子，即使租客没有使用该住所，房东就没有合法的理由解除租赁合同。

第二，租赁合同关联人的权益保护。为了维护承租人家庭成员的住房权益，法律规范了承租人死亡情况下合同继承的事宜。通过承租人死亡后其（同居住）关联人的合同义务与权利继承，保障了居民居住稳定性，避免了因承租人死亡造成合同关联人缺失的混乱。在新修订的版本中，租赁法拓宽了保护对象，不仅仅局限于（已死亡）承租人的家庭成员，还包括其未婚生活伴侣或者其他类型的共同生活人。

离婚时，配偶同样可以获得住房的租赁权（类似情况下如没有结婚的男女朋友分手以及同性恋）。根据《家庭法》，配偶必须证明，他比另一半更加依赖于此套住房，尤其是离异带孩子的一方。考虑到孩子熟悉日常环境，是照顾孩子需要此房的最好借口。在学生之间共享公寓，尤其是学生是否可以搬出由他人顶替，不用征求房东是否同意。如果该住宅是以共享的形式出租，德国法院推断在这种租约下房东不得不接受承租人会不断变换的实际，因此，房东在签订合同时须注明提醒租户的条款，事关后续租户的进入与退出权利，就是为了避免房东未来可能处于不利的法律地位。

租户无权自行转租。原则上，没有房东的同意，租客无权允许第三者使用租来的住宅，尤其是不能转租，这适用于整个住宅使用过程中。不过如果承租人想转租住宅的一部分，比如一个房间，承租人在获得房东许可后，才能准许第三者使用部分空间。租户个人源于经济利益变化（例如收入减少或失业），想通过转租获得额外的利益收入，这个理由远远不够充分。即使属于合法权益，房东也有以下理由拒绝：(1)有第三方等确凿证据的强制性理由。如果房东担心室内平静生活被打破或者他与转租对象有个人恩怨[①]，强制性理由可以成立，可以拒绝转租。但是，是否允许转租，尤其要看转租对象的租金支付能力，因为转租约引发了主要承租人和转租对象的关系，而不是转租对象和房东的直接关系。(2)住宅空间过度拥挤。住宅是否过度拥挤的判断依赖于个人居住情况的判断。一般而言，每

---

① 有些租赁性住宅属于业主和租户共住。

个人需要至少9平方米，6岁以下的儿童至少6平方米。（3）房东因其他原因不允许第三方使用。假设期望房东能够允许第三方使用，租金肯定将增长，尤其设备使用费增长更多。房东是否同意也会依赖租户是否允许租金上涨而定。如果没有房东的同意，第三方就搬了进来，转租合同毫无疑问仍然是有效的，房东也无权分享主租户所收取的租金，因为转租并不影响房东的法律地位。但是，房东往往在稍微警示情况下就有权终止与租户签订的合同（主租赁合同）。但如果房东接受转租，再发出终止合同的通知则为不合法。由于转租合同并非房东和转租对象合同关系，其存在依赖于租赁主合同，因此，转租对象并不享有租户与房东的同等法律保护关系。但房东必须遵守有关保护租户的规定，尤其是主要租户。因此，通常房东不会提供转租合同文本而是提供普通合同文本。如果房东仅仅为房客提供转租合同文本，而没有主租户，那么转租合同文本被视同为普通租赁合同文本，受承租人保护法律的约束，因为合同的实质至关重要，而不是名义（转租合同）。即使房东允许转租，但是主租户（承租人）在使用过程由于第三方事由产生的损害，仍然负有责任。

出售不破租赁。若该住宅由房东出售，则该住宅的收购人必须接受现有租约，并接管原房东的所有权利和义务。如果新房东不履行其职责，前房东应以担保的方式对此负责。因此，出售住宅不会改变租赁关系以及租户地位，当新房东购得住宅，必须同时接受前房东所有权利和义务。但是如果房东破产，住宅通过强制拍卖出售，与住宅销售不同，拍卖而得住房的新房东有权在法定通知期三个月后解除现有租赁合同。

（三）租金支付以及维修费用分摊

关于租金的支付，合同必须首先区分净租金（冷租）以及使用过程中产生的费用（后者包括在总租金中，暖租），由承租人自己必须支付。此外，租户必须知道什么时候和多长时间需付房租。通常情况下，租户必须每月提前支付租金。如果合同没有规定精确时间，根据《租赁法》规定，在每个月开始时必须支付，最迟不超过双方商定的每个付款时期第三个工作日（因为星期六不是银行营业日，不计算在工作日之内）。最后，双方必须明确租户通过银行转账的形式支付租金，且以长期订单支付形式

(Standing Order)。

一般租约无须在土地局登记册登记。就订立租赁合同过程而言，不得收取任何行政费用（Public Charge），但并不禁止在租约合同签订结束时，房东向租客收取一定的费用。这个合同费用仅仅需要覆盖成本，因房东不能为自己的住宅索要佣金。非法收取或者过度索取费用，有违道德原则，可以从房东那里重新索回。法院认为，大约50欧元的费用是合理的，可以算作成本补偿。因此，在合同签订时按照商业模式由房东向租户索取费用则是无效的（如按照中介代理费用收取）。

房东承担主要的维修责任，但可以转嫁小额维修费用。根据德国的租赁法，由房东来维持租赁性住宅的良好状况，并承担由此产生的必要维修保养工作。然而，如果最低表面维修成本也可以让租户承担，也是符合法律要求的。需要房东承担的经常性的表面维修（Cosmetic Repair）包括：翻新工程，如换壁纸、粉刷墙壁和天花板、油漆地板、油漆暖气管、内门、窗户以及所有外门之内的设施。通常，厨房以及带淋浴的浴室每三年要翻新一次；厕所、走廊、厅堂、客厅、卧房每五年一次；附属房间如储藏室每七年一次。不过，翻新的责任范围主要取决于实际磨损的程度。因此，一个租约附有固定期限翻新要求的附表往往视为无效。但如果租赁合同规定了灵活的时间安排，通常使用"定期的""通常的"或"一般的"这样的字眼，表面修复是有效的。如果是商铺，这样的原则也适用。根据承租人有义务按比例支付装修费用，但如果承租人必须支付这些固定期限翻新的费用，这样的条款将往往视为无效。要求租户必须支付专业粉刷工修复表面的费用，同样，被视为无效条款。这也适用于租户自己花钱请工匠进行表面修复工程。然而，小型维修工程只包括住宅中租户直接经常使用的部分，例如修复小硬件（如电、水、气，以及为烹饪、烘烤的设备，还有门窗的锁）。并规定了可以转嫁给承租人的最高限额（在一年之内每次修理和所有小修理的费用）。承租人一次维修的费用不得超过从75欧元到100欧元不等，而全年用于维修的费用不得超过年租金的8%到10%。此外，租户没有义务独自进行维修。如果合同单独规定表面修理（Cosmetic Repairs）或者最低的维护工作的条款，往往视为无效条款。

(四)公用事业使用收费

根据德国《租赁法》,公用事业费用是指运营成本。这些运行成本一方面包括基本的公用事业,比如供水和供暖的成本和消耗等,另一方面还包括其他附加公用事业费用,如房地产税、污水处理费等,以及供热系统的维护、街道清洁、垃圾处理、住房保洁、除害除虫、花园打理、烟囱清洁、电梯维护以及由房东缴纳的保险等。公用事业的费用可以根据消耗量、住宅面积分担。如果双方没有就某一问题达成一致,就按建筑面积的比例分摊营运费用。但是,供热和供水的费用必须根据承租人的消耗量缴纳费用。其他经营成本视耗用量而定,当然必须有技术装置,如污水处置计量。究竟是房东还是租户与公司(诸如供水、热水、暖气、电力公司)签订合同,依赖于租赁合同约定。如果成本是根据租户的消耗量而定,作为一般规则,通常情况是由租户签订合同。电力供应方面,通常也是由租户与电力公司签订合同(除非房东提供可再生能源如太阳能),因为绝大部分的住宅都有电表。

根据德国《租赁法》,房东必须承担所有的费用。但是,当事人可以约定由租户承担运行成本(Operating Cost)。如前所述,运行成本包括房地产税收、污水收费,以及供排水、暖气(前提是房东签订供应合同)、供热系统的维修、街道清扫、垃圾处理、房屋清洁、除害除虫、花园维护、公用照明、烟囱清理、电梯维护等费用。通常,双方同意承租人须承担可分摊的营运成本。

保证金实行专户专管。在德国,为履行承租人的职责,租户必须缴纳一定的保证金,最多可达三个月的租金(不包括运行成本)。如果双方同意分期缴纳保证金,其总额也不得超过此限额。如以现金形式提供,租户有权利分三期付清。租赁合同开始时支付第一期,其他分期付款可与租金一起支付。如果租户没有缴纳至少相当于两个月租金的保证金,房东可以立即终止租约。在三个月内,房东必须把保证金存入银行(有储蓄存款利率)。房东也可以要求租客自行开立储蓄账户,并将该账户抵押以保证房东的利益。但是即使在这两种情况下,储蓄账户必须与房东资产分开进行,而租客则有权获得利息收入,房东有义务支付押金利息,以此杜绝房东对保证金的挪用(但此条不适用于学生宿舍或青年公寓)。保证金是保障房东的权益,而不是一种预付租金的支付方式,所以承租人无权在租赁期满前停止支付租金。社会性住房或受补贴住房,只有确保住房不受损坏或者覆盖表面修复所需成本的保证金才是有效的。

额外担保或个人担保。通常情况下,双方同意承租人必须提供一笔钱作为保证金。此外,作为一种替代担保,同意索赔(Pledge of Claims)或动产的质押以及合理的担保也是合法的。无论哪种情况,必须符合不超过三个月的租金上限的规定。

四、租赁过程中的租户权益保护

(一)住房缺陷认定与减租

根据德国的租赁法,住房缺陷定义是住宅租赁合同约定的条件和实际情况的偏差,进而影响到租赁性住房的舒适度。缺陷是基于物理上或者法律的缺点,物理的缺陷在于,合同中确保提供的设备缺乏或者被终止,如缺少厨房或厨房无法使用或者住宅湿度过大等。从建筑工地传来的噪声以及喧闹的周边环境,如果超过正常范围,也被视为住宅的物理缺陷,但是并不包括孩子制造的噪声。

一般而言,在租赁合同签订时,房客不知道该缺陷,只有在房东有意隐藏此缺陷的情况下,承租人才有权利要求索赔和减租。此外,租户如发现有任何瑕疵,有义务通知房东,房东应立即处理。否则,租户无权要求减少租金,也无权要求损害赔偿。相反,因租户未及时报告而造成的损失,租户负责部分责任。最后,如果损失完全由租户所造成的,业主不会答应任何索赔。

如果这些条件得到满足,承租人有权享受租金减免。如果该住宅使人难以忍受,承租人免除支付租金。如果仅居住住宅舒适性出现一点问题时,可以部分减租(租金打折扣)。缺陷很容易识别和补救,并且弥补只需要很低的成本,那么它就是微不足道的。减租额是根据租金总额计算的,通常是按租金总额百分数表示。除减租外,如有任何瑕疵,承租人亦可要求赔偿:(1)订立租赁合同时缺陷就存在,无论业主是否有任何过错;

（2）业主负责的环境出现了缺陷；（3）房东在补救缺陷方面违约，为了保持住宅正常状态，承租人可以自行修复缺陷并要求赔偿必要费用。

（二）住房维护中的权利与义务

出租人（业主）主要职责之一是在整个租期内，保持所出租住宅的完好。因此，房东主要负责各类维修保养工作，但是正如之前提到的，租客有责任承担部分小型维修工程的费用（Minor Maintenance）以及进行表面修复（Cosmetic Repairs），如果合同包含这些条款，房东有义务进行修理那些定义为既非表面修复又非小型维修工程的内容（例如包含着每次维修超过100欧元的项目）。

承租人是否可以以实物履行代替支付租金，主要取决于租赁协议的条款。除此之外，承租人有法定权利在租金中报销此费用。报销费用的前提条件是承租人已经修复了缺陷，或者必须立即采取补救措施，才能保持或者恢复出租财产状态所支付的维修费用。此外，即使没有得到业主的批准，租户做了一些符合业主利益和意愿的修缮工程或者修理（Necessary Renovation Works or Repairs），租客亦可有权利要求报销。

没有业主许可，租客基本上不被允许进行影响住宅建筑结构的实物改建，包括翻新浴室、安装新供暖系统，以及更换地板，即使这些措施有利于改善居住条件，只有在最低限度的结构改变的情况下，租户才有权申请许可，包括可轻易修复的改变，如重新油漆的墙壁、木钉或钉子。

一般来说，租户在没有得到许可的情况下，无权安装抛物面天线。然而，如果外国租客通过有线电视不能收到他祖国母语的电视台，他有权自行加装这样的天线。在这种程度上，对租户信息的自由权利保护要超越了对业主的财产权保护。即使在德国生活多年甚至已经有了德国国籍，外国租客仍有兴趣了解祖国发生的事情，这种权利不会因时间流逝而丝毫减少。租客可能并不愿意因房东推荐仅仅靠浏览报纸或互联网以了解情况。

为照顾残疾人而必要改变住房，承租人需要房东批准，以进行住宅结构调整或者其他变动，以方便进入该住宅安装所需的设备装置。业主也可以拒绝，因为他偏向于维持租赁性住宅或建筑物的原样超过了对租户利益的考量。而且，业主是否同意取决于需要租户支付恢复原状的额外保证金。因此，承租人不仅必须承担结构改造的费用，还需要承担恢复原状的费用。

（三）房东进入住宅的有限条件

考虑到宪法对房客占有权的保护和住宅不可侵犯性的保护，租客有权在其出租的住房独处。因此，只有在以下情况下，房东才允许进入住宅：有具体和正当的理由；事先告知他的意图。房东必须征得房客的同意，否则就是侵入罪。

房东有权进入住宅的情况有：包括实施维修或现代化改造措施；对承租人违反合同的怀疑；租客可能将住宅出售给潜在买主；避免迫在眉睫的危险而进行的检查。房东必须至少提前24小时通知房客，检查应在可接受的时间内进行（上午10点到下午1点和下午3点到晚上8点）进行检查。

房东是否有权在没有任何理由的情况下定期检查住房一直存在争议。尽管有些法院承认房东有权每隔一到两年检查住宅，但也有一些法院否定这种权利，理由是定期检查完全没必要，因为租户有义务向业主通知住房出现的缺陷或者潜在的危险。

房东有义务将所有的钥匙交给房客，使他能够不受任何干扰使用该住房。特别是在没有明显原因的情况下，他不能扣留钥匙。如果房东用自己的钥匙进入该住宅，承租人不经通知就可以终止租约。

房东无权将房客锁在出租的住宅之外，即使他可以因拖欠租金而终止租约。如果房东更换了门锁，承租人只要不能使用该住房，就没有义务支付租金。除此之外，房客可能要求归还财产。

（四）房东的法定留置权

在房租拖欠情况下，业主对承租人住房物品享有法定留置权，这项权利不得用于未来的索赔要求以及在此后几年的租赁期间租金支付。此外，它并不延伸到与其不相关的事物。豁免扣押的物品，特别是租户个人使用或家庭的物品，如租客及其家庭成员需要的食物、供暖和烹饪的燃料和照明用具。

五、结束租约时的权益保护

(一)承租人强制性解约的条件

如租赁期限不确定,承租人可给予普通通知(Ordinary Notice),通知期限为三个月。如果业主反对终止合约,租客无须给予通知的理由。

如果存在迫不得已的理由,承租人可以在约定日期前终止合同,这种合同的终止包括无限和有限期租赁合同。一般而言,强制解约的理由主要是因为违反合同义务。德国租赁法列举了一些强制性停止租约的例子,承租人可以不经通知而终止!包括:(1)承租人不允许使用租赁住宅的全部或者部分功能,或者在某个时段被剥夺了使用权。(2)使用该住宅将会严重威胁身心健康。(3)业主持续骚扰家庭安宁。严重威胁房客健康的典型例子是住房中的霉菌侵扰。但是如果强制原因违反租约规定的义务,只有在发出了警告通知之后,才允许发出终止通知。租客希望在法定通知期届满前迁出,例如,由于在另一个城市有新的工作,业主通常会同意,但前提是租客需要推荐一个合适并有偿债能力的租客。

(二)业主强制性解约的条件

如果业主想终止无固定期限的租赁合同,只要他能证明有正当理由,就可以发出普通通知(Ordinary Notice)。此条不适用于度假屋及业主本人居住的住宅、公共住房、学生宿舍或其他青年招待所,这些类型的租约被排除在租住权的保障之外。正当权益存在以下情况,为了涨租金而终止租赁合同通知被明确排除在外。房东有权终止租约,必须符合以下几种情况:

(1)承租人严重(Non-Trivially)违反合同。例如,未经批准转租、拖欠付款、付款不及时,延迟支付租金或者不支付租金,不经过出租人同意转租,将住宅作商用,以及对房东或其他租户的噪声干扰和诽谤。在这种情况下,承租人严重违反了合同条款以及相关义务如拖欠至少一个月的租金,业主无须事先发出警告,就可以解约。

(2)业主本人或者家庭成员需要该物业。因房东需要终止租赁合同,需要房东能够证明确实是自己以及家庭成员所需。家庭成员包括父母、子女、兄弟姐妹、孙子、公婆、女婿、儿媳，甚至侄女和侄子。如果房东想要终止租赁，允许除家庭成员外的人要搬进该住所，此人必须一定要成为他家里的一员。如业主在同一幢房屋内另有合适的房间，或可供出租的住宅小区，他更有义务提供该房子作为租赁性住房。判断"自需"时，如果出租人是法人或者其他组织，则基于紧急自需终止租赁合同的可能性比较小。如果出租人是自然人，他拥有的住房越多，成立自需的可能性就越小。这与租赁法的立法目的吻合，购买和建设住宅的目的是居住，如果所有权人拥有多套住房，这意味着其目的不是居住，而是经营。或者说，出租人的住房越多，他承担的社会义务越大，此时更应当倾向于保护承租人[1]。

（3）出租人合理经济利用住房受阻。如果租赁关系的存续妨碍出租人对住房进行合理经济利用，而且出租人可能遭受严重损失时，出租人可以终止租赁合同。经济利用是指实现住房自身包含的价值，合理的经济利用包括翻修住房、出卖住房、拆除住房，或者在取得相关许可的情况下将住房出租给他人作为商业用房使用等。尽管德国不动产租赁法遵循"买卖不破租赁"原则，但是现有租赁关系在很多情况下仍然可能会严重妨碍出租人出卖住房，因为大部分人购买住房是为了自己居住。出租人方面要为出售住房做出充分的努力，包括寻求中介卖房，否则出售住房不能成为出租人终止租赁关系的正当理由。当然，并不是任何妨碍经济利用的情况都足以成为终止租赁合同的正当理由，只有在出租人因遭受的损失达到一定严重程度时，才可能成立终止合同的原因，比如出租人打算装修或者翻修住房，只有在承租人配合不力，无法完成装修或者翻修的情况下，才成立终止租赁合同的正当理由。从德国联邦法院的裁判中，对合理经济利用有以下要点：以合理的经济利用为理由终止合同并不是为了使出租人获得尽可能高的盈利；作为所有权人的出租人必须容忍一定程度的损失，只要损失在可以接受的范围内，终止合同的原因就不能成立[2]。

一般终止合同的通知期限为三个月。最迟在一个日历月的第三个工作

---

[1] 郝丽燕.德国住房承租人保护制度及其借鉴[J].德国研究，2019（3）.
[2] 同上

日即此后的第二个月结束时发出。在允许承租人使用住宅五年和八年后，通知期延长，每次延长三个月（即租赁住房满五年，房东需提前六个月通知；满八年，需提前九个月通知）。如果房东住在同一栋楼里，通知期限可延长到12个月。有效通知的通常条件是：房东要在终止通知中说明理由，通知必须是书面的，并应提供给承租人作为参考。

（三）承租人终止异议权

即使出租人方面拥有正常终止租赁合同的正当理由，也不意味着租赁关系必然被终止。因为租赁合同的终止会触及承租人的生活基础，《德国民法典》中的住房租赁法赋予承租人在租赁合同终止引起不可承受的困难时有异议权。承租人终止异议权也被称为住房租赁法中的"社会条款"，是保护住房租赁关系存续的另一个强有力措施。承租人终止异议权在1960年的租赁法改革过程中被吸纳在《德国民法典》中，意味着即使面对有正当终止理由的出租人，承租人的生存也不能受到威胁。《德国民法典》第574条规定，在承租人有终止租赁合同的正当理由的情况下，并且已经有效地提出终止租赁合同，如果终止租赁关系为承租人或者共同居住的家庭成员带来不可承受的"困难"，承租人可以针对终止提出异议，要求住房租赁合同继续有效。

这种终止合同的通知显然是不正义的，即使考虑到了业主所谓正义利益。租户拒绝终止合同的合理理由，包括如租户怀孕、重病、低收入、老年租户居住时间长、残疾、体弱多病、即将到来的考试、学校和幼儿园更换困难、搬家时间短、租户进行了原住所的投资以及没有合适的房源等，只要满足这些条件，租约就会一直持续下去。

六、对我国的政策建议

为了实现"租购并举"目标，落实"房子是用来住的，不是用来炒的"精神，我国已经在国家层面和若干城市层面出台促进房屋租赁市场发展的政策。实现"租购并举"的关键是通过法律强化保护承租人，但是我国目前现有的法律法规对承租人权益保护不足，导致居民不愿意租房，而愿意购买。因此，我国住房租赁合同法可以借鉴德国的承租人保护制度，考虑从以下几方面加强对承租人权益的保护：

第一，健全租赁法律法规体系。一是借民法典出台机遇，在法律中体现承租人权益有关内容，如租赁权、买卖不破租赁制度、租赁合同一般期限等。二是推动住房租赁条例的尽快出台。三是在政策文件中推行租赁合同示范文本，明确实行租金指导价制度等。在条件成熟和时机成熟的城市，试点住房租金发布制度，定期公布试点城市各区域市场租金水平等信息，将租金调整幅度限制在地区一般租金水平，限制调整租金的频率。

第二，规范出租人和承租人的权利义务关系。德国住房租赁保护体现在签订租约以及结束租约一系列细节之中。出租人或者承租人不得单方面解除住房租赁合同，不得单方面提高或者降低租金；未经承租人同意，出租人不得擅自进入租赁住房；出租人应当履行租赁住房的维修义务，出租人未及时履行维修义务的，承租人可以自行维修，维修费用由出租人负担。这些条款可根据我国情况适当吸收。

第三，建立住房租赁主体信用体系。借助我国正在实施社会信用体系建设规划纲要（2014—2020年）的契机，加强房地产租赁领域个人信用（如房东信用、租户信用）和机构信用（如中介信用）建设，如中国房地产估价师与房地产经纪人协会2019年10月举办百家住房租赁中介机构"守法经营、诚信服务"公开承诺活动就是租赁中介机构信用建设的尝试。

第四章　德国住房合同储蓄与背后的社会福利思想

德国的住房储蓄贷款制度是一种建购住房的互助金融体系。1924—1929年，德国一大批住房储蓄银行成立，主要为了缓解战后住房紧缺带来的融资困难。20世纪80年代前后，西德住房储蓄制度移植到东德、奥地利、捷克、斯洛伐克、匈牙利和波兰等国[①]。在20世纪80年代末期，德国住房储蓄银行又一次遇到较大的历史发展机遇，即由于东西德统一带来的社会人口变动而导致建购房住房融资需求的上升。目前，德国住房储蓄银行已经是德国住宅金融体系的主体构成，本章尝试将德国住房合同储蓄构建的基本原则与其后的社会市场经济的社会福利思想联系起来进行分析。

一、三分天下的德国住房合同储蓄

(一) 德国储蓄银行占住房金融的1/3

德国住房金融体系是由多种类型的金融机构参与，各种贷款形式相互配合的融资体系。其中，从事住房金融业务的金融机构主要有三大类型，即储蓄银行、抵押银行和住房储蓄银行，他们共拥有德国住房金融市场70%以上的份额，最具特色的是住房储蓄银行，占有相当大的份额，目前是德国住宅金融体系的主体构成(表1)。

德国住房储蓄模式已经成为居民购房最主要的融资手段之一，而住房储蓄银行也在德国住房金融体系中起着越来越重要的作用。目前德国

---

① 吴畏.德国住房储蓄制度[J].中国市场，1997(11).

德国住房金融体系构成 表1

住房金融机构	市场份额占有率		
	1983年	1990年	2003年
储蓄银行	28%	29.81%	27.3%
抵押银行	24%	21.88%	21.1%
住房储蓄银行	19%	24.19%	29.0%
其他机构	29%	24.22%	22.6%

数据来源：郁文达.住房金融：国际比较与中国的选择[M].北京：中国金融出版社.

住房储蓄银行达到了26家，每个州都有分布，超过1/3的德国人与住房储蓄银行签有住房储蓄合同，并选择其作为购房资金的融资方式之一[①]。即一般通过向多家金融机构贷款以获得购房所需要的足够资金，贷款期限为25～30年。德国住房抵押贷款来源一般包括：10%～20%为自有资金，40%～50%来自于住房储蓄银行，30%～40%来自各种商业性抵押贷款。2002年底，德国各州每1000名居民拥有住房储蓄合同平均为372份，即三分之一以上的德国居民通过住房合同储蓄模式购买住房，巴登-符腾堡州最多，为505份。显然，住房储蓄银行是德国住房金融体系的重要组成部分，对提高德国居民的住房购买力问题发挥了积极作用。值得注意的是，住房储蓄银行职能在一定区域内经营，不能跨区域经营（表2）。

2002年底德国各州的住房储蓄合同数（单位：份/每1000居民人数） 表2

州名	合同数	州名	合同数
巴登-符腾堡州	505	莱茵兰-法尔茨州	455
勃兰登堡州	170	萨尔州	425
黑森州	383	萨克森州	336
梅克伦堡—前波莫瑞	311	萨克森-安哈尔特州	332
巴伐利亚州	452	石勒苏益格-赫尔斯泰因州	366
下萨克森州	402	图林根州	362
北莱茵-韦斯特法伦州	339	平均	372

资料来源：朱秋霞.德国财政制度（第二版）[M].北京：中国财政经济出版社，2005.

---

① "住宅金融制度改革研究"课题组.美、德、日住宅金融机构发展情况及对我国的启示开发性金融研究[J].2018（3）.

(二) 住房储蓄合同的基本特征

第一，利率固定。住房储蓄融资体系内的存款、贷款的利率都是固定不变的。存款利率一般为年息3%左右，贷款利率一般为年息5%左右，存、贷款的利率差为2%。一般情况下贷款利率都低于其他同期贷款利率的水平。在签订住房储蓄贷款合同时，就确定存款和贷款的利率水平，合同执行利率不随着市场利率波动变化。在过去30多年中，住房储蓄贷款合同确定的存贷利率通常为3%和5%左右，而住房贷款的市场利率在8%～11%之间波动。住房储蓄贷款合同期限，一般储蓄期为7年，贷款还款期为6～15年。住房储蓄银行确定客户是否获得贷款条件，根据一个配贷指数进行确定，该配贷指数是一个复杂的多变量函数，其精髓是根据客户存款期间的表现，量化计算客户存款对整个住房储蓄贷款资金池的贡献度，当达到合同规定的配贷指数数值并且存款额达到合同额的40%或50%时，客户可以获贷。

第二，以存定贷。德国住房合同储蓄模式实行以存定贷，使得住房合同储蓄贷款有可靠的资金担保和信用保证。储户存款过程就是储户积累信用、住房储蓄银行甄别风险的过程，大大降低贷款违约发生率。

第三，储蓄奖励。储蓄奖励是对个人以购买或建造自住房为目的的储蓄奖励。在一定额度内，个人的储蓄存款可以享受10%的住宅储蓄奖励利息。个人可以自由选择是否参加住宅合同储蓄，如果不参加，就等于自动放弃这部分政府奖励。如果个人先参加了合同储蓄，后来改变计划，没有购买或者建造住宅，这部分贴息将不予支付，其存款只是以普通利息率计算，连同本金到期后，支付给本人。

二、住房合同储蓄与市场充分竞争为导向的契合性

(一) 合同储蓄贷款占比提高体现了市场导向的原则

战后西德政府实行社会市场经济体制，并建立了与之相适应的住房体制。住房政策的目标是"所有平民有足够的住房"，政策核心是大力发展社会性住房和发展住房储蓄体系，促进居民个人自己积累资金去建（购）住

房。到了20世纪70年代初，西德的住房市场基本得到解决，人均住房面积达到30平方米，平均每人有1.7间。此时社会性住房过剩、空置率提高，导致一些建房公司破产。因此20世纪80年代建房数量大量缩减，房价上涨，加上国外移民涌入，再度出现紧缺。20世纪90年代住房政策重点由原来兴建社会住房转向鼓励个人积累资金建（购）房，通过住房储蓄体系和抵押贷款大量融资，使得住房建设重新进入新的繁荣期。住房储蓄银行融资的比重由1988年的42%上升到1994年的62%，而抵押银行的融资比重从1970年的33%下降1994年的15%。到1993年底，西德居民有3030万户参加住房储蓄体系，占总居民户30.6%。东西德统一后，住房储蓄体系迅速在东德推广，成为东德住房转换机制的重要内容，比重从1990年3.3%提高到1993年的23.3%[①]。在1950—1990年，德国住房储蓄银行向储户发放9000亿马克资金，帮助购置、建造1100多万套住宅以及旧房现代化改造，住房储蓄体系在住房融资中越来越起到举足轻重的作用（表3）。

德国住房储蓄奖励政策演变　　　表3

	西德1952年	德国1996年	德国2016年
能得到奖励的最高存款额（每年）	1143马克	每人1000马克；夫妻2000马克	
能得到奖励的年收入上限	没有	每人5万马克；夫妻10万马克	单身25600欧；夫妻（两人均工作）51200欧
国家奖励系数	35%	10%	8.8%
奖励额（系数×奖励额）	400马克	200马克	
最低存款时间	1954年以后5年	7年	7年
平均月收入（工人）	279马克	5042马克西部 3641马克东部	
奖励额/平均月收入	143%	4%西部 5.5%东部	

数据来源：根据吴畏的《德国住房储蓄制度》(《中国市场》1997年第11期)以及综合资料收集。

---

① 张中俊，谢晓帆.德国住房储蓄体系的考察[J].改革，1995(6).

(二) 市场化导向的公司治理结构

住房储蓄银行享有政府的多种优惠,但是这些优惠政策没有改变它独立的金融企业的法人地位和治理结构。

第一,独立的法人地位。公司制是目前德国住房互助储蓄机构普遍采纳的一种组织形式:公司法人具有与自然人相同的民事行为能力,依法享有民事权利和承担民事义务;具有以股东出资形成公司法人的财产,并以此为基础为经营风险、盈亏承担民事责任。作为独立的经济实体,必须遵循规范的公司会计和审计制度,并依法纳税。独立的财产和独立的经济利益,把股东、经理和职工的利益与公司经营效果紧密联系起来,迫使各级经营者不得不规范自己的信贷行为,谨慎投资,避免盲目决策。利益约束迫使他们不得不努力降低经营成本,提高工作效率。公司制有利于投资主体的多元化,增强资本实力和扩大经营规范。历史上德国住房储蓄银行多为会员制,当愿意参加互助储蓄的会员数量下降时,住房储蓄银行就会陷入资金不足和经营规模萎缩的困境。现行的公司制可以在全社会募股,投资者既可以是个人,也可以是各类法人,如养老基金、保险基金等,还可以是外资机构,扩大了资金来源,更好地为住宅信贷服务。

第二,完善的治理结构。德国住房储蓄银行是能依法独立享有民事权利和承担民事责任的法人组织。德国住房储蓄银行股东是公司的所有者,股东大会是公司的最高权力机构,董事会由股东大会选举产生,代表所有者的利益,并对公司重大经营方针拥有决策权和监督权。所有者、董事会和高级经营者三者之间具有责权利的制衡关系,促进所有权和经营权的分离,有利于形成有效的约束机制和激励机制。德国住房储蓄银行经营管理多由专家和有经验者担任,并由董事会进行监督、奖励和解聘。所有权和经营权的分离,保障了经营者按照市场规律开展经营活动。

(三) 遵守"对称原则"降低了流动性风险

第一,经营的"对称"原则。资产负债期限结构和利率结构对称是金融风险防范最基本的原则。对于封闭式运行的住房互助储蓄来说,融资渠道单一、资金来源有限,坚持"对称原则"非常重要。一是资金保证的需要。在配贷时，只有"以存定贷、存贷挂钩"，才能保证每个自愿储蓄者都有享受低息贷款的权利和住房长期贷款的资金充裕。二是信用甄别的需要。通过让人们自愿参加住房互助储蓄，根据自己的支付能力选择储蓄金额，在3～5年的定期储蓄过程中，让贷款机构更好地了解借款人的收入状况、信用情况、支付能力及就业、家庭的稳定性，从而降低抵押信贷的信用风险。储户存款的过程就是储户积累信用、住房储蓄银行甄别风险的过程，可以大大降低贷款违约发生率。德国住房合同储蓄模式实行以存定贷，使得住房合同储蓄贷款有了可靠的资金担保和信用保证。

第二，灵活的储蓄合同类型。由储户根据自己的住房需求和存款能力同专业银行签订住房储蓄合同，约定合同额和月存款比例，一般情况下，存款达到合同额一半时可以取得另一半的贷款（5～7年）。银行每半年时间根据各储户合同额、存款额、存款时间，以及银行流动资金状况，按照科学、公平原则确定配贷对象。住房储蓄采取固定利率和内部封闭运行制度。根据合同类型的不同（有低息"标准型""长期型"、注重利息"利润型"等），存款年息为2.5%～4%，贷款年息为4.5%～6%，平均相差2个百分点。

（四）灵活的配贷机制

第一，优先配贷原则。住房储蓄银行的贷款标准是：如果一个人存款最低额为50%，但是他存到55%或者60%，就得到一个成绩系数，如1.2或其他数，作为一种奖励，使得他在配贷时尽量靠前排，首先得到配贷。如果配贷款不够，可以在资金市场上融资。存贷差一直是2%，存款额和贷款额的比例是1:1，贷款额不能高于存款额，存款额直到用光，配贷额用完后即使评估值是高的，也得不到配贷款[①]。

第二，配贷补充机制。短期接替贷款和预先贷款作为配贷的补充机制，是德国住房合同储蓄模式的重要组成部分。如果储户存款总额达到最低存款额标准，但是其他配贷条件未满足，但储户此时就要购房或建房，德国住房储蓄银行可以为其提供短期接替贷款。在该储蓄满足配贷条件以

---

① 孙晓圣.德国住房储蓄制度及其对中国的启示[J].北京房地产，1996（8）.

后，再从住房储蓄银行提供的住房合同储蓄贷款中把短期贷款接替过来，因此称为短期接替贷款。在短期贷款期间，储户只需支付贷款利息，待储户完全满足配贷条件后，才开始向住房储蓄银行归还短期接替贷款。如果储户签订住房储蓄合同时就要购房或建房，可以立即从德国住房储蓄银行获得预先贷款。预先贷款利率和商业贷款利率相同，并且在预先贷款期间储户只需支付贷款利率，在储户满足配贷条件并获得住房合同储蓄贷款后，开始归还预先贷款即可。

(五)政策性与商业性住房信贷的有机结合

为了保障长期融资安全，德国住房储蓄银行与其他金融机构有"一揽子"融资安排，即任何购房者都不可能从一家金融机构获得所需的全部贷款，通常住房储蓄银行只提供10%～20%的购房贷款，其余55%～60%的贷款来自储蓄银行或抵押银行。德国住房储蓄银行大多不设分支机构，主要通过先进的管理系统进行存贷款信息记录跟踪、资金计划调度、配贷指数计算、还款记录、档案管理等一系列工作。营销主要依靠与商业银行建立合作关系，利用其网点资源，或通过外围推销员体系。可以避免大量的固定资产投入，达到节约费用、降低运营成本的目的。同时，与住房储蓄银行签订住房储蓄合同的客户中，80%又同时申请全功能商业银行抵押贷款，又促进了商业银行住房贷款业务的发展。

这种政策性与商业性住房信贷的有机结合不仅有效缓解了封闭式政策性政策储蓄资金供给与资金需求的矛盾，也分散和降低了抵押信贷的风险。在以低息贷款和政府鼓励居民购房的同时，并不排斥商业银行在抵押市场的作用，既有分工又有合作。储户在享受低息贷款政策优惠的同时，还可分享市场竞争所带来的优质服务，实现了政策性住房贷款与商业性住房贷款有机结合。

住房储蓄银行利润来源有三：订约手续费，为契约金额的1%；贷款手续费，为契约金额的2%；存贷利差大约为2%。此外，住房储蓄银行还经办中间融资业务，即储户尚无配贷资格，而急需银行融资，此项贷款利息可达8%[①]。

三、住房合同储蓄与有限集体福利思想的契合性

社会市场经济体制下形成独立的有限集体福利思想，这种思想在住房储蓄合同体系下得到鲜明的体现。

（一）社会市场经济体制下的有限集体福利思想

德国社会市场经济伟大实践者艾哈德强调指出："社会保障当然是好事，也是十分需要的。但是社会保障必须主要是以自己的力量，自己的劳动和自己的努力得来的。社会保障不等于全面的社会保险，不等于将个人的责任转嫁给任何一个集体。开始时必须实行个人自己负责，只有当个人负责还嫌不足时或者必须停止时，国家和社会的义务才发挥作用"[②]。

艾哈德指出，集体福利不利于个人自立意识与进取精神的发展。如果社会政策目的在于使得每个人从一出生就能得到全部社会保障，而没有任何社会风险，我们就不能希望他们的精力、才干、创业精神和其他优秀品质得到充分发挥，而这些品质对于民族生存和发展却是至关重要。艾哈德将竞争概念引入社会福利领域，并认为争取和保障各项福利的最有成效的手段是竞争，用这种方法就能最大限度增加福利。"属于大众的福利"和"来自竞争的福利"[③]这两句口号是不可分割的整体，第一句表示目的，第二句表示达到目的的途径。

德国基本法第20条和第28条规定，体现了社会市场经济的社会福利国家原则，包括自我负责原则、辅从原则、团结互助原则、社会自治原则。自我负责原则要求社会福利政策要尽量少限制个人自由和个人责任。辅从原则要求社会单位在个人通过自身力量也难以完成任务的时候才施以

---

① 郑成新,译.德国住房储蓄系统运作的几个重要环节[J].中国房地产金融，1994（3）.
② 丁建定.社会福利思想[M].武汉：华中科技大学出版社，2009.
③ 该著作为德国艾哈德所著，1952年初版书名为《大众的福利》，英译本改名为《来自竞争的繁荣》，中译本由祝世康、穆家骥译出，商务印书馆1983年出版。

援手，即自助优先于外援。团结互助原则是建立在各社会组织（家庭、地方和被保险人共同体）成员相互间的紧密关系，以及由此产生的在伦理道德上相互负责的基础之上[①]，要求较大的社会单位尽量帮助较小的社会单位完成其分内的任务。

（二）以存定贷是自我负责原则的体现

为了避免集体福利和国家福利带来的弊端，艾哈德极力提倡个人自助的作用和地位。他指出："我说理解的中产阶级，无外乎这样的一个社会群体，他们出于自身的责任感准备用自己的劳动来保障自己的生存。中产阶级必须作为价值提出的质量标准是：对自己命运的自我责任心，独立生存，并且用自己的劳动坚持到底的勇气"。

以存定贷是居民购建房中的自我负责原则的充分体现。居民要得到住房储蓄银行的贷款，必须在该银行有相应的存款。居民要先和该银行签订住房储蓄合同，按月有规律在该银行存款，通常每月存入储蓄合同额的5‰。这就逐渐培养起居民较强的自律意识，减少当月消费，而增加储蓄，为购建房积累储蓄资金，也是自己承担起自己购建房责任的过程。当存款额达到储蓄合同金额的50%之后，住房储蓄银行就把合同额付给储户，包括各占50%的存款和贷款。银行称此种依据合同额发放给储蓄者的贷款为"配贷"。贷款是每月按照估定金额偿还，通常为合同金额的6‰。

（三）各种社会力量帮助，体现了团结互助原则

第一，住房储蓄体系体现了互助原则。封闭运行专款专用体现会员互助。联邦住房储蓄信贷法第一款第一条规定："作为金融机构的住房储蓄信贷社，其业务范围是：接受住房储蓄人的存款，并以汇集的存款向储蓄人发放用于住房建设或购置用途的贷款。这一类住房储蓄放贷业务只允许

---

① [德]罗尔夫·H·哈塞，等.王广成，陈虹嫣，主译.德国社会市场经济辞典（第二版）[M].上海：复旦大学出版社.

由住房储蓄信贷社经营。"[1] 住房储蓄融资体系的资金来源于居民的住房储蓄、银行间的融资、国家的资金,资金用途只有一项即用于为参加住房储蓄的居民提供购建住房贷款。住房储蓄银行是这一体系的专门运营机构,住房储蓄体系理论起源于1775年英国伯明翰肯特尼建筑社会学系,1885年德国创办了首家"人人建房储蓄银行",该体系目的是为实现建房筹资而形成的自助体系,其原理是互助合作融资。假设建一套房的造价是1000个基本单位(金额),有10个计划建房者,每人每年存钱100个基本单位,单个人自己积累需要10年才能建房,现有10个存钱人缴纳100个基本单位,该体系每年就可以给一个人配贷1000个基本单位,使之投入建房,参加储蓄体系的成员总体平均只需等5.5年就可以建房,比单个人存钱筹资建房的时间大为缩短[2]。

第二,住房储蓄体系中的雇主贡献。雇员资金积累款是雇主在雇员购建房中予以的帮助。所谓雇员资金积累款是德国企业主每月除了工资外自愿付给雇员的用于资金积累的款项。这笔款必须存入一个长期存款账户,7年以后才能取出来。这是雇主对雇员自愿支付的补贴,直接存入雇员的住房合同储蓄账户,每年单个雇员的雇员资金积累款最高奖励根据收入情况以及是否结婚、参加工作情况,制定了严格的标准,见表4中的国家每年最高奖励的基础基数一栏。

德国政府住房储蓄奖励表　　　　　　表4

项目	奖励对象	国家每年最高奖励基础基数(欧元)	每年最高奖励金额(欧元)	7年最高奖励总额(欧元)	年收入界限(欧元)
9%的雇员储蓄奖励	单身	470	43	301	17900
	结婚,一人工作	470	43	301	35800
	结婚,二人工作	940	86	602	35800
8.8%的住房储蓄奖励	单身	512	45.06	315.42	25600
	结婚,一人工作	1024	90.11	630.78	51200
	结婚,二人工作	1024	90.11	630.78	51200

---

[1] 郑成新,译.德国住房储蓄系统运作的几个重要环节[J].中国房地产金融,1994(3).

[2] 王士恩.德国住房储蓄体系[J].中外房地产导报,1997(1).

第三,住房储蓄体系中的银行贡献。住房储蓄合同贷款作为第二抵押权贷款体现了住房储蓄银行主动承担社会责任。施豪银行是德国境内最大的住房储蓄银行,施豪银行的更名体现了住房储蓄银行的社会性。1931年,施威比时·豪尔建房储蓄信贷社迁址柏林,更名为:德意志建房储蓄股份公司房地产第二抵押权贷款合作社。顾名思义,它是继第一抵押权贷款之后的第二抵押权贷款,是一种"融资工具"创新组合,为普通抵押银行与建房储蓄信贷社联合发放组合贷款奠定了基础。对商业银行来说,第二抵押权贷款风险比第一抵押权风险高,应该收取更高利率;但是建房储蓄信贷来说作为第二抵押权贷款体现了住房储蓄银行的责任。但是实际上第二抵押权贷款风险并不高,因为通过合同储蓄,客户已经证明了他的偿还能力,而且较低的利率能保证客户较快偿还贷款。参加建房储蓄合同的储户平均能在10年之后偿还贷款,低于普通商业贷款期限。

(四)辅从原则

德国政府对住房储蓄银行经营行为,除了免交存款准备金外,并无其他任何税收优惠政策。德国政府对住房储蓄贷款制度的扶持主要体现在住房储蓄奖励政策上。实际上,德国政府根据社会经济状况和住房政策需要,调整有关住房储蓄奖励力度(图1)。

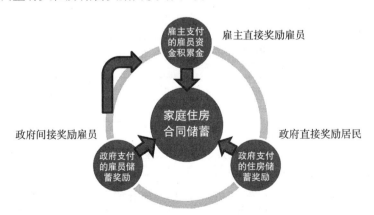

图1 政府和雇主对居民(雇员)的住房储蓄奖励

家庭住房合同储蓄奖励来源于三块:政府直接奖励居民(称为"住房储蓄奖励");雇主直接奖励雇员(称为"雇员资金积累款");政府对雇

主奖励行为的奖励（称为"雇员储蓄奖励"）。

政府直接奖励居民的规则（住房储蓄奖金）：如表4所示，分别有8.8%和9%的奖励规则。譬如对于年纳税收入不超过2.56万欧元的单身者，对其每年住房储蓄存款（最高512欧元）奖励8.8%（2003年12月31日前为10%），即45.06欧元。对夫妻俩人年纳税收入不超过5.12万欧元的家庭，对其每年住房储蓄存款（最高1024欧元）奖励8.8%（2003年12月31日前为10%），即90.11欧元。如果存款期不足7年就退出，储户所获国家奖励应予以退还；储户存款期满7年以上者，不购买住房也可以得到政府的住房储蓄奖励。德国政府住房储蓄奖励有以下特征：（1）收入越高，奖励相对越少，体现扶助弱势群体的趋向。对于单身者而言，年收入不超过17900欧元和25600欧元，雇员储蓄奖励比例分别为9%和8.8%；（2）对家庭中夫妻双方均参加工作奖励更高。适用9%的雇员储蓄奖励中，国家对结婚只有一人工作和两人工作奖励不一样，政府对两人均参加工作的家庭奖励更高。

雇主直接奖励雇员的规则（雇员资金积累款）：每个雇主可以自愿给其雇员缴存住房储蓄补助（2004年起每年最多470欧元，2003年是480欧元），由雇主直接存入职工住房储蓄账户。这是职工工资以外的住房补助，但7年之后才能使用。

政府间接奖励雇员的规则（雇员储蓄奖金）：国家对企业主每月自愿付给雇员的住房储蓄补助，给予10%的奖励。但能得到这项政府奖励的职工年收入不得超过1.79万欧元，夫妻家庭年收入不得超过3.58万欧元。

此外，政府除了对参加住房储蓄的居民给予奖励，同时对购建自住住房者也给予补助和减免税等优惠（如建房费用可在最初使用的8年内折旧40%，申请建房的贷款也可从应纳税收入中扣除），如表5所示。

德国购建自住住房政府补贴表 表5

项目		无孩子	1个孩子	2个孩子	3个孩子
每月补贴（欧元）		104	171	238	304
8年最高补贴金额（欧元）		10000	16400	22800	29200
年收入界限（欧元）	单亲家庭	70000	100000	130000	160000
	结婚家庭	140000	170000	200000	230000

假设一个中低收入水平的家庭，在2003年夫妻双方年应纳税收入为35800欧元，两人均参加工作。他们通过德国住房合同储蓄模式购买住房，每年住房合同储蓄存款额为7200欧元，可以获得住房储蓄奖金633.6欧元（7200×8.8%），夫妻双方的雇员资金积累款960欧元（雇员资金积累款最高奖励480×2）以及雇员储蓄奖金96欧元（政府对雇主支付的雇员资金积累款的奖励），雇主和政府奖励合计1689.6欧元（计算式为633.6欧元+960欧元+96欧元），是其每年住房合同储蓄存款额的23.5%（计算式为1689.6欧元/7200欧元），奖励额度十分显著。在传统的商业银行住房抵押贷款模式下，资金具有开放性和竞争性，哪里的收益率高，资金流向哪里，相对于中高收入阶层，中低收入阶层处于劣势。但是，在德国住房合同储蓄模式下，封闭运作，谁存款谁贷款，机会均等，使得中低收入阶层不用受到银行资金收益率的限制。

住房合同储蓄模式进入门槛低，更适宜中低收入阶层。德国住房合同储蓄模式采取自愿参加的形式，只有最低合同金额的限制（如德国施豪银行最低限额为1万欧元），限额以上的合同金额大小、期限长短等均没有限制，由储户根据其收入水平、还款能力和房屋价格自主选择。此外，最低合同金额的限制也是中低收入阶层可以接受，这使得他们可以顺利进入住房合同储蓄模式，早日获得购房低息贷款。

四、德国住房储蓄银行发挥的作用

一是该体系实行先存后贷，贷款的资金来源于众多的储户，资金有保证，银行风险小。德国40多年来，在多种用于住宅投资的资金中，建房储蓄是最稳定最基础的资金。在市场利率上行时期，人们对建（购）房处于犹豫时，低且固定的利率可免除后顾之忧，吸引人们照常参加储蓄投入建房。建房储蓄具有稳定经济，减缓周期波动的作用。该体系促进人们储蓄，引导人们延迟消费，可以缓解通货膨胀的压力。该体系支持居民自力更生改善居住条件。个人购房需要10年积累的，以同样积累5.5年即可在贷款的支持下购建住房，同时也促进了住房消费热点的形成，有力带动了相关产业以及国民经济的发展。

二是该体系国家奖励小而收益大。国家拿出1欧元的奖励金，可以收到居民投入20欧元建房资金的效果。建房可以带动相关产业发展，进而起到扩大就业、增加税收的作用。据测算，国家拿出1欧元的奖励金，可得到2.8欧元的回报。

三是该体系的运作机构——住房储蓄银行，承担了市场融资和面向中低收入者提供社会保障的双重职能，其运行机制是商业性和政策性的有机结合。它完全依照国家法规，根据政府的住房政策经营，并在政府监控下运行。这种管理体制体现了政企分开，既有政府宏观调控，又有适应市场原则的微观运作；既体现了政府保障中低收入者解决住房政策，又避免了政府直接包揽，背负沉重的包袱①。

---

① 王士恩.德国住房储蓄体系[J].中外房地产导报，1997(1).

第五章 德国复兴信贷银行的住房业务

一、德国复兴信贷银行的宗旨

德国复兴信贷银行（以下简称：KFW）是1948年依照《德国复兴信贷银行法》作为公法法人建立的，其总部在法兰克福。最初，德国复兴信贷银行的任务是为德国的重建融资，后来，发展成为联邦政府和各个联邦州的促进银行。自从联邦政府1961年委托它促进发展中国家的项目以来，它同时又是一家开发银行。两德统一后，1994年10月1日，柏林国家银行（其中包括原东德国家银行的部分）并入德国复兴信贷银行，使得它在柏林有一家分行以及在联邦新州有多个办事处。在德国复兴信贷银行的10亿德国马克的原始资金中，联邦政府持有80%，各联邦州共持有20%。

作为德国最大的金融机构，复兴信贷银行的资产总额达5000亿欧元，每年新增贷款800亿欧元。该银行参与了众多国内经济项目的融资，包括中小企业项目、住房节能项目、助学贷款等，并在德国经济实现转型、推动创新和绿色技术发展的过程中发挥了积极作用。换言之，德国复兴信贷银行是典型的国家开发性银行，为私营部门投资不足的重要项目提供融资。业务内容既涵盖经济效益较高的出口信贷业务，也包括社会效益较高的住房节能贷款业务。

复兴信贷银行向结构性政策导向项目提供融资，也包括扶持原东德各联邦州的经济建设。此外，也受到联邦政府委托向中产阶级提供援助，特别是作为马歇尔计划（即欧洲复兴计划）的代理行，它们在第二次世界大战以后作为复兴计划的贷款发放者，为德国乃至整个欧洲复兴提供了经济援助。同时也涉及向发展中国家的出口企业提供来源于联邦财政的外贸援助贷款。另外，由于复兴信贷银行作为联邦政府所有的公法信贷机构，其信誉使其可以在资本市场以较低的利率获得资金，并以此向中小企业提供便利的贷款，达到扶持中小企业发展和实现国家经济导向型政策的目的。最后，复兴信贷银行也可从其他公共援助计划获得资金，并将其贷给中小型企业，以促进这些企业在环保、高科技和社会福利领域的发展[1]。

德国KFW在业务选择上始终坚持对弱势群体的扶持。KFW成立之初，面对德国百废待兴的局面，其主要投资对象集中在能源供给、房屋修复与农业发展等领域，以恢复德国经济社会发展的基础。KFW出资修建了大部分德国在第二次世界大战中损毁的房屋，并对采矿业、钢铁业、能源业等当时德国工业的支柱领域进行大量投资，为其战后的高速发展铺平了道路。20世纪50年代，KFW开始对德国的出口行业进行融资补贴。20世纪50年代后期，随着德国经济水平的不断恢复，以及能源、农业等基础领域的发展逐步走向正规，KFW的核心业务逐步转向对中小企业的扶持，直至今日，扶持中小企业仍是KFW的核心业务之一。进入20世纪60年代后KFW成了德国对发展中国家实施国际援助的强有力执行机构。20世纪70年代，KFW为德国度过金融危机起到了中流砥柱的作用。20世纪90年代初随着德国的统一，支持东德的经济发展与重建成了KFW的主题。为此，KFW为东德地区修建了大量房屋并为该地区的中小企业提供大量贷款[2]，为250万东德人创造了就业机会，有力地促进了东德地区的经济发展与社会稳定1。到20世纪90年代中期，德国复兴信贷银行每年国内发展资金的70%都被投入到新的东部联邦州。到2013年为止，个人、企业和市政当局共获得德国复兴信贷银行贷款约1850亿欧元。此外德国复兴信贷银行还关注东部地区房屋维修和现代化，至2013年德国复兴信贷银行共在东部地区修复住宅490万套，达到东部地区原有房屋的一半以上。在最高峰的1990年，单用在东部房屋维修的贷款就达到十万笔。进

---

[1] 银行业结构研究课题组.全球银行业结构与发展[M].北京：中国商业出版社，2012.

[2] 于晓东.如何保证政策性银行的政策性取向——德国复兴信贷银行的经验及对我国的启示[J].财经科学，2015(9).

入2000年后,面对知识经济与互联网时代,KFW加大了对教育和新能源等战略新兴产业的投资,为德国新型产业发展提供了大量的资金支持。

二、德国复兴信贷银行的组织架构

根据《德国复兴信贷银行法》,KFW的监事会成员的主要构成为:由联邦政府任命的主席、副主席;由联邦参议院和联邦议院各任命7名成员;由抵押银行、储蓄银行、合作银行、商业银行、重要信贷机构派出的代表;由工业界派出的两名代表,以及市政府协会、农业、手工业、贸易和住房产业各派出的一名代表。从监事会成员的构成看,具有明显的多元化的特征,既有联邦政府官员,又有各个商业银行的代表以及各个行业代表,保证了政府、商业银行以及相关行业都能够参与到KFW的治理[1]。各方为了保证其各自行业和部门的利益,既不会把KFW变为盲目追求利益最大化的商业机构,也不会把KFW变为政府财政的工具,权力的限制与制衡保证了KFW始终保持着政策性金融的性质不变,此外,德国还用法律形式明确规定了德国复兴信贷银行的业务职能,即可以从事的贷款业务种类,降低了其大量开展商业性业务的可能。

此外,德国复兴信贷银行作为政府的组织机构,与德国大多数政府部门建立了密切联系。事实上,德国联邦经济事务和能源部部长,以及联邦财政部部长分别是德国复兴信贷银行监事会的主席和副主席。同样,德国联邦议院、州议会和工会的众多成员也是监事会的成员。德国复兴信贷银行经常与议会沟通,也与联邦环境部、联邦经济合作与发展部及其执行机构德国国际合作机构和许多其他部委有直接联系。德国复兴信贷银行通常可以与政府一起以"胡萝卜和棍棒"软硬兼施的形式协调政策实施。例如,联邦政府可能会加强环境法规的严格性(棍棒),德国复兴信贷银行将同时提供新的补贴融资工具(胡萝卜)。这种组织制度创造出政策协同

---

[1] 杨子剑,梁栋,郑斯文,王伟.德国复兴信贷银行的运作特点及其启示[J].北方金融,2016(3).

作用，并因此使经济能够更快地对政策指向做出反应[1]。

德国复兴信贷银行的功能是通过法律形式加以明确，即其可以从事的贷款业务种类，降低了其大量开展商业性业务的可能。《德国复兴信贷银行法》明确规定了德国复兴信贷银行的功能：（1）根据国家指令在以下领域开展促进发展的融资活动：中小企业、自由职业和新建立的企业、风险资本、住房、环境保护、基础设施、技术进步和创新、国际同意的促进计划。（2）根据公法授信给地方当局和特别目的的协会。（3）纯粹社会目的的融资措施和促进教育发展的融资措施。（4）为了德国和欧洲经济利益的其他授信。由于以法律形式明确规定了德国复兴信贷银行可以从事的信贷业务，这就较大程度降低了其偏离政策性业务而大量从事商业性业务的可能。

为了避免同商业银行竞争，法律规定德国复兴信贷银行必须通过商业银行开展业务；德国复兴信贷银行应发放中长期贷款，在特殊情况需要发放短期贷款时应获得监事会同意。通过限制德国复兴信贷银行直接向客户发放贷款和限制德国复兴信贷银行发放短期贷款，有效避免了其同商业银行开展竞争。《德国复兴信贷银行法》规定，德国复兴信贷银行在开展对中小企业、自由职业者、新建企业、风险资本、住房、环境保护、基础设施、技术进步和创新授信时，必须通过信贷机构或其他金融机构；德国复兴信贷银行直接授信时必须获得监事会的同意。我国三大政策性银行都是通过其分支机构直接向客户发放贷款，且对政策性银行发放贷款的期限也没有特别明确的规定，没有充分利用这两个阻止政策性银行与商业银行竞争的工具。

三、德国复兴信贷银行的主要业务

KFW经营业务内容广泛，涵盖国内与国外两部分。其中国内业务包括中小企业业务、地方政府和个人业务；海外业务包括对发展中国家的援助业务以及进出口信贷业务。这四项业务分别由集团旗下的五家银行或子

---

[1] 乌尔夫·莫斯莱纳，马提亚·提曼，彼得·弗伯丁.活跃的国家开发性银行：以德国复兴信贷银行为例[J].开发性金融研究，2017（5）.

公司，即中小企业银行、地方政府与个人业务银行、开发银行、德国投资与开发有限公司（DEG）以及国际项目与出口银行。在这五家银行或子公司中，国际项目与出口银行盈利最高，其盈利被用来补贴其他集团部门。而地方政府与个人业务银行属于政策性、社会性较强而营利性较弱的部门，同时也是集团旗下业务量最大的部门，2016年业务量超过了集团总业务量的40%，主要为住房、国内基础设施、教育与社会发展类项目提供融资。此类业务的贷款对象可以是个人，也可以是地方政府或机构。

2015年，德国复兴信贷银行的总资产达到5030亿欧元，引导了793亿欧元的新经济开发活动，其中国内部分为505亿欧元，中小企业融资仍占德国复兴信贷银行国内业务的很大一部分，2015年，德国复兴信贷银行将204亿欧元用于促进中小企业发展。地方政府与个人业务银行类业务共有301亿欧元（表1），分别为：住房投资（165亿元）、教育和社会发展（26亿美元）、基础设施（50亿美元）和一般州政府促进业务（47亿欧元）。除在国内的开发性银行业务外，德国复兴信贷银行的全球业务达到279亿欧元，其中大部分（202亿欧元）用于促进德国出口。德国复兴信贷银行下设的开发性银行和德国投资与开发有限公司（DEG）在总体业务中所占比例较小，在2015年仅为68亿欧元。

KFW旗下地方政府与个人业务银行各类业务量占比（2015年） 表1

分类	金额（亿欧元）	占比（%）
住房	165	54.8
教育与社会发展	26	8.6
基础设施	50	16.6
一般州政府促进性业务	47	15.6
个人促进性业务	13	4.3
合计	301	100

注：德国促进性业务是指具有优惠性质的贷款

四、德国复兴信贷银行的住房业务

住房贷款业务是KFW旗下地方政府与个人业务银行的主要业务，占总业务量的一半以上,这也是KFW历史最为悠久的业务。早在1948年11月18日KFW成立时,该银行主要任务就是振兴战争中被破坏的德国社会经济。20世纪50年代前半段,房屋重建成了KFW最主要任务。之后几十年里,KFW逐渐发展成为制造业、海外开发、出口信贷、中小企业融资等业务。到了20世纪90年代东西德统一之后,KFW又肩负起东德房屋重建的重任。总而言之,住房贷款业务属于KFW的重要经营范畴,该银行经营此类业务已有超过半个世纪的经验。

KFW现在的住房贷款业务更多的是偏向于德国的环保和能源政策,为安装高效节能设备提供融资。住房贷款业务分为三类:一是节能住房建造于翻修项目,主要用来支持德国的《节能条例》鼓励住户安装节能设备,降低能量消耗,减少二氧化碳排放,如一户家庭如果需要安装太阳能设备,就可以申请此类贷款,这是住房业务总量最大的业务,占三分之二左右。二是购房贷款项目,主要用来鼓励德国居民购房。三是高龄适用的改造项目,主要用来帮助建设为高龄人群提供便利的设施,如为房屋修建电梯等。节能住房贷款业务有两大特点:第一,此类业务政策性、社会性效益显著。从目的看,节能住房业务主要是为了节能减排、保护环境,以及帮助个人建造、翻修房屋,而并不是为了盈利。从贷款条件看,节能住房业务条件十分优惠,主要是由于德国联邦财政的支持,德国每年约有20亿欧元的联邦财政拨款用于补助KFW的节能住房业务。不仅仅可以用来支持个人住房业务,也可以用在公司、地方政府节能项目上。就补助形式而言,一般为贷款利率贴息或直接赠款。例如KFW的住房节能翻修项目分为六个档次,分别为KFW节能住房55、KFW节能住房70、KFW节能住房80、KFW节能住房100、KFW节能住房115和KFW节能住房Monument。其中,数字代表翻修后房屋所耗能量的百分比。数值越小,代表越节能;越节能,贷款条件越优惠。例如KFW住房节能55为最节能一档,可以得到27.5%的贷款偿还优惠(即贷款100欧元,只需要偿还72.5欧元),以及额外30%的赠款。住房翻修完成后,赠款会自动返还到个人账户中[①],如表2所示。

[①] 陈沐阳.德国复兴信贷银行节能住房贷款业务的经验与启示[J].海外投资与出口信贷,2017(5).

KFW住房业务分类（2015年） 表2

项目		金额（亿欧元）	占比（%）
节能住房建造与翻修项目	节能住房建造	70	42.7
	节能住房翻修	36	22
KFW购房贷款项目		54	32.9
高龄适用改造项目		4	2.4

在旧房节能改造时，可从国家获得低息贷款，各信贷机构都有这样的贷款项目。其中复兴信贷银行（KFW）是其中最主要的机构，凡是符合《建筑节能条例》规定的翻新改造，都可以申请KFW贷款，而且改造后建筑效能越高，享受的优惠也越多。在其"二氧化碳建筑改造项目"框架下，私人、企业、住房合作社等对各类住房进行部分改造（供暖、通风、住房气密性和防散热方面的设备增加或更新）或整体改造时，可向KFW申请最高100%的贷款。改造后的住房在保温值、建筑外墙热穿透系数的最高允许值、建筑气密性和通风换气量等方面都必须满足规定。从项目推行至今，约有三分之一的旧房节能改造享受了此项资助，2006—2014年，共投入1650亿欧元用于提高建筑能效，平均每年大约减少730万吨二氧化碳的排放量，2015年对于该项目的投资更是达到了200亿欧元。

KFW的节能住房贷款业务是为了响应德国的《节能条例》减少房屋耗能，促进节能环保的绿色金融业务。此类业务操作时具有单笔金额小而笔数多、需要较多人力评审、风险难以控制等特点。但是由于KFW没有一家地方网点，这无疑带来困难。KFW通过"主管银行"制度，将住房贷款业务的审核以及所需承担的风险都委托给了主管银行，减少审批过程中人力和时间的投入，解决了其网点、人力不足的问题，降低了自身的经营成本和风险。如某户家庭准备重新装修房屋，安装节能设备，需要贷款，这户家庭先向其主管银行申请贷款。如果主管银行资金不够，银行的客户经理会考虑向KFW申请节能住房贷款，并帮助客户对贷款条件进行分析。向KFW贷款初步审批由主管银行完成，风险也由这家主管银行承担。KFW只需要在主管银行提交申请后再次审批，并把资金贷给主管银行。主管银行会从KFW收取的贷款利率和向客户放出的贷款利率赚取利差（表3）。

2014年各类银行网点数及市场占比 表3

各类银行	分行网点数	占比		
		总资产	贷款总额	储蓄和借款
商业银行	9955	39%	28%	36%
合作银行	12368	28%	36%	34%
储蓄银行	11280	14%	16%	18%
其他银行	1691	19%	20%	12%

KFW节能住房贷款中，储蓄银行是KFW最大的合作伙伴。从贷款笔数看，KFW住房节能贷款中37%由储蓄银行审理，合作银行和商业银行各占29%。从贷款金额看，节能贷款37%由储蓄银行审理，合作银行和商业银行分别占29%和27%（图1）。

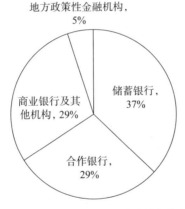

图1 各类银行审理KFW节能住房贷款笔数占比（2015年）

五、启示

根据国务院批准的我国原有三家政策性银行改革方案，要求农业发展银行"坚持以政策性业务为主体，审慎发展自营性业务"；要求进出口银行"坚持以政策性业务为主体，合理界定业务范围"；要求国家开发银行"坚持开发性金融机构定位，合理界定业务范围"。对于一家兼营政策性业务和商业性业务的政策性金融机构来说，出于经济方面的考虑，该政策性金融机构往往有增加商业性业务而减少政策性业务的冲动。我国政策性银行的公司治理机制还不完善，农业发展银行和进出口银行尚未建立完善的董事会制度，在公司治理中缺少对管理层的足够制约，而公司高管层出于经营业绩考核的压力和员工收入的考虑必然倾向于发展商业性业务；国家开发银行虽然建立了较规范的董事会制度，但其董事会构成采用了商业银行模式。完善我国政策性银行董事会可积极借鉴德国复兴信贷银行监事会构成的经验，由国务院相关部委、全国人大、全国政协、相关商业银行的代表组成董事会，突出政策性银行的特色。

在政策性银行内部对其主要政策性业务分别设立相应的指导委员会，指导委员会主要由行外相关人员组成，用以指导、监督该项业务的开展。以国家开发银行为例，针对其保障房建设、棚户区改造、老旧小区改造政策性业务，建议设立住宅金融业务指导委员会，并由住房和城乡建设部部长任主席，财政部部长任副主席，人民银行、国家发展改革委、国土部各派出一名成员，全国人大任命2名成员，住房和城乡建设部可另派出2名成员。

在节能住房融资业务中，KFW运用自身在房屋建设类项目的优势，将国家的能源环保政策与居民住房相联系，发挥了承上启下的作用。同时，德国联邦财政给KFW提供的资金补助更好地激励了居民申请节能贷款。在中国产业向高端、节能、环保转型的当下，如何通过优惠政策使客户（包括企业、私人、地方政府）更有动力参与并实现建筑项目碳达峰碳中和目标，德国联邦政府与KFW的合作案例对中国具有重要的借鉴意义。

第四篇

调研篇

第一章　调研感受

一、多主体供应多渠道保障的德国住房租赁市场

2019年1月,笔者有幸参加某部赴德住房租赁培训团培训,随团先后拜访了来自柏林市、勃兰登堡州、慕尼黑市的政府住房建设主管部门、住房金融机构、住房租赁合作社、住房租赁相关行业组织、住房租赁企业等,详细了解了相关领域的住房租赁政策和实践经验,对德国住房租赁市场有了初步的认识和体会:

(一)德国住房租赁市场基本情况

1. 住房结构以租赁性住房为主

据欧盟统计局数据,德国出租住房的比例在欧盟成员国中排名第一。根据德国统计局数据(2012年),德国约有3962万套住房,其中:产权人自住1589.3万套,占40.10%;私人出租住房1450.7万套,占35.60%;各类法人机构出租住房921.7万套,占23.3%,如图1所示。平均两个人有一套住房,每套住房平均居住面积(实用面积)为90平方米。德国联邦统计局数据显示,各州出租住房比例虽有不同,整体而言,德国租赁住房比例常年维持在60%左右。柏林、慕尼黑等大城市,租赁住房占比更高。以柏林为例,柏林目前共有190万套住房,其中160万为出租住房,租赁住房占比高达84.2%。

2. 租赁性住房以小户型为主

从家庭人口结构看,德国城市单身家庭越来越多,需要更多的租赁性住房。从1991年到2018年,1到2人户占家庭户的比例从50%上升到

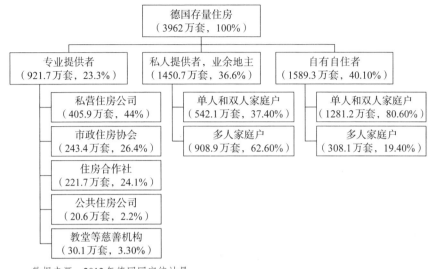

数据来源：2012年德国国家统计局。

图1 德国存量住房构成（2012年）

66%左右。在勃兰登堡州，1991年到2018年1至2人户占家庭户比例从50%上升到2018年80%。1人户、2人户以及3人以上的家庭户租赁住房占比（与相应自有住房之比）分别为72.4%、47.3%、41.4%。显然，随着德国家庭结构小型化，对租赁住房的需求更加旺盛。

小户型住房以租赁住房为主，而大户型住房以自住住房为主。德国在40平方米以下以及40~60平方米的住房中，租赁住房占比分别为84.81%和82.98%；在80~100平方米的住房中，租赁住房和自住住房的占比基本相当；而在120~140平方米以及140平方米以上的住房中，自住住房占比分别为81.24%和86.79%。自住住房与租赁住房相互补充，形成了一种较为均衡的结构。

3.住房租金相对稳定

从2007—2018年，德国住房租金相对比较稳定，增长率一直保持在1%~2%，最高增速为2017年度的1.6%，最低为2009年度的1.1%。

（二）德国规范发展租赁市场的主要做法

1.法律法规完备

德国涉及住房方面的法规主要包括：《民法典》是德国住房政策的法

律基础。《住房建设法》《租金水平法》《住房租赁法》《住房补助金法》分别为社会性住房供给、中低收入者的房租补贴、租赁市场的规范和私有住房提供了法律框架,被称为德国住房政策的"四大支柱",对维护住房租赁市场的稳定和保护承租人的利益起到重要作用。

德国《民法典》第535至第580条规定租赁当事人的基本权利和义务。其中第535至第548条规定了租赁合同的一般规范,适用于所有租赁关系。第549至第577条专门规范住房租赁制度。与其他租赁法相比,住房租赁法最重要的是对承租人的解约保护。

《住房租赁法》于1971年颁布,具有强烈的保护承租人权益的特征,对租房市场进行了严格的规范,包括租房合同订立、履行、租金水平确定及涨幅约定以及解约程序等。2001年,德国联邦政府引入非对称的解约通知期限,对《住房租赁法》做出调整,进一步保护了出租人权益。

《住房补助金法》于1960年初颁布,主要目标是完成从支持住房供应向住房需求的转变,即向"社会竞争力较弱的家庭"提供货币补贴。《住房补助金法》规定,居民实际缴纳租金与可以承受租金的差额由政府承担;其中,居民实际缴纳租金要与家庭住房需要相结合,可以承受的租金一般按照家庭收入的25%确定,房租补贴的资金由联邦政府和州政府各承担50%。

2. 多主体多渠道供应租赁住房

德国租赁住房的建设主体多元、渠道多样,除个人出租住房外,租赁住房建设供应主体和渠道还有三类典型专业机构供应租赁性住房。

(1) 投资商投资建设出租住房(社会性住房)。投资商接受政府的补贴和无息(低息)贷款建设租赁住房可享受一定的补贴。但是这类住房的房租受到政府的一定限制。投资商开发建设前提条件包括:投资商需要具备15%~20%自有建设资金。笔者在勃兰登堡投资银行了解到,政府曾经要求所建全部住房租金要按照政府限定的租金出租,后来为了吸引更多投资商,明确将限制租金的住房比例调减为75%,即所建项目的75%的住房房租要按照政府限定的租金出租,其余25%的住房可按照市场租金出租,且享受政策优惠越多,租金受限年限越长。

虽然有住房租金的限制,投资者仍愿意投资建设该类住房的主要原因有：政府限定的租金并非一成不变，三年后可以提高租金；由于住房可以增值，只要所收的租金可以支付利息，就具备了可投资性的可能。

（2）国有住房租赁公司出租住房。以柏林为例，柏林有6家国有市政公司，最大的一家是Gewobag国有市政房地产公司，已经有100年的历史，目前拥有约6.02万套公寓，其居民超过10万人。该公司特别强调作为国有企业的社会责任，并认为国有企业比私人住房企业、住房合作社负有更大的社会责任。例如该市政房地产公司不仅仅成立邻里中心，协调邻里中心的矛盾，而且建立了基金会，促进儿童、年轻人与老年人体验艺术和文化，克服了国别之间、男女之间、邻里之间的障碍。最重要的社会责任体现在Gewobag国有市政房地产公司住房租金水平更低，仅仅相当于市场租金的一半，因此，其住房空置率非常低，在租赁住房市场中起到了"压舱石"的作用。

（3）住房合作社建设出租住房。以我们拜访的慕尼黑Wognis住房合作社为例，个人缴纳1000欧元会费后即可加入住房合作社。住房合作社获得建房的土地后，与成员协商建造住房，参与合作建房的成员按照1000欧元/平方米缴纳建房费用，建房费用不足部分可向政府申请低息甚至无息贷款。住房建成后，会员按照一定的租金即可长期居住。住房合作社建设出租的住房租金水平比市场租金低得多。例如慕尼黑Wognis住房合作社周边住房市场租金为10～18欧元/平方米，而合作社住房租金仅为9～10欧元/平方米。当住房合作社会员退出时，会员费和集资款以及利息全部退还给会员。据了解，慕尼黑市住房合作社建设出租的住房占全部租赁房的比例约为8%。

3. 不同类型住房相互协调

第一，出售市场和租赁市场相对平衡。首先，出售市场的首付比例更高。德国按揭贷款首付比例高于其他国家，通常在20%～30%，国际对比中处于相对较高的水平，德国居民负债占GDP仅为53%，居民杠杆率在发达国家中显著偏低水平。其次，自有住房补贴较低。相对于欧洲其他国家，德国对自有住房补贴较低，其购买住房的抵押贷款利息不能从所得税中进行抵扣，而只是在购房时给予一次性补贴，这个补贴大大低于税收抵扣。欧洲其他国家，如荷兰，对购买房子的抵押贷款利息进行税收减免，其住房自有率从1993到2006年上升了10个百分点。最后，出租住房相对享有更多优惠。在德国，建设用于出租的房屋比建设用于出售的房屋会得到更多税收优惠。例如，以前规定出租房屋的建筑成本在50年内折旧完毕（每年2%比例），现在加快折旧政策，前4年按5%折旧，对用于出租的建房人有利，且出租房折旧率要高于普通商品房。出售市场和租赁市场相对平衡有利于租赁市场的迅速发展。

第二，德国社会性住房的推广为普惠性租房市场的发展奠定基础。在第二次世界大战结束后初期，德国住房极度短缺，德国支持社会力量建设了大量的社会性住房（即德国的保障性住房）。社会性住房业主接受政府补贴和无息贷款期间，仅仅对租户收取事先已经协商好的相对低租金，通常在公共资金偿还完成后（即承诺期间终止），社会性住房转变为私人出租住房，并允许租金上升到市场水平。由于社会出租住房的增加数量少于转移到私人出租部门的数量，社会性住房规模一直趋于下降，但是一直为市场租赁性住房提供了源源不断的租赁性住房来源。

4. 维护租约稳定和租金控制

德国建立了优先保护租户权益的租房制度，在此基础上建立了相对公平的住房租赁市场，辅之以租金控制手段，使租房成为德国家庭的主要居住方式。

第一，租约稳定。德国住房租赁合同一般分为有期限和无期限合同，但大多数为无租赁期限合同。为保持住房租赁合同的稳定，出租人要解除住房租赁合同，局限在以下四个条件：第一，除非自己住或者直系亲属要住；第二，租户久久不付房租；第三，租户破坏住宅；第四，租户严重扰乱四邻。除了上述的四个理由，出租人是不能解除住房租赁合同。同时，要求出租人终止合同要提前3个月通知承租人。承租人居住在5年以上的，通知期间延长为6个月；居住在8年以上的，通知期间进一步延长到9个月。

第二，租金控制。即使是市场租赁性住房，也遵守国家规定的租金控制法律。《租金水平法》规定，3年内旧合同的租金上涨幅度不得超过20%，否则出租人就构成违法行为。鉴于近年房租有过快上涨趋势，新出台租金"刹车"政策，进一步限制租金涨幅，将3年20%涨幅缩小至3年

15%涨幅。该政策由各州选择执行，目前德国各州共有350个区在执行这项新规定。有的大城市还通过租金指数控制房租。租金指数由德国当地政府部门、房屋租赁中介机构、房东和房客协会等市场自律组织综合考虑租赁住房的基本情况（如地理位置、房屋质量等）及其他特殊因素确定，仅仅在一些大城市实施。

5. 扶助租赁住房中的弱势群体

（1）社会性住房租金水平因人而异。社会性住房是政府提供赠款和无息贷款，鼓励各类私人机构建设保障性住房（即社会性住房），按照申请者的收入水平，收取不同的租金。勃兰登堡州投资银行为我们提供一个生动的案例，某个开发商要建设23套住房，每户平均为82平方米，总面积为1886平方米。按照75%的住房租金受限，共有18套住房租金受到限制，其中提供给低收入者9套，仅仅按照5.5欧元/平方米收取租金；提供给中等收入者也是9套，租金稍微高一些，按照7.00欧元/平方米收取，另外还剩下5套是供应给高收入者，按照市场价格9.5欧元/平方米收取。

（2）提供低息无息贷款。政府根据贷款人的偿还能力，可以给予相应贷款。收入不高的人，可以获得低息甚至无息贷款，目标是让他们有能力建设或买得起房。建房补贴和无息贷款以前只针对低收入者，但是现在覆盖面扩大，一般中等收入者都可以获得建房补贴。譬如勃兰登堡投资银行重点支持资助、出租房、自用房、有残疾者住房建设，并设立专门基金，专款专用，基金内部循环，不可以挪作他用。不受到州政府财政能力的影响，也不受州政府干预，是德国唯一的住房基金。

（3）提供住房补贴和住房救济金。对收入不高的人，可以获得一定的住房补贴，这也是促进住房市场的办法。对低收入人群（领社会救济、退休人员）发放国家住房补贴，涉及大概50万个家庭单位，最困难的家庭平均一个月能领到180欧元的补贴。为无收入人群支付住房救济金，每年170亿欧元，由政府（联邦、州、市）支付房租。并且，这种住房救济金主要集中在原东德地区，或者是集中在人口密集地区和大学城。

（4）对特殊群体供应的租赁住房。多种类型住房提供者，如住房合作社，对特殊的群体提供不同价位、不同房型的住房。为大学生、难民提供住房者，也会得到国家的资助。譬如许多城市采取以拖欠租金为重点的协调预防措施，为已经无家可归者提供社会"住房支持"。据报告，大约有5800名已经无家可归者从261个不同的服务机构获得"住房方面的支持"，大约47%的人所提供的住房是有时间限制的，包括20%共享的住宿。

6.发挥行业组织润滑租赁市场的作用

德国活跃在住房租赁市场上的行业组织包括房东协会、房客协会、邻里协会、开发商协会等。

柏林房客协会共有40多个，成员都超过300万，大约有1300名全职工作人员和2500名志愿者，代表租客利益。如柏林住户协会（Berliner-Mieterverein，BMV），拥有16万会员，有8个分支机构，42位专职工作人员，其中有23位律师，还有80位非专职雇员，为承租人提供租赁住房的法律咨询等服务，并通过提供住房租赁合同文本、代为审核房东调整房租是否符合规定维护承租人的合法权益。而房东协会代表房东利益，一方面为房东提供法律咨询、税收咨询等服务；另一方面，通过全国房东联合会在联邦议会中影响法律政策的制定。投资商（开发商）协会，如柏林-勃兰登堡开发商协会（BBU）代表开发商的利益。邻里协会主要是为低收入人寻找合适的住房，包括动员住大房子的老年人搬到小房子、帮助办妥出租手续，如准备各类表格等；同时，组织各种活动，支持邻居间互相帮助。众多协会起着缓冲垫的作用，缓和了房东与房客之间的关系以及邻里之间的关系，使得整个租赁市场更加和谐。此外，在柏林，政府在发布住房租金指数时，要通过三家房东协会和房客协会，进行统计调查并协商权重后，才能发布。

（三）对我国培养和发展住房租赁市场的启示及建议

1.强化住房居住属性

在德国，房地产业是作为具有福利性质的服务型产业，解决住房问题是保护公民基本居住权利的重要内容，能否解决公民居住问题是选民选举时重要考量因素。我国也十分重视房地产业的发展，但房地产业改革与发展是服从拉动国民经济的需要，同时逐渐形成土地财政。我国应逐步淡化房地产作为经济支柱产业的定位，改变地方财政过多依赖房地产的局面，侧重于保障民生，保护公民居住权，紧紧把握"房子是用来住的，不是用来炒的"定位，让住房市场回归到基本居住功能上来。

2. 建立多元化的租赁住房供应体系

租赁房源供应主体的多元化是德国住房租赁市场的另一显著特点，除了政府、私人业主提供租赁住房外，住宅合作社、国有企业、建筑商、物业服务企业、教堂以及保险机构等也积极参与租赁住房的建设与房源提供上。我国也逐步认识到多主体供应、多渠道保障的重要性，如除了政府建设公租房、居民提供租赁房源外，近年来也出台支持国有企业建设租赁住房、利用集体建设用地建设租赁住房、允许闲置的工业厂房改建成租赁住房等系列政策，但仍需在以下方面继续发力：一是强化政府责任，加大大中城市公租房的建设力度。在供求矛盾突出的城市，应该多渠道筹集房源，采取商品住房配建、产业园区建设、清理整合存量房源等方式增加房源；强化公共设施配套，完善配套设施和公共服务体系。二是充分发挥国有企业在租赁市场中的压舱石作用。国有企业可采取多种方式如新建、配建、改造或者收储（包括采取有效措施盘活闲置公有住房、闲置厂房改性）等多种手段扩大房源。三是鼓励机构尤其是房地产开发企业建设并自持租赁性房源。应进一步细化金融、税收支持政策，如借鉴德国对企业提供长期的低息甚至无息贷款金融政策，实行所得税免税政策，要求企业建设租赁住房并在一定期间内按一定的租金长期出租。四是加强社会互助，鼓励和引导具有服务性、公益性、互助性特征的志愿者组织参与治理，进一步完善租赁住房社区服务和管理。

3. 健全租赁法律法规体系

一是借《民法典》出台机遇，在法律中体现承租人权益有关内容，如租赁权益保护、买卖不破租赁制度、租赁合同一般期限等。二是推动住房租赁条例的尽快出台。三是逐步完善住房租赁市场的长效机制。四是在政策文件中推行租赁合同示范文本，明确实行租金指导价制度等。

4. 完善住房租赁管理体制

近年来，我国对住房租赁的行政管理日益重视，部分省市还成立了专门的住房租赁管理中心，但行业自律建设仍任重道远，一方面自上而下的自律管理体系尚未建立，另一方面代表承租人权益的自律性组织缺失。为完善我国的住房租赁管理体制，各省市应在主管部门的指导下，尽快建立住房租赁自律性组织，加强住房租赁行业自律管理，规范行业租赁行为。同时，住房租赁自律性组织还应当逐步开展受理投诉举报、制定租赁合同示范文本、提供法律咨询、信用评价等工作，积极维护承租人权益。

二、德国房地产租赁市场四大秩序的体会

2019年1月，笔者有幸参加了由某部组织的住房租赁培训团，前往德国柏林、慕尼黑两个城市进行培训学习。德国两个城市的住房有关部门和协会详细介绍了相关领域的住房租赁政策和实践经验。通过与专家交流、翻译介绍、实地调研等形式，并结合回国后大量阅读关于德国弗莱堡学派和德国经济体制等论著，笔者对德国住房租赁行业形成如下体会：

（一）房地产市场秩序的理论根源

秩序政策是德国学术界应用最广的名词之一，是德国社会市场经济以及弗莱堡学派实践应用的具体体现。秩序政策并非仅限于竞争秩序，涵盖了经济政策和社会福利政策的所有领域，包括相关的法律框架，特别是国家财政、金融业、社会保障制度以及对于劳动力市场的调节。适用单个领域部分秩序不能互相割裂开。如果想要创造出运行良好的房地产行业秩序，仅仅依靠市场竞争是不够的。

房地产市场秩序的建立至少需要国家财政秩序，能够确保国家有财力完成它所承担的任务，同时也不会因为高税负而限制私人积极性；需要金融秩序，确保币值的稳定并由此为投资者创造立足未来进行经济核算的前提。如果没有考虑各种秩序相互之间的依存性，那么各种部分秩序之间可能产生差异，这些差异会影响市场的作用和能力。

德国是社会市场经济国家，其理念体现在法律的方方面面。根据基本法第14条第1款，规定房屋是私有财产受到保护，规定"财产和继承权保证"。尽管房屋是私有财产，也有附带着社会责任。基本法第14条第2款规定"财产也应该为共同利益服务"。社会市场经济本质就是私有财产的社会责任界定，简单而言，社会市场经济等于"自由市场+政府管制"。即在发挥市场经济的基本调节作用的基础上，对市场失灵进行政府调节。

德国通过低息贷款和补贴鼓励私人企业开发社会性住房，充分体现了自由市场；而租金指数、解约条件限制等充分体现了政府管制。

（二）宏观稳定秩序

宏观稳定秩序与房地产秩序息息相关。由于深受两次通货膨胀的影响，1957年德国通过了两项法律，一是反对限制竞争法，同时成立了旨在维护竞争的独立机构——联邦卡特尔局；二是通过了德国联邦银行法律，建立了独立于政府、负有维持币值稳定义务的货币发行银行。后来在成立欧洲货币联盟时，也参照德国联邦银行的模式成立了独立的欧洲央行。第二次世界大战以后，德国央行的首要目标是保持物价稳定，其次才是经济增长。1998年，欧洲央行成立，总部设立在德国法兰克福，在很大程度上继承了德国央行严控通胀的传统。《马斯特里赫特条约》使欧洲央行成为世界上独立性最强的中央银行，规定物价稳定是欧洲央行压倒一切的长期目标。1950—2017年，德国CPI年均增速仅为2.4%，通胀控制能力是全球典范。

正是由于几十年稳定的经济环境，通货膨胀极低，才造成对租金的有效控制。由于投资商投资社会住房，是对通货膨胀、物价指数等做出整体考量，然后才决定投资社会性住房的规模和时序。一旦政府违背信义，过度发行货币，必然导致投资商的投资难以回收。因此维持长期的低利率和稳定的物价指数，有利于投资的顺利进行。

币值长期稳定，为房地产的补助、无息甚至低息贷款创造了一个良好的秩序。通常，德国社会性住房无息、低息贷款长达20年甚至30年，租金也受到了相应的限制。我们可以想象，如果发生了严重的通货膨胀，会立即摧毁德国房地产市场。譬如我们考察了勃兰登堡州的投资银行，以前勃兰登堡投资银行能够提供无息利率，当时的市场利率高达5%～8%，因此投资银行通过低息和无息贷款鼓励投资商开发社会性住房，非常受到投资商欢迎。2008年以来，欧盟政府和央行为了应对欧债危机采取宽松货币政策，商业住房开发市场贷款利率非常低（据了解为1%～2%左右），以前以无息贷款和低息贷款吸引投资商建设社会性住房的做法日益陷入困境，勃兰登堡州投资银行表示工作越来越难做。不仅租金受限的住房占比降低(从100%下降到75%),而且投资银行要做投资商的大量思想工作、宣传工作等。资助重点也随着时代而变迁。2018年,勃兰登堡州以前资助重点往往对家庭(如结婚后有孩子的,标准家庭)进行补助,现在重点转向老人和残疾人。

(三)竞争导向秩序

首先,充分利用市场机制。一是社会性住房建设充分利用市场机制。德国房地产市场的竞争性是摆在首位的,即使在社会住房建设领域也充分发挥市场机制的资源配置作用。何谓社会性住房,就是鼓励投资商投资住房,根据不同的补贴条件和无息贷款情况,规定投资商开发的住房租金受限的年限。投资商根据自己的经济实力以及对市场租金、受限房租的比较,积极投资社会性住房建设,就相当于把市场经济的竞争机制灵活运用到保障性住房建设,破除了保障性住房和市场性住房的鸿沟,充分发挥了市场经济的作用(在国外学术界被称为"一元制")。而二元制度国家如美国、英国(我国也类似),却把保障性住房和市场性住房截然划分来,由政府为主导投资保障性住房的建设及运营,给政府带来沉重的负担,甚至可能造成了贫民窟现象。当我们问道:为什么投资商愿意做投资社会性住房,得到答案有二:其一,租金并非一成不变,三年后可以提高租金;其二,房产可以增值。开发商拥有住房产权,可以增值。只要所收的租金可以还利息,就可以平衡。即使普通市场房,租金也是通过租金指数进行管制,也不高,不超过4.9欧元/平方米。二是投资银行无息贷款充分利用市场机制。我们到勃兰登堡投资银行调研时,勃兰登堡投资银行不仅把社会性住房项目招标投标的范围扩大整个欧盟,而且还进行宣传、推销工作,鼓励投资商前来竞争。因此,我们在调研过程中无时无刻不能嗅到市场机制的灵活性和弹性。勃兰登堡投资银行对投资商按时还款出台了相应的奖励措施,最主要是5%的奖励政策,即如果投资商贷款100万欧元(期限20年),投资商正常还款,每年偿还1.25%,那么投资银行在20年后送给投资商5%的奖励,相当于赠款5万欧元。三是德国住房租赁市场具有较为稳定的长期投资回报率。德国一年期的存款利率,在2008年后不断下降,目前是负利率。与此相比,德国以房租为主的租赁住房投资回报率基本稳定在4%左右,这对于追求长期稳定投资回报的投资者尤其是机构投资者而言,具有较大的吸引力。四是市场机制体现在房地产市场的方方面面,譬如德国柏林邻里中心资金来源以争取政府资金为主,其资金拨付都是由政府根据邻里中心的表现而确定,做同一件事情,某个邻里中心做得很好,就会得到更多的政府预算支持,这就鼓励各个邻里中心互相竞争,更好地为居民服务。

其次,多主体供给也造就了竞争态势。就德国柏林而言,不仅有6个市政房地产公司拥有社会住房约有30万套公寓,占比18%;而且83个住房合作社共有大约20万套住房性,占比12%;此外,43家租赁性公司20万套住房,占比12%。显然,德国普通居民有更多选择的机会,与之相比,我国大部分城市居民除了申请保障性住房以及到市场购买商品房之外,就少有第三条道路可走。

(四)租赁保护秩序

德国房地产租赁秩序是由租金控制、租约保护等构成,核心体现在租金控制,因为只有租金才能真正反映居民的生活成本,德国以租金控制为中心,以租约保护为手段,并扶植以租赁优先、因人施策等配套政策。

一是租金指数控制房租上涨水平。法律规定,租金3年内涨幅不得超过20%,住房供给严峻的特殊区域不得超过15%。房东租金过高将面临高额罚款和长期监禁处罚。租金限制的原则更多体现了社会责任的原则,也体现了协调协商的原则。租金指数制定并非盲目地限制某一方而忽视另一方的利益。譬如柏林参考租金指数的制定过程就是把三个房东组织和三个房客组织的利益协调起来,通过广泛发放调研问卷的形式,确保收集的数据的准确性,通过一系列的程序保证,对不同户型、不同年代的住房租金水平进行准确的衡量,最后通过房东和房客组织协商权重的办法,进而确保各方利益得到维护。

二是租约保护政策进行控制。(1)房租保护政策。据了解,房租上涨至少受到三项限制:第一,每次房租提高后,12个月之内不能再提高;第二,不能超过该市公布的租金指数;第三,在3年之内,房租上涨不能超过15%。(2)维护租约的稳定性。除非下列情况,住房不可能轻易被房东收回：第一，除非自己住或者直系亲属要住；第二，租户久久不付房租；第三，租户破坏住宅；第四，租户严重扰乱四邻。如果自己需要住，当然不能简单告诉租户自己要住，就把租户赶出去，而且必须举证，政府同意才可以。（3）解约的期限要求。一般租赁合同以无限期为主，《住房租赁法》规定，如果租房合同的任意一方想要终止合同，那么必须提前3个月通知对方。随着租期延长，解除合同期限要求更趋严苛。如果租期超过5年，那么必须提前半年通知对方；租期超过8年，需提前9个月；如果租期达到10年，则需要提前1年。

三是租赁政策优于出售政策。以租赁保护为导向，表示德国更加重视租赁住房政策，相对来说优于出售政策。德国购买住房按揭贷款的首付比例通常在20%～30%，国际对比中，处于相对较高的水平，德国居民房贷占GDP比重仅为36%，居民负债占GDP比重仅为53%，居民杠杆率在发达国家中处于显著偏低水平。在房屋买卖交易环节征收重税；使用环节征收二套住房税，减少空置；保有环节仅仅征收土地税。交易环节有不动产交易税、差价盈利所得税、遗产税和赠与税。不动产交易税税率高达3.5%～6.5%，叠加公证费、不动产登记费、中介服务费等各类交易费用，交易成本可达到10%，甚至更高，对交易获利部分还要征收差价盈利所得税，只有转让前用于长期出租或自住的住房，才能予以免税。

四是租金水平因人而异。这是体现原则性和灵活性的统一。勃兰登堡州投资银行为我们提供一个生动的案例，某个投资商拟开发建设23套住房，每户平均为82平方米，总面积为1886平方米。按照勃兰登堡州投资银行和该投资商谈判的结果，如果投资商愿意接受补助和无息贷款，建成的75%的住房租金将会受限，共有18套住房租金受到限制。其中，提供给低收入者9套，仅仅按照5.5欧元/平方米收取租金；提供给中等收入者也是9套，租金稍微高一些，按照7.00欧元/平方米收取，另外还剩下5套是供应给高收入者，按照市场价格9.5欧元/平方米收取。

（五）经济社会协调秩序

一是经济政策社会政策融合。我们在柏林勃兰登堡开发企业协会了解到，对弱势群体扶助包括：一是住房补贴。对收入不高的人，拿到一定的住房补贴，这也是促进住房市场的办法，政府为低收入者提供补助金，可以报销掉一部分房租。二是减免住房使用费。低收入者所需缴纳的水电费、暖气费可以由社会局或者劳动局报销、负担。此外我们还在德国柏林最大的市政房地产公司之一——Gewobag公司下属的马琳多夫小区实地考察，了解到如果租户交不起房租，不是将租户简单赶出住宅，而是详细深入了解租户为什么交不起房租，并帮助他们解决困难，如由于失业而失去收入来源，那么就由邻里中心帮助找工作等，这可以看出德国并非把保障性住房政策简单视为住房供应问题，而是和社会政策联系起来，为租户提供全面的服务。马琳多夫小区是个老小区，进行现代化节能改造。该小区为节能改造还专门建了住户服务的办公室，负责现代化改造，在改造过程中，租户搬出去12~15周，给他们提供临时性住房，改造办公室给租户详细介绍改造流程，租户也十分理解，因此没有一个上诉。即使房租也会提高，租户也没有意见（以前马琳多夫小区房租是4.65欧元/平方米，现在由于改造再提高1.14欧元/平方米，现为5.79欧元/平方米）。显然，住房政策已经不仅只是经济政策，而且要考虑社会因素，体现经济政策和社会政策的融合。

二是非营利组织起到了关键作用。以柏林为例，有非常多的非营利组织，如代表房东和投资商的柏林勃兰登堡开发商协会（BBU）成立于1897年，有350家企业、110万套住房，协会成员拥有住房占出租房的42%；代表弱势群体的租赁者协会（租赁者协会全国18万人，柏林有8个分支机构）；此外还有邻里中心等。邻里中心比我国商品住宅小区的物业管理中心发挥的作用以及服务的范围大得多。我们到柏林一家邻里中心调研发现，其任务有四：其一，帮助难民获得低租房；其二，青少年的工作，包括对不同年龄阶段的孩子都有不同的工作要去做；其三，提供场地、供聊天、开会、讨论之用；其四，帮助失业人士找到工作。我们在柏林住房国有公司Gewobag调研也发现其极具社会责任意识。作为六家市政住房公司之一，Gewobag国有企业非常强调其社会责任，为中低收入提供合适住房。Gewobag经营的住房冷租金仅仅6.13欧元/平方米多，明显低于市场房租，年收入不到3000万欧元，资产收益率明显低于商业性质房地产公司可以说带有社会服务公益性的非营利性企业。尽管该公司经济效益不是很高，但是社会责任、社会服务非常好，2018年6月，柏林Gewobag公司得到穆迪和标准普尔的A级信用评级，这在房地产公司中比较罕见，也是履行社会责任得到社会认可的一种体现。

三是强化社会融合。各种社会阶层都在一起，可以促进社会融合。社会融合有很多失败教训，如法国目前出现的黄背心事件，也是长期矛盾积累的产物，主因是法国巴黎出现许多贫民窟、社会各阶层割裂严重。柏林市政府划定社会区，规定社会区不能以现代化改造如大的阳台、窗户为借口提高租金，不允许社区绅士化。

（六）小结

第一，德国房地产租赁市场秩序是一个完整的逻辑体系，是在弗莱堡学派影响下社会市场经济理论在房地产行业的体现，首先保持通胀低位才能保持房地产市场持续健康运行，德国的房地产政策具有特殊性（譬如租金指数政策、租约保护政策在世界范围都是比较少见的），因此其结果也表现为特殊性（租赁性住房占比高，尤其柏林租赁性住房占比高达85%），是一个体系系统运行的结果或者表象。这些异于其他国家的住房政策的特殊性，是建立在保持通胀低位、利率较低、人口分布均匀的基础上，一旦环境改变，这种特殊性都会受到挑战，如欧盟的宽松货币政策持续拉低市场利率，导致社会性住房的无息低息贷款逐渐失去优势，州政府以及州投资银行社会性住房建设工作难以开展；通胀长期低位也使得人们不急于购房。

第二，警惕房地产政策引进的功利性。如果我们看到德国房价房租持续稳定，的确对为房地产调控政策忙碌的决策者具有极大的吸引力，但是我们要看到德国房地产政策是做出相当大的牺牲，譬如不以房地产为支柱产业，不以土地财政为导向，埋头发展制造业，故而，德国制造业在世界地位一骑绝尘，隐形冠军高达1000多家（隐形冠军是德国经济学家西蒙在研究德国经济特征发现的，他定义占据世界市场占有率前三，且不为人知的中小企业为隐形冠军）。就政策引入而言，我国大陆先后学习新加坡、中国香港地区等，只是引入的片面政策，而忽视整体架构设计。如中国香港地区虽然房价高昂，但是居屋和租屋为代表的保障性住房占比高达50%左右。因此在引入国外某项房地产制度时，必须对该国房地产制度整体架构进行观察和分析，然后进行取舍。

第二章 政府类调研

一、中国驻德某参赞眼里的德国经济以及住房情况的调研报告

(一)学习德国经验非常重要

国内的房地产发展非常快,房价上涨幅度非常快,老百姓越来越难以买得起商品房,德国住房经验非常值得学习。其实德国房价直到2015年、2016年才涨起来,30年来仅仅增长30%,平均每年只有1%。为什么近年来德国房价会上涨?原因是2008年欧债危机时,欧盟政府和央行采取宽松货币政策,利率降低到很低,购买上千亿欧元债务,宽松货币政策也影响到房地产,过多的资金流入房地产市场上。德国房地产市场也会产生泡沫,巴伐利亚州是德国社盟的根据地,占有绝对优势,慕尼黑房价涨得最快,选民非常不满,原因是巴伐利亚出现严重房地产危机。但是这种涨幅,相对我国房价上涨速度来说还是低得多。

(二)德国对住房租赁关系保护得很好

德国人没有买房的习惯,一是房价涨得不快,投资不赚钱。30多年,房价涨幅平均每年1%,房地产投资没有意义。二是人口自由流动性。德国产业发达,各行各业就业机会多,譬如在汽车行业,从业人员很容易从戴姆勒(奔驰)跳槽到宝马,从宝马跳到大众,戴姆勒(奔驰)在斯图加特,宝马在慕尼黑,大众在沃尔夫,买房反而会是一种负担。

当然,由于最近几年德国房价上涨,居民担心住房涨得快,因此买房的家庭也多了。在德国租房三年,感觉到德国非常保护租户,不能随便涨房租,涨房租要商量,不保护房主,不能赶租户走,除非自住,同时,租

户也要保护好住房，租房子时没有家具，需要自己配置①，租赁房子还回去的时候，还需要保持房子原状，墙面、设施不能破坏，不允许任何损坏，包括地板，甚至也不能在墙上砸钉子安装东西，否则归还时需要重新粉刷一遍墙面。

在中国，很多房子用于出租，但是德国却不是这样，投资动机不大。有这么一个案例：一个租客租不起房，房东也无法赶走，说没地方住，找不着合适的房子，法律规定没有找到合适的住所，不能赶走。法律对房价上涨有明显的规定，不是完全按照市场价格走，并不是完全市场经济。目前，柏林市政府准备回购一部分房子，抑制房地产危机，当年政府出售波茨坦地区公房出售价每平方米400欧元，现在买入需要每平方米2000欧元。房租上涨也不能超过一定的限额，如果房租管得住，理论上房价也不会涨起来，买房子足够住就行，投资没有动力。

（三）德国经济基本情况

国内关于德国经济的报告挺多，很多在德国的通用名词在国内大家都很熟悉：譬如德国双元制教育、工匠精神、隐形冠军、工业4.0经济，这反映德国实体经济实力强劲，它是以实体经济立国的国家。与英法不一样，英国跟着美国走，跟着学金融投机衍生品，德国有很多年被大家耻笑，英美等国家用金融工具迅速致富，德国安心做实体经济，其实做实体经济非常辛苦。在2008年经济危机之后，当世界经济遇到困难时候，德国的成绩被大家认可，德国坚守是对的，因此德国政治地位上升了。2008年之前，德国与英国、法国甚至和意大利一样，都是工业强国，但是2008年之后，德国远远把意大利、法国、英国等国抛在后面，马克思认为经济基础决定上层建筑，经济地位也决定了政治地位，在政治上起到主导作用，德国总理在欧盟一言九鼎，原因是强大的工业经济体系作为支

---

① 中国社会科学院学部委员朱玲在《德国住房市场中的社会均衡和经济稳定因素》（发表于《经济学动态》2015年第2期）一文中提到她在德国居住时，不仅仅房屋建筑和家具电器质量上乘，各类专用厨具餐具足够日常生活所需，两种不同看法，仅供读者参考。

撑，欧盟区商量什么问题，其实都是德国在主导，也就是德国默克尔主导，因此美国时代周刊多次把默克尔评为最有权势的女人，如果没有强大的经济体，就没有如此之高的政治地位。

隐形冠军这一概念是德国赫尔曼·西蒙教授提出的，是对德国经济发展的特征进行长期研究得出的结论。他在研究德国经济发现一些现象，发现一批中小企业，主要是家族企业，非常专业，擅长于某一细分领域，几百年延续下来。德国中小企业中有大量的隐形冠军，虽然在消费者眼里大多不怎么出名，却在行业内拥有市场垄断地位，处于世界前三。以德国约翰内斯·克莱斯·奥尔格鲍股份有限公司（Johannes Klais Orgelbau GmbH&Co. KG）为例，该公司自1882年起便致力于为世界各地教堂和音乐厅制造管风琴，至今已有130多年的历史，公司只是聘用65名工人的中型企业，收入却超过600万欧元，占全世界市场份额高达40%。再举一例，德国是汽车王国，汽车生产线一套扳手、钳子，都是一家德国企业生产的，普通人不会知道的，但是经营汽车的人都知道，这就是典型的隐形冠军，是常年的执着精神的体现，类似这样的企业在德国还有很多。据西蒙教授估计，全球共有3000家这样的隐形冠军，德国有1400多家。大家除了到德国学习之外，还可以到超市去看，一些日常用品非常有特色，非常有意思，可以看出德国工业细分特征，化工产品也非常发达。厨房用品也有丰富的细分市场，各种各样的锅，方的、圆的、高的、低的，也有一种很高的高压锅专门用来煮芦笋。德国还设计出一种专门剪鸡的刀，因为鸡的骨头非常脆，一剪就断。该厂的创始人祖父就是学技术出身，创建该企业，把技术一直传下来，做到了极致，这就是"工匠精神"的体现（图1）。

图1 德国剪鸡刀

我国企业办工厂，一下做这个商品，一下做那个，哪个挣钱，就做哪个。以前中国企业是以成本起家，现在面临经济转型和创新发展，进入换挡期，就遇到了很多困难，这方面得学习德国和日本。道理企业家们都懂，但就是做不到。为什么做不到，有企业、政府的原因，也有中国消费者的原因，喜欢买便宜的，但是德国人不相信"价廉物美"。

以华为手机为例，它的中低档手机在南欧卖得好，尤其在意大利、西班牙，但是开始时在德国卖不出去。德国消费者不太相信便宜的东西，华为开始在德国做市场时，仅以两三百欧元出售，销路不好，但是苹果手机售价高达七八百欧元，却很畅销。现在华为手机价格上来了，在德国同样卖得很好。一分钱一分货，德国人认为质量高的，价格必然贵，没有"物美价廉"的意识。现在华为手机价格贵了，市场氛围不一样，只有在这样的市场氛围才能培养这样的企业。太便宜，根本卖不出去。在德国一套锅300欧元，据说在国内卖几千元，但是中国生产的锅，如果在国内售价高达300欧元的话，没有人愿意去购买。因为对本土企业不太信任，对我国企业也是挑战，因此不能把责任全推到企业家中，同时也不全是消费者的原因，要形成一个共识。

德国是出口导向型经济，人口少，仅8200万人，市场不大，出口对象首先是欧盟，欧盟境内人财物都是自由流动的。由于德国是以出口为导向的经济结构，外向经济很脆弱，特别害怕世界经济出现问题，按经济学家说法，世界现在过了繁荣期，进入低速发展，甚至停滞，德国经济会受到严重影响。

二、柏林–勃兰登堡州住房发展规划的调研报告

2019年1月10日，我们前往勃兰登堡州的波茨坦市，拜访柏林–勃兰登堡基础设施和空间规划部。促进勃兰登堡出租房建设政策是由基础设施和空间规划部住房和城市规划负责人Finkeldel先生为我们讲解。

（一）柏林–勃兰登堡州基础设施和空间规划部由来

勃兰登堡州是德国东北部的一个州，为前东德的一部分。该州首府

和人口最多的城市是波茨坦，其他的重要城市有科特布斯、哈佛尔河畔勃兰登堡和奥德河畔法兰克福。勃兰登堡州环绕着德国首都柏林，与其共同构成了拥有约600万人口的柏林-勃兰登堡都市圈。勃兰登堡州超过1/3的面积被自然保护区、森林、湖泊和其他水域覆盖。勃兰登堡州按宪法划分为14个区（District）、4个自治城市（Autonomouscity）、153个自治市（Borough）以及16个自治镇（Town）和5个规划区（Regional Planning Community），围绕柏林形成"馅饼"结构。

我们从门口看到两块牌子，上面写着"勃兰登堡基础设施和国家计划部"，下面写着"柏林-勃兰登堡空间规划部"。于是，就疑惑这两个单位究竟是一个单位还是"两块牌子一个单位"（图2）。

图2　柏林-勃兰登堡空间规划部（基础设施和国家计划部）的招牌

后来听讲才明白柏林是有着七八百年历史的古都，面积约892平方公里，人口346万，它是德国面积最大、人口最多的城市。但由于土地资源匮缺，城市容量小，发展空间受限，亟待与勃兰登堡州共同发展。勃兰登堡州紧紧环绕着柏林，拥有241万人口和2.97万平方公里的广袤土地。从人口数量看，属于比较小的州（像北莱茵州人口高达1700多万，是最大的州）。历史上，勃兰登堡州作为柏林的腹地，长期为柏林的发展提供食品、劳动力和其他原材料等。第二次世界大战后，西柏林与勃兰登堡州在社会和经济上长期隔离，随着德国统一、政治封锁被打破，柏林和勃兰登堡州之间的社会、经济交流和人流动日益频繁。由于经过长期的政治封锁和经济隔离，当东、西柏林完成统一，尤其是重新确立国家首都的地位后，周边和国内其他地区的人才、资金和信息等各类资源纷纷汇集于此，而人口的激增虽然带来了商业的快速发展，但也直接引发城市用地需求增长较快的矛盾，与此同时，环绕柏林周边的勃兰登堡州却地广人稀，经济发展水平相对较低。1997年北莱茵—威斯特法伦州部长联席会议通过大都市地区空间发展决议，即《德国的欧洲大都市地区》，确立了7个具有欧洲影响力的大都市区，"柏林–勃兰登堡"成功入围，同年，柏林–勃兰登堡州区域协调部成立。Finkeldel先生讲解到，部里有四个处，即总协调处、管理中心、交通中心、规划城市部门。

柏林州和勃兰登堡州在经济地理方面组成了柏林/勃兰登堡大都市区。勃兰登堡州的基础设施设置非常典型，很符合这个都市圈的特性，例如高速公路和铁路干线呈放射状围绕着联邦首都柏林州（图3）。

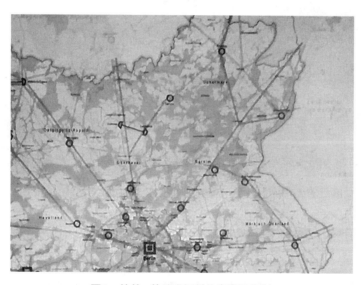

图3　柏林–勃兰登堡州住房发展规划

德国的空间规划大体分为四个层次，即联邦规划、州规划、区域规划和城市/地方规划，而柏林勃兰登堡州联合发展规划则属于跨州边界的区域规划，这在德国国内是独一无二的。在德国，联邦政府负责大的规划，如跨州的高速路、铁路；州级政府负责州以内所有基础设施建设；还有城市、区县一级各自管自己的规划。在整个联邦一级，负责制定规划法律框架,具体的实施还是州一级,整个勃兰登堡州,有很多红色的点,表示这些点上正在进行住宅建设,如图2所示。

柏林-勃兰登堡住房发展规划显示,沿着公路交通,两边都是住宅,生活比较方便,也是联合发展规划编制的重点。城市规划参与者人数众多,都有一定参与和发言权,反映了各方面的利益。因为大量的基础设施建设会对居民有长期影响,因此参加规划编制的讨论的相关利益群体很多,既有普通老百姓,也有州政府等。在规划编制过程中,需要经过自上而下、自下而上,反复讨论。凡是影响相关利益者都有发言权,尤其是沿着主干道的沿线,都是受影响者,他们的意见非常重要。

(二)住房发展规划实现人地挂钩

柏林-勃兰登堡州的住房发展规划是十年做一次,每年都有一些小的改进。不仅考虑投资多少钱,而且考虑居民的利益。不同的地区发展不平衡是全世界的难题,柏林-勃兰登堡也不例外。图4中间是柏林,橘黄色是人口增加,蓝色是人口减少,橘黄色表示要建设更多住宅,蓝色表示要发展租金较低的住房。当问及勃兰登堡州为什么要管住房,回答道:勃兰登堡有自己的法律,法律规定政府必须提供足够的住房,每个人都应该住得起房子,如廉租房、社会性住房等,因此制定了租赁法,加强对租户保

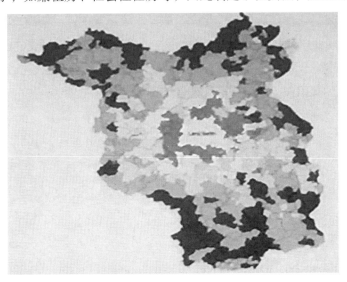

图4 柏林-勃兰登堡州人口发展状况(2000—2015年)

护，不可以随意将租户赶出去。

比如蓝色区域的住房发展规划，住房数量就不能再扩张，对现有的人有充足的住房。柏林向外呈现辐射状，外延的地区扩大。因为柏林人口增加，人口密度大。还有家庭结构变化也带来对小户型的需求。在1991年，一两口之家仅仅占一半，现在一两口之家占比超过80%（2020年）。家庭人口规模缩小，要求户型调整，在住房发展规划更加倾向于小户型，新房子建设或者老房子改造，也要照顾到一两口之家（图5）。

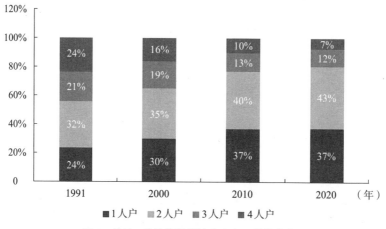

图5 柏林－勃兰登堡州的家庭人口结构变化

柏林大区为深橘黄色，由于人口增加，应该集中供应住房，在人口减少的地方（蓝色），应该进行住房改造，适应一两口之家之需，改造成小户型。"联合区域规划部"在距离柏林60公里范围内的地区选择26个具有发展潜力的聚落作为发展重点，建设特别的居住区和经济开发区，以疏散首都相关产业，减轻中心城市发展压力；在距市中心60～100公里范围内设立了6个二级中心，同时还在勃兰登堡州其他县市中设立30个三级中心。多中心的分布格局便于人口疏解，避免局部地区过度汇集导致"大城市病"。柏林与勃兰登堡州之间的关系有点类似我国的北京和天津、河北之间的关系。

开发公司如果要建设社会性住房需要申请资助，政府需要进行考察，接受资助的条件是租金要受到相应的限制。如果拿到联邦政府资助，在20～30年左右进行租金限制。目前，有些受到租金限制的住房很快就会过期了，限制性租金取消，退出了社会性住房的范畴。现在要采取下一步的措施，政府现在采用很简单的办法，就是政府给租户相应的补贴，保证能租得起。

住房发展规划也包括拆迁和改造计划。如果是好的旧房子，需要进行现代化改造，而且还需要改造户型结构，适合当地居民人口结构，如勃兰登堡州以一人户或两人户为主，那么就改造适合一人或两人居住所需；不好的住房，也会被拆掉。拆多少的标准在于租金高低，住房数量也不能减少太多，否则会出现新的供需不平衡，租金会上涨得太快。

由于2018年住房和城乡建设部49号文要求大城市需要编制住房发展规划，因此培训团重点问到住房发展规划的问题：由于土地私有，如何能保障住房发展规划的执行。每年1.6万套新建住房，谁来提供？Finkeldel先生回答道：1.6万套私人住房是每年该州的建设量，而每年1000套受资助的住房也包括在内。私人买地，首先是找到合适的土地，才可能建设别墅或排房或公寓。在此过程中，市场经济起到调节的作用，哪里的需求旺盛，哪里的住房建设量就会更高一些。此外，政府对供应量亦有一定的控制权，如审批程序是由政府有关部门办理，农用地转为住宅用地，都需要政府审批，材料供应在一定程度上也受到政府干预。因此在市场经济作用下，市场基本会保持平衡。同时，建房需要政府的规划和审批，如果已经获得住房建设审批，在一定时间内不建设的话，政府就把许可证收回，需要重新申请，这在一定程度也限制了囤地现象，所以不会发生以下现象：房价一涨，大家都不卖，期望着囤房，赚取更多利益。

图3中的橘黄色区域是人口增加地区，需要增加土地供应；蓝色区域是人口减少地区，一般是以改造为主。学员们问道：如何保障橘黄色地区土地供应是增加的（住房是增加）。回答道：这是住建部门的事情，应该建更多的住房，批更多的住房，农用地转为住宅用地会更容易一些。

（三）补砖头和补人头并举

1.补砖头

勃兰登堡州政府每年拿出1亿欧元兴建住房，能保证资助每年1000套社会性住房建设，在人口增加的地区，增加社会住房建设。社会住房补贴费用也是非常大，补贴分担逐渐从联邦政府转向州政府。如2016年联邦政府和州政府相应的出资比例是40:60，2017年、2018年转变为25:75。显然在住房补贴的负担上，州政府逐渐承担了更多的责任。

但是企业并不太愿意建设社会性住房建设。由于最近的利率非常低，企业现在不愿意向政府申请低息或无息贷款，而是直接向银行申请贷款，银行市场利率也是非常低。虽然尽管2018年政府预算社会住房建设资金支持规划为1亿欧元，现在实际支出只有7000万欧元，还有3000万欧元难以花出去（2016年、2017年政府预算也均为1亿欧元，但支出分别为5662万欧元、8400万欧元）。企业出于理性经济人的考虑，需要综合考虑接受资助以及租金受到25年限制的平衡。即如果企业要了政府的钱，租金受到限制，但是申请银行的市场利率的话租金不会受到限制。由于政府提供低息贷款和银行市场贷款利息差距不大，因此企业纷纷申请银行市场利率贷款，而不愿意接受政府低息贷款。另外由于社会性住房往往会集聚很多穷人，社会秩序会变差，因此当地政府也并非太情愿建设社会性住房。

根据州政府的法律，要照顾社会的方方面面，但是市长们会考虑到低租房会吸引低收入群体。现有出租房的现代化改造支出（包括修缮、粉刷），2016年为1236万欧元，2017年上涨到1760万欧元；新建筑建设拿到补贴最多，2016年为4377万欧元，2017年上涨到5726万欧元（图6）。

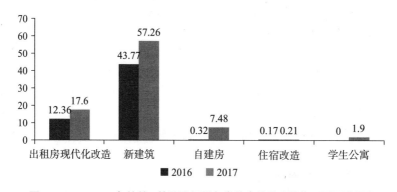

图6　2016—2017年柏林-勃兰登堡州各类住房补贴（单位：百万欧元）

为了促进建房，家庭每户收入的标准也在提高（家庭建房也可以获得补助）。家庭年收入标准以前是4万欧元，现在5万欧元，这意味着收入更高一点也可以申请，相当于获得补贴的门槛低了，覆盖面扩大。资助有两种：一是低息贷款，意味着需要还款；二是不用还款，保证25年租金限制上限不能超过。对建设住房而言，低息贷款标准过去为1800欧元/平方米，现在2500欧元/平方米。不过，要申请政府的住房建设补助，不仅仅要接受租金受到限制的要求，而且户型面积也受到限制，譬如如果给单身者去住，面积要控制在50平方米左右。

如上所述，现在勃兰登堡州每年新增总量13000套住房，其中资助1000套左右。估计补助覆盖率在6%左右。除了建设之外，鼓励自用，成立了住房联合会。住房联合会目的是同心协力把住房建设成本降到最低。住房联合会服务的范围还包括住房现代化改造，降低能耗，以最低成本达到目的。此外，住房联合会的目的也包括怎么找到合适且便宜的建设用地。政府有购买优先权，如果私人要出售某块建设用地，首先需要有关机构评估价格，政府有优先权获得这块土地。Finkeldel先生介绍2018年议会通过决议，决定加强住房建设的力度，而且扩大覆盖范围。以前采用行政手段比较慢，即申请资助的程序比较繁琐，导致效率比较慢，现在需要加快节奏，手续变得更加简单。作为市政府，土地给谁，项目给谁，都要通过招标投标程序决定，不同的开发商需要投标，政府进行比较和筛选，选取最优秀的企业。现在更加扩大招标范围，比较大的项目一般都会在欧盟境内公开招标，即欧盟范围的所有公司都可以来。勃兰登堡州的某项目，可能会是葡萄牙某公司获得了开发权，这是德国社会市场经济体制的竞争原则的体现。

2. 补人头

对于开发企业而言，如果要申请国家补贴，房租早就定好，就像我国的限价房一样，在出让土地时房价已经确定好了。住房市场租金一般为10欧元/平方米，现在接受政府资助的住房租金则定为6.2欧元/平方米左右，低收入者如果需要租住社会性住房，则需要住房权利资格证明，需要到社会局有关部门申请低收入者证明，才可能得到社会性住房，即住房权利的证明。住房权利证明有一个算法，需要把家庭人口以及收入都计算进去，低于某一标准才视为低收入者。

政府每四年对申请社会性住房的家庭收入标准进行调整和考核。有的人在学生时代就申请到了社会性住房,但是大学毕业后收入一般会提高,仍然会居住在社会性住房。因此学员们笑称"退出问题也是一个世界性难题"。Finkeldel先生举了一个例子,他有一个朋友,住在社会性住房,后来变成高薪者,成为社会上流阶层,周边邻居也仍然是中低收入者,Finkeldel先生为朋友没有退出社会性住房的现象也进行了一定程度的辩解,认为这也是了解社会和关心社会的窗口,这也许是政府没有严厉进行退出管理的主要原因之一。

资助重点也随着时代而变迁。据了解,2018年在1.6万套住房中有1000套住房受到资助,主要以老人和残疾人为重点。以前资助重点常常对家庭(如结婚后有孩子的,标准家庭)进行补助,现在重点转向老人和残疾人。在波茨坦,由于大学生比较多,亦有一些资助项目,因此学生能以较为低廉的价格租到住房。

三、柏林市住房租金指数的调研报告

柏林市住建部住房租金指数的负责人Mickmule先生为我们详细介绍了柏林市租金指数的制定情况。

(一)租金指数调查

在德国,租金指数反映了一个城市不同类型住房包括不同户型面积、不同设施设备的冷租状况,也反映现在租户对每月房租的承受能力。

如图7所示,红色代表一些比较高档住房或高档区,橘黄色是中等住房,浅黄色是一般住房,可见,柏林市质量上乘的住房多分布于西南部。在西南部万湖地区属于传统的豪华住宅区,住房每平方米售价在4000欧元以上,是柏林市一些地区房价的四五倍。而租金的差距更大,有的甚至相差一百倍。房租指数也是根据相应法律制定,每两年一次更新,每一次差不多有1.5万个新的数据输入(图7)。

实际上,住房租金指数不可能把所有数据统计进去,这样的工作量太大,往往通过抽样方法,样本量通常达到12万左右,占到柏林住房总量的0.8%。样本量的来源为随机抽取在政府部门的住房档案(租户租到住

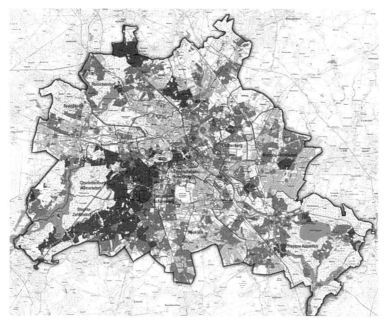

图7 柏林市的质量不同的住房类型分布

房,一般会到户口部门注册登记①。自有自住的业主,也许在发放调查表时已经搬出,但是纳税时留有地址,这些地址均汇集于在政府相关部门)。

第三方调查机构发出12万封调查信,最后一般回收1.5万封,样本量足够反映柏林的住房租金水平。第三方机构根据政府提供的地址发放调查表,回收调查表并进行统计分析,得出结论。第三方机构帮助调查,政府在里面起到牵头作用。据了解,第三方调查机构是一家私人公司,相对客观,和政府签订协议,只做统计,在所有住户中随机抽取12万户,发放

---

① 依照2015年《联邦注册法》,德国居民注册包括初次注册、搬迁注册、注销注册三种。当一个婴儿出生或者外国人迁入德国时,新生儿或外国人需要在两周内到所居住城市、乡镇的城镇管理部门进行初次注册。搬迁注册,指当一个居民从德国一个住房(六个月以上)迁入另一个住房居住时,需要在新迁入住房所在城镇管理部门进行搬迁注册,旧住址将被取消,个人的居住档案也将转交到新居住地的城镇管理部门。注销注册主要针对外国人或者长期居住在外国的德国人,当其离开德国前,需要在城镇管理部门注销注册。在德国,居民如不进行相应的户籍注册,将面临严厉的法律制裁。

调查信以及开展相应调查，数据最终归集到政府部门。第三方机构没有权力影响结果，但是可以提出建议，指出哪些地方有什么问题。在一年时间内，第三方机构和政府相关部门碰头会有20次之多，但是决策权还是在政府手中。柏林住建部常常邀请勃兰登堡州统计局参与，提供建议，每两年出一本租金指数的参考书，厚厚一本，非常详细。

在柏林，房租上涨得非常快，尤其是小户型和大户型两种户型，柏林是一个单身汉的天堂，单身汉所占的住房户型占到67%。柏林市租金自从2000年就开始直线上涨，每年都在2%以上，一般为2.2%，每平方米租金每年平均增长0.14元。把柏林和汉堡、慕尼黑三个城市租金涨幅进行比较，柏林虽然上涨很多，幸运的是，房租涨幅仍比汉堡和慕尼黑还是低不少（表1）。

德国大城市租金水平（60平方米公寓，欧元/平方米） 表1

年\地区	柏林	慕尼黑	汉堡
2011	6.2	12.0	8.7
2012	6.7	12.3	9.2
2013	7.4	13.1	9.6
2014	8.1	14.5	10.2
2015	8.8	14.8	10.6
2016	10.7	17.9	11.6

租金指数通常能反映该区域租金高低。表2左边是户型面积，分为四类：40平方米以内，40～60平方米，60～90平方米，90平方米以上，不同户型的住房，又分为不同的质量，即普通、中等、优质，分别用三个不同颜色区分开来。表头上部可以看出房子建设年代，把所有住房建成年代分为八个年代，这样就能看出不同年代、不同质量的住房的租金水平。如1965—1972年50平米住房，平均值为5.75欧元/平方米。表横向是均价（黑体字表示平均值），下面是租金绝对值波动的幅度，不能超过最高值。租金只能在这个范围波动。如1950—1964年期间所建的40平方米简易住房，租金在5.16～7.29欧元/平方米，最高值为7.29欧元/平方米。该表有法律约束的作用，如果房东要收10欧元/平方米，超过租金指数的

柏林市2017年住房租金表

表2

面积/年代（装修）		1918年前 1	1919—1949年 2	1950—1964年 3	1965—1972年 4	1973—1990年（西部） 5	1973—1990年（东部） 6	1991—2002年 7	2003—2015年 8
40m²以下	简易 A	7.45 5.44-10.00	6.45 5.60-7.17	6.17 5.18-8.80	6.58 5.78-7.74	7.68 5.33-8.15	6.81 6.13-7.63		7.50 7.50-9.51
	中等 B	8.01 5.25-10.11	7.37 6.82-8.40	6.64 5.89-8.00	6.57 5.71-8.36	8.08 7.18-12.00	6.77 6.40-7.94		14.19 13.85-15.72
	上等 C	8.31 6.91-12.52	7.04 6.04-10.00	7.48 5.87-10.20	8.83 7.70-9.84	8.59 6.93-10.11	8.04 7.09-9.14		
40~60m²	简易 D	6.51 4.81-9.22	5.93 5.30-8.09	5.71 5.16-7.29	5.75 5.13-7.01	6.77 5.80-8.43	5.61 5.30-6.67	7.43 6.21-9.17	8.50 6.90-12.50
	中等 E	6.61 5.11-10.06	6.34 5.52-7.65	6.11 5.43-7.48	5.72 5.39-7.20	7.39 6.65-7.97	5.83 5.37-6.75	8.18 6.84-9.37	10.10 8.40-13.94
	上等 F	7.03 581-875	6.88 571-888	6.66 5.18-8.98	7.39 6.17-9.00	8.00 7.30-9.12	6.84 6.11-8.29	9.00 7.48-10.34	9.44 8.00-11.30
	简易 G	6.00 4.40-8.62	5.65 4.90-7.56	5.48 4.74-6.68	5.22 4.76-6.30	6.12 5.08-7.59	5.07 4.72-5.71	7.10 5.76-8.23	10.13 690-12.99
60~90m²	中等 H	6.78 4.75-10.27	6.09 5.18-7.62	6.00 5.18-7.28	5.49 5.05-6.59	7.50 6.16-8.76	5.11 4.68-5.78	7.59 6.52-8.96	10.31 8.61-13.93
	上等 I	7.32 5.81-10.00	7.10 5.52-9.20	6.81 5.58-8.82	6.90 6.09-8.59	8.24 7.07-969	6.00 5.37-7.00	8.77 7.31-10.54	9.01 8.44-11.07
90m²以上	简易 J	5.72 4.22-8.41	5.80 4.29-7.51	4.87 4.29-6.60	5.29 4.80-6.14	6.49 5.39-8.05	4.70 4.24-5.60	7.18 5.95-8.47	10.70 8.60-13.56
	中等 K	6.39 4.38-10.18	5.63 4.97-7.10	6.46 5.77-8.03	5.53 4.91-7.50	7.48 5.17-8.80	5.11 4.76-5.60	8.00 6.30-9.27	10.19 8.69-11.10
	上等 L	7.25 5.44-10.00	6.65 5.35-9.50	8.26 6.77-9.61	8.05 6.99-8.54	8.83 7.50-10.49	5.63 5.24-6.92	9.24 7.18-11.13	10.00 8.40-12.50

最高值，是违法的，租户因此和房东打官司，法院必定判决房东败诉。按法律规定，每两年租金最多提高15%。表1都是根据1.5万条数据统计出来的结果，不同住房的年代、户型各不相同，并不是大约的估计数，而是统计数。同时，要提请德国宪法法院审查，看是否反映实际情况，不能根据大致情况，估计一个数，因此租金指数表的制定非常具有严肃性。

1918年以前的住房占比高达14%，占比较高。即使在同一时间建设的住房，没有相同的两个房子，因此大样本的统计还是非常重要的。

(二) 租金指数的协商

在每一次统计数据中，都有相应的三个房东组织和三个租户组织一起进行座谈和商讨。Mickmule先生代表政府负责整个团组，保持租金指数合理公正。即由三个房东组织和三个租户组织共同决定租金指数，Mickmule先生起着协调作用。房子分类区分地区、质量、结构，都是考虑的重点。作为租户代表的三个租户协会分别是柏林在德国租户协会、柏林房租保护联合协会、柏林租赁者联盟。三个房东联合会组织分别是柏林-勃兰登堡房东州际联合会、柏林别墅和建筑用地联合会、柏林-勃兰登堡州建房联合会。

租金指数要吸收不同方面的意见。三个租户联合会，当然希望房租越低越好，三个房东协会代表希望房租越高越好。政府起到中间平衡，每个联合会派出两个代表和柏林市政府沟通。每两年的5月份出新的租金指数，从7月份又开始下一轮调查，中间还有问卷调研，租金指数还要参考有关法院关于房租官司的判例以及社会满意度。最后经过讨论和公认，需要房东协会和租户协会两方面都签字，相对比较公正。有异议的情况极少，但是也不排除，Mickmule先生举例说上次两个房东协会不同意协商的结果，政府认为这两个房东协会的要求超过一定范围，大多数同意通过，尽管这两个房东协会没有签字，最终也就通过了。

住房紧张的城市才会制定租金指数，尤其是大城市和一些大学城，在城市之外，根本不需要这种限制。尤其在农村，有很多空置的住房，没有必要制定租金指数。租金指数涉及到社会平衡问题，德国宪法保护私有财产，但是私人财产也和社会责任联系起来，如果城市住房紧张，住房虽然是私有财产，也会受到社会方面的限制。

之所以对租金指数进行统计以及设置高限，是由于住房存在缺口，房租高，那么住房租赁公司利润一定高，限制租金实际上是降低住房租赁公司的利润，同时让租户受到一定的保护，达到均衡之势。

（三）租金指数的历史

在第二次世界大战中，柏林住房受到严重破坏，后来住房数量才逐渐恢复。当时住房紧张时，很多房东要求每平方米提价2元，否则让租户搬走。为了社会稳定，法律方面规定不能因为想要提高房租把租户赶出去。当然，赋予了给房东一定的权利提高租金，但必须在房租指数范围之内。

房租管制保障了当时情况下居民的基本住房条件，在一定时期内起到了积极的作用，但也不利于扩大出租市场和提高房东进行住房维修的积极性，因此，随着住房供求关系矛盾的缓解，联邦政府在1960年提出有条件取消租金管制制度。当年实施的《关于废除住宅配给以及实行社会化租房的法令》规定，缺房率在3%以下的城市和乡镇全部取消住房配给和房租限制，此后房租普遍上涨了15%～35%。有些大城市住房问题解决得比较慢，对房租的限制也相应延长，如汉堡和慕尼黑直到1975年才取消房租限制，而西柏林直到德国统一前仍未取消这一限制，租金管制制度变迁典型反映了住房政策受到住房供求关系的影响[①]。

目前，柏林市政府每两年对租金指数进行更新，每次拨出50万欧元财政经费，慕尼黑对租金指数制定的财政拨款高达70万欧元（每两年）。特别是在大城市，租金指数确实起到正面效应，表现在每年为租金高低的申诉到法庭的案件占比不到1%，在租金的争议处理上非常公正，租金指数起到非常重要作用。

1970年初期，政府出台新法律，要求住宅不能空置3个月，也不能改变性质，同时要求住宅建筑也不能用于商业。如果违反了相应法律，会有相应的惩罚措施。柏林市有60个政府工作人员，专门监督检查这个问题。如果不是由于装修而无故空置，就会受到政府干预。因为柏林找不到房子

---

① 向春玲.165岁的德国住房保障制度[J].城市住宅，2012（3）.

的人占比较高,住房紧张,很多政策会相应比较严格。在德国住房紧张的15个大城市和一些大学城,相应制定了严格的法律法规,这就是解决住房紧张的措施之一。如果住房3个月闲置不出租,政府工作人员就会登门拜访。

平抑房租政策(Mietpreisbremese)是近几年来德国住房政策领域最重要的措施。2015年6月1日起,各州政府可以在五年期限内各自出台限制新租房合同租金额度的法案。法案要求,对于没有时间限制的长期租约,新租房合同的房租涨幅不得超过原租房合同的10%。但是2014年后新建住房,在第一次出租的时候,不受此法案影响。2015年施行后,12个联邦州自己出台了相应法律,涉及此政策的人口占德国人口的28%,主要在德国的各个大中城市中,55%的涉及人口居住在30万以上人口的城市中。

(四)柏林的住房状况以及补贴状况

柏林市2016年住房存量为192万套,全国住房空置率为1.7%,柏林为1.2%,呈现逐年下降的趋势。平均每户家庭人口数为1.80人,平均每户居住面积为73平方米,人均居住面积38平方米。因人口急剧增加,有机构预测2017—2021年每年平均增加2万户,2022—2030年每年平均增加1.05万户,预计到2030年应增加19.4万套。柏林最近几年住房紧张状况很难消除,但2022年后住房需求下降是公认的趋势。

柏林六家市政房地产公司,属于国有性质,拥有大约35万套,也有大的住房租赁私人公司,买了住房出租。房东如果进行豪华装修,可以等租金指数提高了,再加到租金上,如果买了家具,只能每年把家具价格的2%加到租金上面,譬如买了1000欧元家具,只能加20欧元到房租上。

建房补贴方面:柏林政府六个市政房地产公司,与建房补贴没有直接关系。这六家市政房地产公司,同样需要去土地市场拿地,也需要市场化运作,即使在租金指数的约束下,也是运用市场化的方式。任何私人建房,都可以申请建房补贴,目前补贴补助是低息贷款,以前市场利率高达5%、6%以上,以前建设社会性住房可以拿到低于2%的利率,但是目前正常市场贷款利率也是1点多,也是低息贷款,与社会性住房低息贷款利率没有多大差距,因此,开发商对开发社会性住房逐渐失去了兴趣,目前申请建房补贴的开发商也不是很多。德国政府社会性住房建设，是给开发商一些补贴和优惠，约束条件是建优质的房子，在一定期限内低价出租给老百姓，通过20多年租金收回成本。

租金补贴方面：建房者如果用于出租，政府给财政补贴，建成以后，保证一定时间内，租金受到限制。这就是社会性住房，主要通过补砖头的形式鼓励建设社会性住房。由于社会性住房房租比较低，只允许低收入者才有权住着低租的社会性住房，申请入住者必须持有相应的社会证明。同时，租户收入不是很高，也会得到相应的租金补贴。譬如房租800欧元，政府给租金补贴100欧元，一半是柏林州政府给的，另一半是联邦政府给的。低收入者需要填写收入表以及房租表，让政府工作人员计算出应得多少租金补贴。

第三章 企业类调研

一、柏林Gewobag市政房地产公司的调研报告

柏林市Gewobag市政房地产公司作为六大柏林国有住房企业之一，主要是为广大市民提供低租房。目前拥有约有6.02万套公寓，其居民超过十万人，取得了一定的经济效益和突出的社会效益。培训团对此感受非常深，如何发挥我国国有房地产公司在住房保障和住房租赁的作用萦绕在每一个团员脑海，下面拟以Gewobag市政住房公司为例，介绍德国国有住房租赁公司运营模式。

（一）德国国有企业概况与分布

1.国有企业定位于完成经济的促进、调节、补充任务

德国克劳斯·格林教授将德国国有企业以及部分的国有混合企业的主要任务分为三类：促进需要促进的领域；调节需要秩序的领域；补充需要补充的领域。第一，促进的任务。促进是指强化技术进步和社会进步的方法使国民经济现代化，包括大型研究机构、技术园、经济促进企业和咨询企业、试验机构、学校和示范农场、保障生活的企业和交通企业、大会、博览会和展览会协会、信用机构、大学医院以及其他具有公共代表身份的医院。第二，调节的任务。国有企业以及混合国有企业在其调节职能中应当作为市场经济体制中的秩序因素发挥作用，只能限于在非常有限的范围内，公共经济首先应当支持竞争政策和增长政策以及地区结构政策和部门结构政策，特别是在保障生活的部门和清除废物的部门、交通、电讯及住宅经济等部门，完全采用与市场相同的手段。第三，补充的任务。两

种情况需要国有企业和公益经济企业。一种是，私人企业出于高资本需求和存在风险，并且利润率低而不能运转；另一种是公众需求有待满足。属于这一类任务的有持久可靠、价格优惠的邮政服务、运输服务（公共汽车、铁路、港口、机场）、住宅、食堂、医院和疗养浴场、银行服务和保险服务、文化设施（剧院、乐队、会演）。还有提供公共广播机构，为发展中国家提供援助等[①]。作为国有企业只需要完成一个或以上即可。

国有房地产公司至少起到调节和补充需求的双重任务。据我们调研，德国在解决战后住房短缺的时期，国有房地产公司起到了满足住房需求的作用。一些国有房地产公司曾在满足住房供求平衡之后，就被政府卖掉，也就是说国有房地产公司只是补充角色。

2. 大多数国有企业是市级国企

根据德国2016年统计年鉴，在2015年度报告中，共有16206家具有商业会计的公共基金、公共机构和公共企业，其中14252家（88%）为市级别。剩下的分布在州（10%）和联邦（2%）。在德国，联邦、州、地方三级政府都拥有各自的国有企业，并按行政隶属关系实行分级独立管理，上级政府无权干预下级政府直属国有企业的经营活动。一般来说，联邦政府拥有的国有企业主要经营全国性交通运输、邮电通信等产业以及煤矿开采、钢铁、电力、军工等工业；州政府所属国有企业主要经营区域性银行、供电公司、特别医院、无线电广播电视公司以及地方能源、公路港口等基础产业与基础设施；地方政府（市级别）管辖的国有企业则主要经营与当地居民生活密切相关的水电、煤气等生产企业，以及近距离交通运输公司、住宅供应公司和一些服务机构等。

国有企业分为盈利性国有企业和非盈利性国有企业。政府对盈利性国有企业有政治性要求，如必须支持政府的经济区域结构和行业结构政策，支持政府对外贸易政策目标的实现等。对非盈利性国有企业，只要求企业在回收成本的基础上，为社会经济的发展尽可能提供良好的服务。如果存在政策性亏损，政府一般通过以下两种途径来进行弥补：一是由财政列为

[①] [德]克劳斯·格林.冯文光，裴把红，译.联邦德国的社会市场经济[M].北京：中央编译出版社，1994.

支出；二是用部分税收弥补。

3. 大多数国有企业是有限责任公司

大多数德国国有企业的法律形式为有限责任公司（占比59%）或者自营公司（占比22%），大约7%的国有企业是特定目标协会。在事关国家或者市镇的重大利益，并且以其他方式不能够更好地或者更经济地达到目标的情况下，才可以由国有企业来承担。在与私人企业发生竞争的领域，国有企业让位于私人企业，这是德国社会市场经济的基本原则。

国有股份公司除了股东是政府之外，在其他方面与私有公司完全一样，而决定这种同质性的根本标志是企业的法律地位，即国有企业具有同样的独立法人地位。也就是说，《股份公司法》或《有限公司法》同样适用于国有公司。

4. 房地产国有公司占比最高

2015年，德国公共基金、公共机构和公共企业在各行业占比分别为：土地和房屋占比12%，能源供应占比11%，供水占比11%和废水处理占比9%，其次是企业和工厂的管理和运营以及管理咨询占比7%，以及公共管理、国防、社会保障占比7%（表1）。

德国国有企业在各行业的分布（2015年）（单位：亿欧元）　　表1

	基金、机构和企业	营业额收入	材料开支合计	人员开支合计	年利润
共计	16206	426898	248232	108970	5989
土地和房屋	1959	27156	12268	2865	312
能源供应	1795	162763	138351	9249	1676
供水	1717	9555	4218	1901	615
废水处理	1410	10281	3436	1825	569
企业和工厂的管理和运营以及管理咨询	1195	8454	6647	2059	-122
公共管理，国防，社会保险	1161	16430	4595	10817	-1157
卫生	877	47101	15327	32727	128

(二) 德国国有市政房地产公司起到压舱石的作用

1. 国有市政房地产公司住房约占租赁性住房10%左右

从数量看,在出租房总量中,德国国有市政房地产公司占比10%,住房合作社占比9%。显然,国有市政房地产公司的出租性住房起到引导以及压舱石的作用(图1)。

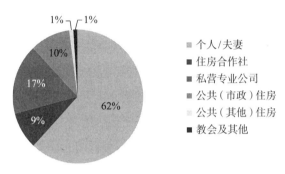

图1　德国租赁性住房所有者构成

譬如柏林市政房地产公司的公共住房虽然在住房存量中仅仅占15%,但是在受到租金限制的出租房却占比27.6%(图2、图3)。

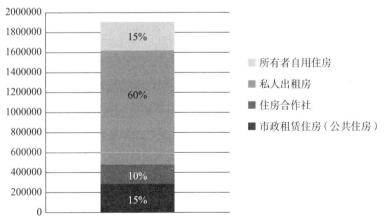

图2　柏林市的住房结构

国有住房(公共住房)在不同城市分布不均。根据德国城市的大小分类,国有住房分布差异较大,集中度高。德国联邦住房-城市和空间

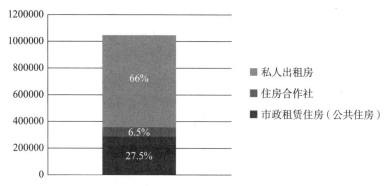

图3　柏林市租金受限的租赁性住房结构

发展研究所（BBSR）每三年进行一次地方政府住房普查数据。其2011年数据显示，72%的地方政府拥有房屋不到100套，25%的地方政府拥有100～500套住房，只有极少数地方政府（3%）拥有大量的住房产权（500套以上），西部德国地方政府拥有房产明显比东部地区多。在调查的339家政府拥有的住房公司中，91.7%是有限责任公司，上市股份公司只占其中的3.3%[①]。

地方政府拥有大于50%的住房产权占多数。2011年的BBSR数据还显示：德国政府直接或者间接拥有大概230万套房屋。德国政府直接拥有的房屋全部所有权的比例并不高，只有3%。绝大多数都是以参与拥有大部分产权的形式控制房产，地方政府拥有大于50%产权的住房大约为141.90万套左右，约占国有住房的89%（表2）。

德国地方政府（市、镇）拥有住房产权情况　　表2

	总套数	所占比例
直接拥有产权	51873	3.3%
地方政府拥有少于50%的产权	124191	7.8%
地方政府拥有大于50%的产权	1419050	89.0%
总计	1595114	100%

数据来源：BBSR-Kommunalbefragung 2015 地方政府普查2015CCSR.

[①] 亚太建设科技信息研究院有限公司.国外住房发展与政策研究（2017—2018年）[M].住房和城乡建设部改革发展司委托课题，2018.

2. 配租结构倾向于中低收入者且租金相对低廉

配租结构倾向于WBS资格人员。根据柏林市六大市政房地产公司的合作协议①：针对2017年7月1日开始建造的新建项目，市政房地产公司原则上有义务将至少50%的新建住宅提供给WBS资格人员。每年在市政房地产公司的库存住房中用于重新出租的住房，有60%是按照当地水平的租金出租给具有WBS资格的家庭。这60%用于重新出租的住房中又有25%出租给具有特别住房需求的资格群体。其中包括专项拨款福利领取人员、无家可归人员、难民、特殊监护人员、学生以及具有类似需求的群体。以此来确保每个家庭的租金负担不高于家庭净收入的30%。在房屋出租时，市政房地产公司将在考虑柏林市民融合以及无差别出租的前提下，负责对享有住房资格的人员实现均衡的社会分配，通过这种形式，对柏林租赁市场的租金价格起到抑制作用。如果收购的住房建筑的净冷租金超过了6.50欧元/平方米·月，那么最高净冷租金6.50欧元/平方米·月中的只有一半租金由享有WBS资格的家庭承担。

新建住房租金控制。柏林市政府为了使得租户的租金支出不超出支出的30%，针对自2017年7月1日开始的新建住房部分，将国有住房（公共住房）租金水平控制在平均10.00欧元/（平方米·月）。市政房地产公司确保，存量房租房合同的金额每年增长不超过2%，进行现代化改造时，确保社会可接受的租金，净冷租金的增长最高不得超过改造费用的6%。为了把租金增长控制在一定范围内，市政房地产公司采取包括建筑构件的标准化和类型化等综合性措施以降低建筑成本。

3. 加强租户法律保障且居住环境良好

租户往往由于拖欠租金而被驱逐，为了改善这种情况，柏林市市政房地产公司拟通过与从事福利事业的独立组织和地区办事处的合作，提前预防有住房需求的租户被驱逐，以避免其被迫搬出而导致失去住房。并在300套住房以上的居民点建立租户咨询委员会或者类似的机构。

为了改善住房供应以及优化住房分配，在柏林市市政房地产公司内部

---

① "经济实惠的租赁.新建住房和社会福利住房供应"——与柏林市政住房公司的合作协议。

以及相互之间创建了用于房屋交换的平台。市政房地产公司将在新建项目中建造足够的商业空间，以确保业态多样化，这也有利于充分发挥商业设施作用，同时有利于稳定城区的社会结构。

(三) 市政房地产公司租金水平明显低于市场租金

1. 租金水平甚至低于成本租金

柏林市Gewobag市政房地产公司租金水平甚至低于成本。一般而言，租金定价有两种模式：一种是租金指数定价；另一种是成本定价。以前Gewobag市政房地产公司曾以成本租金为基础考虑租金，但是现在如果租金仍然以成本为基数，则对于租户而言，价格太高，目前行不通。因为近年来，德国建设成本上涨很快，仅算建设成本，成本租金相对于弱势群体的支付能力来说就已经很高了。根据有关法律法规规定，市政房地产公司拿到政府补贴以及低息贷款修建社会房，建设之前就已经能够把租金定好了。目前Gewobag市政房地产公司收取的租金水平比新建成本低，仅仅为6.5欧元/平方米，难以覆盖成本。政府规定，德国家庭最多只能将收入1/3用于住房，因此政府把房租定在普通居民收入1/3左右，中低收入群体不仅仅住便宜房（公共住房），还可以得到社会局的住房补贴。由于租金相对较低，因此，Gewobag市政房地产公司住房空置率低，2018年住宅空置率不到2%（图4）。

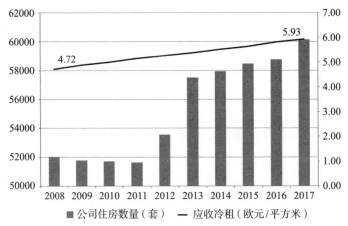

绿色：公司拥有的住房数量　　红色：应收冷租（不含补贴）冷租为不含暖气等租金

图4　柏林市Gewobag市政房地产公司租金调整情况

Gewobag市政房地产公司出租住房租金较低,并非质量差,而是出于履行社会责任的需要。从净收入看,2018年整个公司净利润不超过3000万欧元,可以说带有社会服务的公益性,具有非常浓厚的非盈利性质。尽管该公司经济效益不是很高,但是在社会责任和社会服务方面均有不错的表现,在整个德国乃至欧盟非常有名。截至2018年6月,Gewobag再次由穆迪和标准普尔评为A级信用标准,这在德国很少见。

2. 分类申请公共住房

培训团问道:既然房子不错,租金低,申请者如何排队才能获得住房。Gewobag市政房地产公司负责人告诉我们:一是分类进行申请。现在人等房,而非房等人,等候申请公共住房的队伍越来越长。申请人分为两类:一类是拥有社会局开具的低收入证明的申请者;一类是普通住户。为了防止暗箱操作,故而将两类人群分开。二是注意混合,如果这个居住区已有大量德国国籍住户,一定加入外国住户。此外,如果低收入阶层占比高,一定加入中等收入甚至高收入阶层,这就起到了社会融合的作用。三是排队时间长的申请者优先。如果申请者已经排队三年,一般会往前提;等了四年,更应该优先轮候,这样就会显得相对公平。

(四)服从柏林市住房发展规划要求

1. 增加新房供应以满足供需缺口

2018年柏林市GDP增长率约为2.5%,高于全国平均水平2.2%。经济繁荣带来对住房需求的增加,加剧了供求矛盾。如图5所示,红色、蓝色分别代表柏林市最近十年房租和房价上涨情况,柏林市平均房价从2008年1567欧元/平方米上涨到2017年3706欧元/平方米,而平均房租从5.59欧元/平方米上涨到2017年9.79欧元/平方米,房价几乎翻了两倍,而房租才涨了一倍,但是普通市民收入却没有这么快增长。柏林市住房供应太少,而购买住房进行出租难以从根本上解决供求矛盾,因此新建住宅成为Gewobag市政房地产公司的主要战略(图5)。

Gewobag市政房地产公司准备在未来五年,即到2021年住宅数量增加到6.62万套,到2026年增加到7.46万套,其中包括购买4150套,新建11400套。即新建量占比73%,购买量占比27%。Gewobag市政房地产公

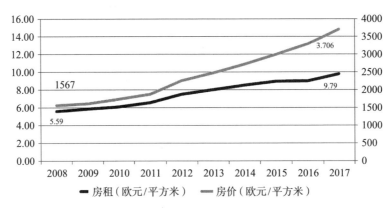

注：柏林的租金和住房价格在过去的几年里，在德国是增长指数最高的城市（红色为市场租金报价，蓝色为购买价格）。

图5 柏林租金和房价上涨情况

司以前供应量较小，一般都是从小的空地建立起来的。未来为了解决柏林供不应求的矛盾，Gewobag市政房地产公司将开发一些大的项目，即开发成片小区。该公司也有托管房源，托管1.2万套，主要是私人和基金会的住房，有少量的盈利，托管目的是看这些房子以后卖不卖，如果卖，Gewobag市政房地产公司才接受委托，接受委托的目的并不以获得租金为目的，而是为了发现新的房源。

住房发展规划中要求柏林房地产市场增加供应，Gewobag市政房地产公司积极响应。2013年Gewobag市政房地产公司住房数量之所以有较大涨幅，原因是作为柏林六个市政房地产公司之一，Gewobag市政房地产公司在2012年签署了"社会住房政策和经济适用房房租联盟"。目标是为城市中处于社会弱势群体的人们开发和维护经济适用房。从柏林市六大市政房地产公司而言，各自制定了住房发展目标，如表3所示。

柏林市六大市政房地产公司住房发展目标（单位：套） 表3

市政公司	2016年	2021年
Degewo	67,001	73,500
GESOBAU	40,731	47,800
Gewobag	58,753	65,300
HOWOGE	58,906	67,700
STADT UND LAND	42,720	50,200

续表

市政公司	2016年	2021年
WBM	29,076	35,500
Berlinovo	20,000	20,000
总计	317,187	360,000

注：Berlinovo为专门建造学生公寓的国有公司。

2. 获得土地渠道多样

当培训团问道：国有企业在与私企竞争拿地建房方面是否具有优势。Gewobag市政房地产公司负责人没有直接回答，但解释共有三类方法拿地建房。第一，在原来住宅用地基础进行加建。柏林土地价格最近十年上涨非常快，在原有住宅加建是成本最省的方式[①]，如图6所示，红色部分均为加建部分；第二，土地性质转化。现在有些非住房用地，价格很便宜，Gewobag市政房地产公司欲和地方政府合作，将转化为住房用地；第三，同私人建房企业合作。相当于组成合资企业，如生产出1000套住房，可以分成：合作方600套，自己得400套。这些合作方多为私人企业，多以盈利为目标（图6）。

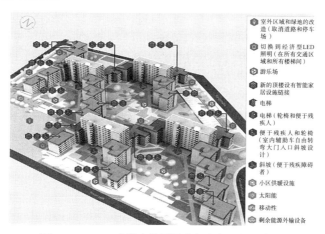

图6　Gewobag房地产公司马琳多夫小区加建情况

---

① 根据德国央行（Bundesbank）的数据，2017年，柏林规划新建的住房单元数量首次下降。新建住宅之外，柏林的开发者也在尝试别的途径增加住房供应。9月5日，柏林参议院公布了一项改造计划，通过"顶层加盖"的方式改造原有的公寓楼，改造的对象是社会主义东德的"遗产"——Plattenbau。

（五）承担较多社会责任

Gewobag市政房地产公司负责人特别强调作为国有企业的社会责任，他根据承担社会责任的大小，把德国房地产企业分为三类：一是私人企业，主要以盈利为目标；二是国有企业，如Gewobag市政房地产公司，公益性质浓厚，而营利性目标较小；三是住房合作社，营利性在其中间。

Gewobag市政房地产公司不仅和柏林市政府交流和合作，与柏林市12个区展开深度的合作，影响比较大。除了为市民提供低租金的住房（租金水平比较低，只有私人公司的一半或者2/3，导致公司净收入低），公司还承担其他的社会责任：譬如为很多社会机构提供活动场所；很多项目具有半公益性甚至完全是公益性项目。

由于国际移民增多，Gewobag市政房地产公司在住宅小区积极促进社会融合。在柏林有一百多个民族，具有不同国家背景，Gewobag市政房地产公司帮助他们互相融合，帮助难民融入社会也是Gewobag市政房地产公司社会责任。目前已经完成两个难民项目，这两个项目已经入住一千多户。

此外，为解决邻里中心的矛盾，Gewobag市政房地产公司不仅建立邻里中心，而且建立了基金会。随着2013年5月基金会的成立，Gewobag承诺促进邻里发展。该基金会促进艺术和文化，该基金会的旗舰项目是URBAN NATION。重点是培养年轻都市艺术家，包括展览、工作坊、设计公共空间、创造社区经验，并为社会参与提供激励。并与柏林KomischeOper等知名文化机构的合作，促进儿童、年轻人与老年人一起体验艺术和文化，以克服国别之间、男女之间、邻里之间的障碍，促进更好的理解和友谊。

此外，Gewobag市政房地产公司还在建筑节能方面做出了突出的表率作用。培训团随后考察了马琳多夫小区，小区有一个能源中心，每栋楼下有供暖设备，比较新式，可以进行能源交换，电能和余热可以利用，同时在外墙上利用风力和太阳能发电。此外，还开发电动汽车和充电柱以促进生态利用。同时，照明也改为了LED节能灯。据称，该小区每年节约的能源相当于从柏林到上海约500个航班往返所耗能源。

（六）小结

考察完毕，笔者深感我国房地产国有企业与德国房地产国有企业在社会责任履行方面存在较大的差距。一是我国房地产国有企业盈利性倾向太强，背后因素太多，如国有资产增值保值要求等；二是我国房地产国有企业履行社会责任不足，履行形式单一其履行社会责任大多数表现为捐款、捐赠等方面，尤其在节能改造、住房保障、弱势群体扶助、住房租赁等诸多方面表现不够理想。

建议：可以进一步发挥我国房地产国有企业在租赁市场中的压舱石作用。一是国有房地产企业可采取多种方式，如新建、配建、改造或者收储（包括采取有效措施盘活闲置公有住房、闲置厂房改性）等多种手段扩大房源，并建议列入国资委国有房地产企业年度考核目标并加以细化。二是鼓励机构尤其是国有房地产开发企业建设自持型租赁住房。国家应进一步细化金融、税收支持政策，如借鉴德国对企业提供长期的低息甚至无息贷款，所得税免税等政策，鼓励企业建设租赁住房并要求其在较长的租期内起到稳定租金的作用。三是建议在国有房地产企业在自己开发的保障性住房（如公共租赁住房）进行物业管理时，应扩大物业管理内涵，拓展物业管理范围，譬如针对弱势群体，采取多种措施实施精准扶贫战略等。

二、勃兰登堡州投资银行对社会性住房的资助

（一）勃兰登堡州地理位置以及其投资银行性质[①]

勃兰登堡州，位于德国东部，紧紧环绕首都柏林，下设4个直辖市、14个县，首府在波茨坦。勃兰登堡地区从1701年起即为普鲁士的一部分，是普鲁士的核心地带。第二次世界大战后，勃兰登堡地区成为苏联占领区。在肢解普鲁士的运动中，勃兰登堡地区在1947年7月成为一个独立

---

① 为了让读者更好地了解勃兰登堡州基本情况，本节第一部分由笔者收集相关资料进行补充。

的州。1949年，勃兰登堡州成为民主德国的一部分。1952年，民主德国推行地方制度改革，勃兰登堡州被分割为科特布斯、奥得河畔法兰克福、波茨坦三个县。1990年，民主德国恢复勃兰登堡州，并在同年10月加入联邦德国。勃兰登堡州和柏林州曾在1995年通过政府间协议试图合并为"柏林勃兰登堡州"，但在1996年5月被两州公民投票否决[①]。

勃兰登堡州在1990年并入联邦德国版图之后，完成了从计划经济向市场经济的转型。在住房制度的转型上，基本与中国房改类似。前民主德国期间，主要由政府统建、统租住房，由国家拨付资金，大都在工业区附近建造住房。转型后，国有住房转为私人所有，现在主要依靠私人投资建造住房，租金反映市场供求关系，房租也随之水涨船高。

在勃兰登堡州2.9万平方公里的广阔地域内，仅仅居住了250.4万左右的人口，属于人数比较少的州（譬如北莱茵州人数高达1700多万人）。高密度的城市空间和由大面积农业和零星居住点构成的周边区域（勃兰登堡州的农业人口占比高达4.5%，高于全德国的农业人口平均占比1.6%[②]），使得柏林和腹地勃兰登堡州之间表现出巨大的经济、结构和地理差别。紧紧关联的两个州实质上形成了以柏林为核心，总面积3万平方公里，人口约600万的都市区整体。由于紧邻柏林，柏林繁荣直接影响到本州。早在1970年，勃兰登堡州人口已经达到265.7万人，但是人口一直在下降，2013年后稳定在245万人左右（很多人搬到柏林市），但是最近几年人口有所增长。勃兰登堡州与柏林市的关系，类似我国河北省和首都北京的关系。如图7所示，绿色部分即为勃兰登堡州。

（二）勃兰登堡州投资银行是地方州政府参与或投资的政策性住房金融机构

德国政策性住房金融主要由两部分构成：一是地方各州政府参与或直接投资设立住房建设促进的政策性金融机构，对中低收入家庭建购房和私

---

① 祝捷，向雪宁，江易，姚聪慧，译.德国州宪全译[M].北京：人民出版社，2017.
② 易鑫，[德]克劳斯·昆兹曼.向德国城市学习——德国在空间发展中的挑战与对策[M].北京：中国建筑工业出版社，2017.

图7　勃兰登堡州在德国中的区位

人投资建造低租金住房（社会性住房）发放优惠利率贷款，相当于每个州的国家开发银行；二是由全国31家住房储蓄银行构成的合同住房储蓄贷款融资服务体系调节，国家通过联邦财政对住房储蓄者实行奖励制度。

勃兰登堡州投资银行属于前者。德国共有16个州，每个州政府均下设一个政策性住房金融机构，其依据是联邦政府颁布的《民房建设资助法案》。这一法案旨在帮助社会贫困家庭获得建购住房融资，该法对全国可以享受政府资助建购住房的对象、住房面积标准、家庭收入标准以及资助资金使用等均做出规定，同时规定允许各州政府根据本州实际情况，制订符合本州的具体执行标准。如北莱茵-韦斯特法伦邦西德意志州银行下的住房建设促进局（WFA）和勃兰登堡州政府投资设立的投资银行，都是根据这一法案设立的地方政策性住房金融机构。虽然各州的政策性住房金融机构设立情况和名称各不相同，但是其政策目标却是一致的，即为社会低收入阶层提供政策性建购房融资[①]。此外，联邦政府还设有联邦复兴银行，

[①] 余南平.欧洲社会模式——以欧洲住房政策和住房市场为视角[M].上海：华东师范大学出版社，2009.

主要为住房改造提供政策性贷款。

勃兰登堡州投资银行（ILB）股东是州政府和北莱茵州银行。投资银行一半股权属于州政府、欧盟①，另一半股权属于北莱茵州银行。为什么北莱茵州银行会持股勃兰登堡州投资银行呢？据介绍，北莱茵州银行也不是普通银行，也是国有州立银行，由于所在地区位于北莱茵州鲁尔区，比较富有。众所周知，鲁尔区矿产资源枯竭后，北莱茵银行除了重工业化改造，还需要开辟新的业务来源，为持股勃兰登堡州投资银行奠定基础。此外，由于东德和西德在合并后，地区差别比较大，因此各州相应结成了对口友好伙伴关系。北莱因州银行属于西部地区，是勃兰登堡州的对口伙伴，措施之一是通过控股勃兰登堡投资银行进行帮扶。

勃兰登堡州投资银行仅仅在勃兰登堡州内开展经营活动，主要原因是德国银行业实施区域分割原则。德国针对投资银行、储蓄银行和合作银行等银行实施强制性"区域原则"，禁止部门内部成员之间相互竞争。因此勃兰登堡投资银行只是在州内开展工作，在德国，每州只有一个投资银行，仅仅为当地政府服务。据介绍，勃兰登堡州投资银行和外国人打交道不多，是地方性银行，一般只和本地人打交道。尽管是政府州立银行，必须遵守所有银行法律法规。在2008年经济危机中，欧盟其他国家出现银行倒闭潮，本国的部分银行也出现一些问题，因此德国银行监管部门对银行系统包括投资银行的监管越来越严格。

勃兰登堡州投资银行具有州政府担保性质。公共银行部门受益于政府担保，包括承担公共任务并进行商业化运作的机构，这种担保机制使得州立银行借款成本低于竞争对手，对于其获得AAA评级和降低融资成本至关重要，并使得投资银行能以更低成本再融资，并有效降低破产风险。如在2008年以前，德国许多州立银行纷纷开展国际投资业务，购买了大量美国次贷资产，但抵御风险能力差，为了避免州立银行的倒闭，各州政府

---

① 具体来源于欧盟，有ERDF（European Regional Development Fund）、ESF（European Social Fund）、ESF（European Agricultural Fund for Rural Development）。

纷纷通过提供担保、核发贷款等手段对州立银行进行救援[①]。此外，投资银行属于非营利性质。据介绍，德国银行分为三类：私立银行、合作银行、投资银行，投资银行不以营利为目标，与之相比，德意志银行是私立银行，追求利益最大化，在全球很多地方都有业务。

德国实行联邦制，各州高度自治，每州投资银行情况不一样，每两年召开一次州立投资银行全国性碰头会。每州遇到问题差不多，但是解决方法不一样，参加碰头会就是为了互相学习，取长补短。

（三）勃兰登堡州投资银行业务范围

勃兰登堡投资银行投资原则是以政府为导向，以熨平勃兰登堡州经济波谷和波峰，以及弥补市场失灵的作用（如对各行业以及弱势群体扶助等）。即如果市场投资热情高，投资银行就会减少投资。如果市场不振，投资银行会增加投资。勃兰登堡州投资银行作为投资银行，既不能吸收存款，也不办业务往来，但是有自己的资产，不仅仅放款，而且通过利率差获得收益的大部分。勃兰登堡投资银行自从1992年成立以来，资本金为40亿欧元，投资超过122个资助项目，投资790亿欧元。

勃兰登堡州投资银行主要在四个方面投资或资助：经济领域（Business）；劳动市场（Employment）；基础设施（Infrastructure）；住房领域（Housing Construction）。具体而言：

第一，支持经济领域。主要资助实体经济，支持中小型企业、创业企业、自由职业者、媒体公司和农业等。勃兰登堡州投资银行帮助创立者、自由职业者和年轻的中小型企业迈出第一步，同时，也资助农业领域。如2018年勃兰登堡州遇到持续高温持续干旱，勃兰登堡州投资银行任务之一是资助农民渡过高温和干旱。

第二，支持就业市场。包括促进年轻人高质量就业、支持劳动力流动、促进社会包容、消除贫困和一切歧视以及促进社会创新。在投资银行帮助下，2018年12月，勃兰登堡州失业率降至5.9%，降至新低。

---

① 金碚，原磊.德国金融危机救援行动的评析及对中国的启示[J].北京：中国工业经济，2009（7）.

第三，基础设施投资。包括基础设施、交通、学校、文化设施、社会设施等。如2018年为了促进教育、青年和体育共批准了5570万欧元，比2017年增加了50%。

第四，支持住房建设和改造。主要从事对公共住房、住房合作社，甚至私人住房建设等贷款。包括加强对高效节能的新建筑项目的支持力度，以及与住房有关的合理现代化措施。但是住房建设量不是很稳定，受到投资环境的影响。

如图8所示，为勃兰登堡州投资银行资助领域的业务发展状况，可以看出，2016年投资银行的投资额达到近四年来最高，为19.79亿欧元，其中，在经济领域的投资最多，从2014年到2017年维持在4~6.3亿欧元之间，而住房领域的投资一般为2~4.4亿欧元之间。由于社会性住房的需求很大，2017年住房领域的投资比2016年有所增加。一般而言，欧盟和德国联邦政府关注的对象是经济领域，而州政府更为关注住房领域，宗旨是不可以赚钱，但是投资效率一定要高。

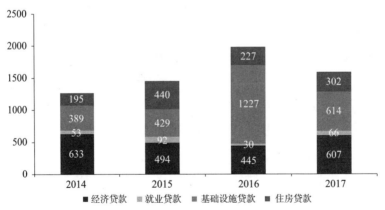

图8　勃兰登堡州投资银行近年来的贷款流向（单位：百万欧元）

勃兰登堡州的政府投资项目，包括联邦政府、欧盟资助项目或者本州政府投资行为都是通过勃兰登堡州投资银行进行的。这在德国非常普遍，每个州都有自己的投资银行，都是通过投资银行落实各种政府投资项目。一个明显的变化是政府的投资项目包括欧盟项目在2012年和2013年有所减缓（图9），后来有所增长。勃兰登堡州投资银行许多自身项目尤其受到欢迎，原因在于形式更加灵活。

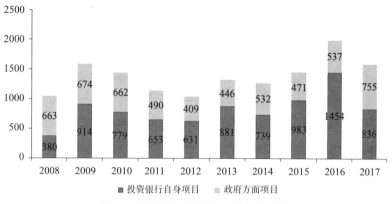

图9 投资银行的项目构成（百万欧元）

（四）勃兰登堡州住房市场发展情况

虽然勃兰登堡州州域面积广阔，但是人数不多，住房供求关系已经基本平衡。勃兰登堡州总共有112.49万套住房，租赁性住房为52.11万套，占比54%，比全国高3个百分点，自住房为60.38万套住房，占比46%，比全国水平低3个百分点（其中很多是祖上遗留下来）。由于历史的影响，勃兰登堡州很多出租房由不同的组织所有，例如住房合作社、住房委员会或者国有市政房地产公司等。目前，在波茨坦共有7个不同住房合作社。据了解，由于存在多主体供给，供应大，整体上看，房租基本稳定（表4）。

勃兰登堡州和德国的住房市场比较				表4
	勃兰登堡州		全德	
	数量	占比	数量	占比
租赁性住房	521100	46%	17300000	43%
自有住房	603800	54%	23200000	57%
总量	1124900		40500000	

但是即使在同一州内，由于人房关系不一样，租金差异也比较大。图12为勃兰登堡州不同区县的租金，最高的租金为7.67欧元/平方米，最低的租金为5.34欧元/平方米，最高租金比最低租金高出44%，平均租金为6.33欧元/平方米。靠近柏林的地区，住房租金会比较高，譬如波茨坦高达7.67欧元/平方米，超过最低价的44%。勃兰登堡州最南部区县住房租金则低得

多(图12)。有的地区租金上涨非常快。暖租金,包括取暖费用等,增长甚至比冷租金更快[①]。如波茨坦由于离柏林比较近,新房价格上涨得非常快。在12年时间,作为勃兰登堡州首府波茨坦房价上涨54%,如图10所示。

图10 勃兰登堡州首府波茨坦地区租金水平上涨情况

图11为勃兰登堡州的租金指数(冷租),以2010年为基点(指数=100),尽管租金指数有所上涨,但是仍然低于消费物价指数,原因在于市政房地产公司住房占比较高。

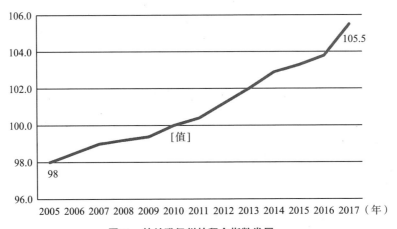

图11 勃兰登堡州的租金指数发展

① 冷租指房客付给房主的房屋租金,即房客使用所租的住房的使用费用。冷租按每平方米租金乘以所租房子的面积计算。每平方米租金参考当地每平方米的租金平均值(Mietpreisspiegel)。租房除了冷租还会有其他费用即杂费(Nebenkosten)产生。杂费(Nebenkosten)主要包括:预支水费、暖气费、垃圾费、房屋保险费、地皮税、公摊的水暖费等。

由于勃兰登堡州挨着柏林，最近人口增长比较快，包括其他欧洲国家居民和德国其他地方居民都愿意在柏林近郊区购房。我们从柏林市中心居住的宾馆到勃兰登堡州拜访，车程不超过半个小时，两者相对较近。红色区域为柏林近郊区，尤其是首府波茨坦在内，房价上涨较快，如图12所示。对勃兰登堡投资银行而言，压力非常大，因为即使在同一州内，有的地方人口增加快，有的地方人口急剧减少，甚至成为空城，因此投资银行对区位选择非常重要，有些地方需要建房，有些地方则需要拆除，如果错误选择贷款地区，会造成严重呆坏账，直接威胁到投资银行的生存。

图12　勃兰登堡州各区的租金水平（欧元/平方米）

（五）勃兰登堡投资银行支持住房建设重点

加大租赁房供应。勃兰登堡州投资银行重点支持资助出租性住房、自用房、残疾者住房建设。要保持社会稳定，提高社会满意度，必须加大出租房建设，也是政治家努力的方向，主要供应给有孩子的家庭、残疾者、老年人等。2006—2010年出租房建设量较少（1到2个房间的公寓），但是排房（3个或者以上房间的公寓）和公寓建设数量较多。从2010年开始，出租房建设得越来越多。据介绍，大家认为在大城市应该加快廉租房建设，政治家似乎总是晚一步，这也许是政治家的共同习惯。对于波茨坦而言，要加大住房的建设。当然，加大住房建设并非容易的事情。要建房，首先要有地，现在勃兰登堡州土地非常有限。德国是联邦制，各州都有自己的宪法，自治性非常强，各州对住房用地有不同的法律法规。如果建房，政府一般会邀请投资商，投资商必须了解当地的法律法规。在德国，建房程序烦琐，即使投资商拿到土地，办理各种程序，需要很长时间。另外，政府要考虑到社会方方面面，不同的地方也有不同标准和要求，如有的地方要求把保温层建得很厚。据了解，勃兰登堡州也犯过一些错误，如政府公共用地曾以高价卖掉。现在发现土地卖掉后不是好方法，还是应该以合适的价格让开发商建设经济适用房（或者廉租房）更好（图13）。

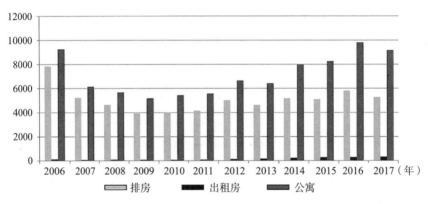

图13 勃兰登堡州历年来资助的不同类型的住房数量（单位：套）

支持社会性住房建设。据介绍，有一种廉租房，也叫社会性住房，勃兰登堡州目前维持在3万套社会性住房左右。政府控制房租，低收入者才能申请入住，各级政府根据申请者的收入，开出证明，获准者才能住这种房子。社会性住房1996年以前数量很多，但是现在越来越少。每年根据补贴和资助情况都会签订一批社会性住房合同，大部分社会性住房租金限制期大多数为10年，也有15年、20年甚至30年。一般而言，过了10年后，社会性住房就会退出保障领域，变成市场住房，所以社会性住房数量大大减少（图14）。勃兰登堡投资银行目标之一要努力让数字保持稳定，当然影响因素比较多。本州情况特殊，有的区县住房需求旺盛，空置率低，而有的区县空置房较多，但是总体来说，还是缺房。

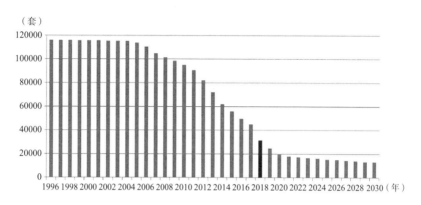

图14 勃兰登堡州的社会性住房保有量以及预测量

强化自用住房支持。州投资银行在住房方面，主要提供建房、旧房改造和购房贷款服务。通常这种贷款仅占建修购房总价的一部分。比如为鼓励私人建造住房，投资银行可提供无息建房贷款，贷款以房屋土地登记抵押做担保。如果项目还有商业性贷款，一般而言，投资银行所发放无息贷款的抵押权置于商业银行商业贷款抵押权之后，以鼓励商业银行参与发放建设贷款。旧房改造贷款包括现代化装修贷款、节能装修贷款等（勃兰登堡州住房绝大多数都是老房子，国家对环境保护和节能，都有硬性要求）。在发放旧房改造贷款方面，除了发放无息改造贷款外，投资银行还为客户争取联邦复兴银行（KFW-Darlehen）的政策性优惠贷款。如果贷款者在还贷期间，把租金提高到超过管制租金水平之上，投资银行将按照市场利率向业主收取利息。对于资助私人家庭买房的政策性贷款，通常是低息贷款，贷款额度一般与家庭收入和建房面积挂钩（表5）。

利用勃兰登堡投资银行（ILB）的自有资金进行住房改造　　表5

勃兰登堡信贷对象	改造措施	优惠措施
节能住房	装修或新建筑特别节能	5%还款补助金
适龄改造	住宅无障碍设施	
生活空间现代化	现代化，提高能源效率	
公寓建设	高效新能源	

（六）勃兰登堡投资银行住房资助策略

坚持因地制宜和资助扩面。根据2001年新住房法规定和2006年德国联邦结构改革的要求，重新分配住房领域职责，由国家一级转交给联邦州一级负责。此后住房领域的首要原则调整为：由联邦政府（基于新的住房法）来调节未来政府资助房屋发展的整体目标；16个德国联邦州负责制定自己的住房政策目标，同时可以选择灵活的资助方式，通过责任的重新分配，在某种程度上可以使负责住房管理的各联邦州的部门和地方政府之间更加密切的合作。同时地方一级也引入了新的住房管理手段。《住房法》第四款（"社区参与"）规定："联邦州应考虑地方政府及其协会在提供社会住房援助时，对于住房政策方面的要求。如果地方政府及其协会在行动方案中解释自己的政策，联邦州应该考虑这些方案及其措施所产生的影响"。此后，许多城市开始制定自己的住房行动。在德国需要大量适应于低收入群体的住房，需要投资和资助，这就是投资银行的重要意义所在，但是即使在首府波茨坦也不会体会和了解到偏远地区的情况。投资银行坚持认为只有当地区县熟悉情况的人使用资金，才能发挥最大效果，因此投资银行会重点参考地方区县的投资建议。此外，高收入者可以买到好房子，低收入者获得社会性住房和补贴，但是夹心层很容易被忽视，在勃兰登堡州也有为数不少的夹心层。简而言之，尽管高收入者和低收入者均易受到关注，但是很多中下等收入者容易被忽视，因此勃兰登堡州投资银行资助的范围得以扩面。

强调专项基金和社会融合。勃兰登堡州投资银行20多年前建立了一个专门住房基金，专款专用，反复循环，封闭运行，不可以挪作他用，比较稳定。如果资金来源于州政府每年财政预算，则易受州财政影响，容易大起大落。而专项基金则不受年度财政收支的影响，具有相当的稳定性。即使州政府财政部长，可以出台政策，但是不能干预住房基金，因此不受州政府管理阶层变动的影响，也是德国少数甚至唯一的住房基金。勃兰登堡州投资银行的贷款每年都会根据自己的盈余形成资金池。基金既有进也有出，既可以资助基础设施、住房建设，也支持住房节能改造，住房现代化，包括加电梯、换窗户等。勃兰登堡低息贷款具有促销优势，固定利率到期时的5%奖励，但是需要满足先决条件（无不良贷款历史）。投资银行无息贷款（低息贷款）附带的条件往往要求社会融合，在一个居住小区必须有高中低收入者，成为混合居住区。德国意识到社会融合有很多教训，如法国巴黎出现许多贫民窟,产生很多问题,现在黄背心事件也是长期矛盾积累的产物,现在正在进行矫正。

(七)勃兰登堡投资银行住房建设优惠措施

1.住房建设优惠措施和限制条件

第一,补贴和无息贷款或低息贷款。补贴的前提条件需要15%～20%自己投资,补贴意味着不需要还钱,如新建社会性住房每平方米补贴350欧元,一栋楼至少有三户社会性住房可以申请无息贷款。建房补贴和无息贷款以前只针对低收入者,但是现在覆盖面扩大,一般中等收入者都可以获得建房补贴。

就新建住房而言,可以获得每平米贷款2500欧元/平方米,同时可以得到350欧元/平方米资助。作为代价,租金限制年限为20年。现代化改造低息贷款则为2150欧元/平方米,租金限制年限为25年;安装电梯,每台可以贷款25万欧元,但是这些低息贷款都是需要偿还的,最低的至少需要每年偿付总贷款额2%,甚至可以贷款50年。作为股东的州政府和北莱茵银行要收取0.5%利率(两者各分一半),再加上1%手续费,共收取1.5%的利率,手续费是一次性收,而0.5%是年年收(表6)。

勃兰登堡州投资银行贷款条件以及年限限制　　表6

	新建	改造	现代化改造	电梯加装
低息贷款	2500欧元/平方米	2150欧元/平方米	1800欧元/平方米	25万欧元/台
年限限制	20	25	20	20
补贴	350欧元/平方米			

第二,比例要求和租金限制。一是比例要求。勃兰登堡州投资银行资助开发商,只要求新建的住房75%是受租金限制的出租房(社会性住房),25%是在租赁市场可以自由租赁的住房。以前100%建成的住房房租都受到限制,现在比例下降为75%,主要目的是为了提高现在投资商的积极性。二是租金限制。根据不同收入以及不同地段收取不同的租金水平。在柏林周围,对低收入者收取5.5欧元/平方米的房租,其他地方为4.9欧元/平方米,向中等收入者在柏林周围收取7.00欧元/平方米的房租,其他地

方则6欧元/平方米，如何界定中等收入和低收入者呢？据介绍，中等收入者为高于低收入者的40%，即为中等收入者（表7）。

受勃兰登堡州投资银行资助的住房租金限制情况　　　表7

类别	柏林周围	远郊区
对低收入者收取的最高租金	5.50欧元/平方米	4.90欧元/平方米
对中等收入者收取的最高租金（中等收入者以低收入者收入上浮40%为准）	7.00欧元/平方米	6.00欧元/平方米

2. 资助范围一般为补助区

2007年，联邦政府专门出台了《鼓励现有建成区开发法》，旨在减少城市外延式的扩张，同时加速在现有建成区一系列的重要项目，特别是简化并加速就业、住房和基础设施等项目的开发，同时也鼓励私人投资者向此类项目投资。州政府可以通过立法的方式对于融资和资金分担等方面的内容进行规定并划定补助区，只有补助区的住房建设和改造才能获得补助和低息贷款。

3. 案例研究

某个开发商要建设23套住房，每户平均为82平方米，总面积为1886平方米。按照规定，如果接受补助和无息贷款，建成的75%住房的租金受限制，也就是说，共有18套住房租金受到限制，其中，提供给低收入者9套，仅仅按照5.5欧元/平方米收取租金；提供给中等收入者也是9套，租金稍微高一些，按照7.00欧元/平方米收取，另外还剩下5套是供应给高收入者，按照市场价格9.5欧元/平方米收取。

按照勃兰登堡州的平均建设成本3099欧元/平方米，需要该开发商投资580多万欧元，开发商自己出资20%，相当于出资116.88万欧元。按照350欧元/平方米的补贴（无须还款），共有1886平方米计算，可以获得66万欧元的补贴。总共可以得到66.01万欧元的补助（这部分无需偿还）。此外，开发商还按照每平米2129欧元/平方米，还可以获得低息贷款401.5万欧元，没有贷款上限，可以贷得更高，因此不用再找私人银行作补充贷款，避免投资商为难，具体如表8所示。

勃兰登堡州投资银行贷款年限一般都是20年。勃兰登堡州投资银行

勃兰登堡投资银行的社会性住房贷款案例　　　　表8

	套数	性质	租金水平
22套住宅 （平均82平方米 共1886平方米）	9套	社会住房 占比75%	5.5欧元/平方米（低收入者）
	9套		7.0欧元/平方米（中等收入者）
	5套	市场住房	9.5欧元/平方米（高收入者）
总投资	3099（建设成本）×1886=584.47万欧		
自有资金	584.47×20%=116.88万欧元		
政府补助	350欧/平方米×1886平方米=66.01万欧元	无偿给的	
政府无息贷款	2129×1886=401.53万欧元	2129欧/平方米	

需要投资商20%的自有资金，但实际上投资商可能拿出30%、40%甚至更多，因为存在银行里的资金可能是负利率（在德国，储蓄存款不仅没有利息，反而要付出利息）。当询问到为什么开发商愿意做投资社会性住房的事情呢，据回答：其一，租金并非一成不变，三年后可以提高租金；其二，房产可以增值。开发商拥有住房产权，可以增值。只要所收租金可以还利率，就可以平衡了。普通市场房，租金也比较低，不超过4.9欧元/平方米。

（八）勃兰登堡投资银行遇到的一些困难以及解决措施

据了解，最近几年，投资银行工作相对困难，因为市场利率非常低，开发商对开发低租房（社会性住房）兴趣不高，不像以前的市场利率高的时候。投资银行贷款虽然是无息，但是住房建成后的75%的住房租金受到限制。如果找私人银行贷款，利息也非常低，原因是欧盟2008年政府和央行采取宽松货币政策，购买上千亿欧元债务，导致市场利率降低。以前当市场利率高达5%~8%，投资银行低息和无息贷款非常受到投资商欢迎，以前投资商拿到贷款后甚至转手就可以获利，勃兰登堡投资银行要在很多方面和投资商交流，要做投资商的思想工作并大大提高资助力度。

据介绍，勃兰登堡州投资银行为了做好工作，除了进行网页推销之外，还要采取其他推销措施，如通过广告、博览会宣传，并与各种投资商，尤其是和有投资意向的投资商交流。另外和很多不同行业协会建立起联系，如和手工业协会、工商协会和建材协会协作，帮助投资商减少建造成本。投资银行采取相应的奖励措施,如投资银行给按时还款的客户出台了(还款期结束时的)5%的奖励政策,即如果投资商贷款100万欧元,期限为20年,如果及时还款,末期将会奖励5万欧元。

(九)政策建议

1.构建完善的政策性住房金融机构体系

德国的公共住房金融体系是包括专业型住房金融机构和非专业性住房金融机构,贷款的创造和投资机构,担保或保证机构的一套完整的住房金融机构体系。这些互相联系的机构能够使得公共住房金融业务完整衔接并且有利于分散风险。我国不仅缺乏负责低息住房消费贷款发放的专门金融机构,而且也缺乏负责政策性住房建设开发的专门金融机构,没有一个完整的住房金融机构体系,严重限制了公共住房金融的发展。

应该建立与我国政策性住房制度相配套的金融支持政策体系,覆盖政策性住房的土地开发、住房建设、消费和运营管理的全过程,形成长期、充足、稳定、低成本的融资机制。完善政策性住房金融机构体系包含以下内涵:一是成立政策性住房金融机构,直接为居民尤其是中低收入群体提供抵押贷款支持,并为政策性住房开发建设提供融资支持。二是建立专门的政策性住房融资模式,以确保住房资金来源与资金运用循环的充足性、连续性和稳定性。三是给予政策性住房金融税收减免和财政补贴优惠等。

2.建立以土地出让净收益为主要来源的保障性住房储备基金

借鉴勃兰登堡州投资银行住房基金经验(新加坡储备金制度经验也类似),为了抑制地方政府卖地冲动,避免在职官员过度透支当地的财政未来,建议可以建立以土地出让收入的一定比例为主要来源的保障性住房储备基金,代管机构可以是人民银行分支机构,规定土地出让收入和土地及实物资产产生的收益的一部分等纳入储备,不能作为当期财政收入进行支配,抑制地方政府卖地冲动,主要用于下一届政府的住房保障等,以确保保障性住房资金来源的稳定性。

3.适当调整中央和地方在保障性住房权责关系

德国社会性住房产生于住房普遍短缺时期,联邦政府主导推动社会性住房建设,安排大量资金补贴。之后,随着国家住房整体状况转好,住房问题地域性特征显现，地方政府特别是市政府逐渐掌握社会性住房发展主导权，联邦政府作用主动弱化。从我国实践看，应因地制宜，突出地方政府住房保障责任和作用。中央政府制定住房保障基本法律制度和金融、土地等支持政策，安排适当补助，实施监督检查，减少甚至不规定保障房建设任务指标和统一的保障方式和标准（如保障房面积标准）等。市县政府结合实际确定住房保障具体目标（含保障对象范围及比例、保障性住房建设数量）、方式、标准，拟订保障计划并组织实施。

4. 保障性住房建设以及贷款应以社会融合为导向

社会融合是西方发达国家住房保障的重要议题。对于我国而言，保障性住房需要集中建设与分散建设相结合，并结合发放租房补贴方式等。分散建设供应保障房，更利于不同人群融合。保障性住房项目规模不宜过大，可以考虑同一项目供应类型多样化，如商品房配建，有利于实现小范围内不同收入人群共同居住。对采取商品房配建保障房、收储社会住房用于保障性对象等促进社会融合为目的的多种保障形式给予更大的贷款优惠。

5. 以优先贷款区引导集约化建设

我国商业银行一般针对优质企业以及不同级别城市优先贷款，并没有对城市某些区域设立优先贷款区。为了防止城市蔓延式发展，提高城市发展的集约度，可以按照区域划分，对于城市核心区域设定优先（优惠）贷款区，鼓励内城改造和老旧小区改造的实施主体可以享受贷款利率优惠。

三、世邦魏理仕德国公司关于德国以及柏林房地产形势分析的调研报告

世邦魏理仕总部位于美国加利福尼亚州洛杉矶，是财富500强和标准普尔500强企业。公司拥有员工超过90000名（不含联营公司），通过全球450多家办事处（不含联营公司）为地产业主、投资者及承租者提供服务。我们拜访了世邦魏理仕驻德总部，当地负责人以德国宏观经济形势着手，以非常专业的态度详细讲解了德国和柏林经济和住房等有关情况。

(一)德国地理、经济以及外来人口状况

1.德国地理状况

德国的城镇空间结构比其他欧洲国家更为均衡,这和历史因素有很大关系。德国在历史上曾长期处于四分五裂的局面,最多的时候在德国土地上散落着300多个大小不等的独立诸侯和1000多个骑士领地。由于这些封建邦国、公爵领地以及其他独立领地的长期存在,德国形成了为数众多,且相对分散的城市中心。直到1871年,才由普鲁士统一全国,并确定柏林作为帝国首都。虽然此后的七十多年间柏林的中心地位得到一定程度的强化,但是由于第二次世界大战后,东西德的分裂,战胜国对德国大型企业的再布局以及国家历来的公平发展理念,德国逐步形成了较其他国家布局更为均衡、职能更为分散的城镇空间结构,例如只有5%的德国人口住在其最大城市柏林,而法国有15%的人口集中在巴黎,希腊首都雅典和爱尔兰首都都柏林更是集中了全国30%的人口。

多年以来,德国一直是欧洲经济的火车头和世界出口大国,但德国没有一个城市能和纽约、伦敦、巴黎一样成为顶级的世界城市,大城市的许多功能被各大都市集聚区所分担,如柏林主要是行政和艺术文化中心,慕尼黑是高科技产业中心,汉堡是媒体中心,法兰克福(莱茵—美茵)是金融、航空中心。在德国南部,除了机械制造,还有生物技术工程。这样的空间组织结构,既能发挥产业集聚效益,又能兼顾公平,较为灵活,能够较大程度稀释经济风险。

2.德国经济状况

德国经济强劲增长,很大程度上受益于和中国贸易往来。近年来,德国国民经济增速基本上和欧盟区持平,维持在1.5%～2.0%。德国经济具有以下特征:一是欧洲最大的经济体。2017年人均GDP收入(以购买力平价美元计)为5.02万美元(同期英国为4.36万美元、日本4.27万美元、瑞士6.13万美元、美国5.95万美元、法国4.36万美元、台湾4.98万美元);二是强劲的经济预期前景;三是充分就业;四是缺乏熟练工人(截至2018年8月缺口为120万人);五是稳定老龄化社会(图15)。

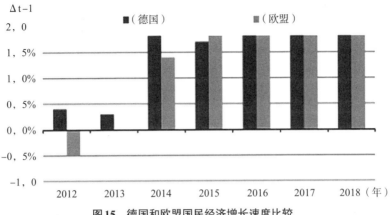

图15 德国和欧盟国民经济增长速度比较

3. 德国外来人口状况

2008年之前,德国出生率非常低,当时有人认为德国经济引擎快熄火了。近五六年以来,德国人口增长很快,几乎增长了10%。如图17所示,浅色是难民,深色是学生、外来工作人口(包括引进的技术移民以及家属)。很显然从2000年开始,常规就业人口不断地增加,但是每年不超过20万人,2001年之后呈现递减趋势,到2008年和2009年甚至出现负增长,但是到2010年又呈现逐渐上涨的趋势,而且呈现出加速趋势(图16)。

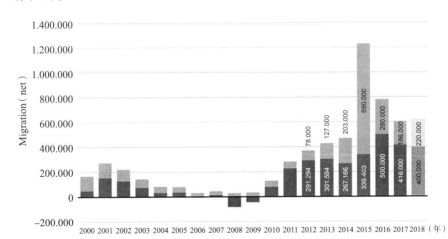

图16 德国近年来移民状况(单位:千人)

2015年德国总理默克尔推行开放型移民政策，导致德国在当年接收了超过89万移民，达到了峰值。2015年后，德国移民数量逐年下降，2016年约28万人向德国政府申请移民庇护，2017年进一步下滑到20万人。移民数量减少的主要原因在于欧盟与土耳其就难民政策达成了协议，规定所有从土耳其偷渡到希腊的所有不具备收容资格的难民，将一律被遣返回土耳其。巴尔干半岛地区边界防线也得到加强，这都加剧了德国移民人数的下滑。移民主要从叙利亚、阿富汗、伊拉克等地而来，30%的难民在德国找到工作，因为德国几乎各行各业缺人（图17），需要劳动力，尤其是工程师、护士、建筑工人需求最为旺盛。移民的增加也增加住房的需求，最低住房需求红线35万套住房（图18）。

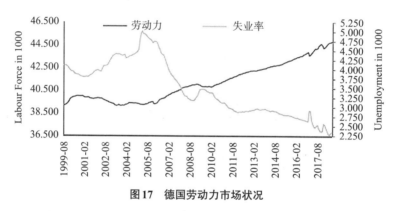

图17 德国劳动力市场状况

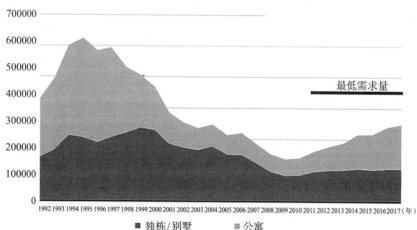

图18 德国近年来各类住房竣工量（单位：套）

(二)德国住房状况以及房价变化情况

1. 德国住房类型

德国国土面积为35.7万平方公里,人口数量2016年为8267万人,2007年60岁以上人口占25.3%。德国现在住房存量约4055万户,近年来人均居住面积约为40平方米,平均每户居住面积为90平方米。德国具有高比例的租赁市场,以满足中低收入者、青年人、单身者、流动人口、暂住人口、移民等需求。2014年德国有47.5%的人口租房住,仅52.5%的人居住在自有住房内,成为租房比例最高的欧盟国家;其次是奥地利、丹麦、英国和法国(欧盟统计局数据显示,2014年欧盟二十八国的所有人口中有近三成,约有29.9%租房住,其余近七成则居住在自己的住房内)(表9)。

欧盟国家的住房自有率比较　　　　　　　　　　　　　　　表9

欧盟国家	住房自有率
克罗地亚、罗马利亚	90%～95%
挪威、波兰、匈牙利、保加利亚	80%～89%
西班牙、意大利、比利时、芬兰	70%～79%
英国、法国、瑞典、荷兰	60%～69%
德国、奥地利、瑞士	42%～55%

全德自有自住住房1729.2万套,占比43%,私人出租1498万套,占比37%,例如医生比较有钱,喜欢买房后用于出租;市政房地产公司住房占全部住房的比例为6%,还有5%的住房合作社住房,一般比较便宜(图19)。

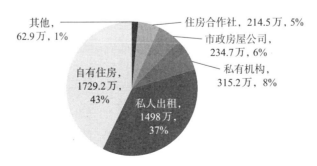

图19　德国住房类型

德国租赁市场已形成多主体供应结构。住房租赁市场中仅有10%为政府出租住房,90%左右为私房(非政府拥有),其中私人出租住房和合作社出租住房分别约占64%和9%,私有租赁机构持有14%(图20)。在德国,一套单户连体住房平均售价为23.5万欧元,相当于一个普通工薪阶层一生全部收入的35%。现在主要的矛盾是人口增加,而建房速度太慢。对德国大一点城市,需要买地整理后,转给做建筑、做规划的公司。

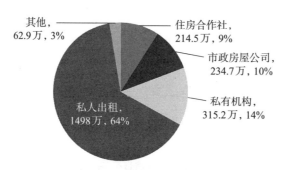

图20 德国租赁市场主体构成

德国15年前出现大量私有住房租赁公司,私有租赁公司住房占全部住房之比为8%,其中有10个是上市公司,其中最大住房租赁公司Vonovia拥有34.5万套住房。主要原因是当时政府出现了经济困难,加上住房供过于求,政府将部分的住房出售给不同的私有公司,私有公司接手后继续用于出租(表10)。

德国租赁公司持有租赁住房数量(2017年) 表10

德国租赁公司	持有租赁住房数量
VONOVIA	345000
Deutsche Wohnen	161000
SAGA GWG	133000
LEG AG	130000
VIVA WEST	122000

2.德国房价租金状况

德国不同城市,新房租金高低各不相同。一般而言,德国租赁住房平均户型面积只有65平方米(德国户型面积只是地毯面积,笔者对负责人介绍德国出租性住房户型之小感到疑惑,特到联邦统计局查询,德国出租性住房户型面积为71平方米,与负责人介绍的差异不大)(表11)。

2014年德国自住和租房家庭的居住情况 表11

区域	自有率(%)	户均住房面积(平方米)			人均住房面积(平方米)		
		自住	出租	总体	自住	出租	总体
西德	48	121	73	96	51	39	46
东德	34	109	64	80	47	36	41
德国	46	119	71	93	50	38	45

数据来源:德国联邦统计局.

慕尼黑每平方米月租1000欧左右(16欧元/平方米×65平方米=1040欧元),仅仅是冷租金,加上暖气、燃气,全部租金(暖租金)一般会高出冷租金20%。从城市来看,2017年位于全国前15名租金水平来看(中位数),只有五位大城市上榜,分别为慕尼黑(第1名)、法兰克福(第3名)、斯图加特(第5名)、汉堡(第11名)、科隆(第15名),上榜其他城市似乎名不见经传,其实大多数是位于巴伐利亚州内的城市(如第2、4、6、7、9、10、14名)。有些小城市也很贵,如大学生城,因为有新兴产业。以近五年的租金上涨幅度看,2012—2017年全国租金上涨前15名,有的甚至涨到40%,大城市只有柏林(上涨31.1%)、莱比锡(上涨30.0%)上榜。莱比锡虽然只有55万居民,但是投资增加很快,宝马、保时捷在莱比锡均生产电动汽车,因此房租也上涨得很快。属于巴伐利亚州的各城市涨幅同样占多数,原因是巴州制造业比较发达(表12)。

2017年各城市(区)租金水平梯次排列(前15名) 表12

	城市/区	中位数租金(欧元/平方米)
1	慕尼黑(Munich)	16.23
2	慕尼黑区(Munich district)	13.45
3	法兰克福(Frankfurt am main)	12.91
4	施塔恩贝格区(Starnberg district)	12.50
5	斯图加特(Stuttgart)	12.02
6	菲斯滕费尔德布鲁克区(Fürstenfeldbruck district)	11.91
7	埃伯斯贝格区(Ebersberg district)	11.52
8	弗赖堡市(Freiburg)	11.43
9	达豪区(Dachau district)	11.37

续表

	城市/区	中位数租金（欧元/平方米）
10	英戈尔施塔特（ingolstadt）	11.22
11	汉堡市（Hamburg）	11.00
12	海德堡（Heldelberg）	10.91
13	美因兹（Mainz）	10.74
14	密斯巴赫区（Miesbach district）	10.71
15	科隆市（Cologne）	10.58

德国在2010年之前房价一直下降，由于收入提高，因此房价收入比降低，法国、意大利在1999—2010年房价上涨得很快。2008年世界经济危机之后，很多国家遭遇经济困难，但是德国很稳定，房价又在上升，和其他国家房价趋势呈现反相关关系，如图21所示。

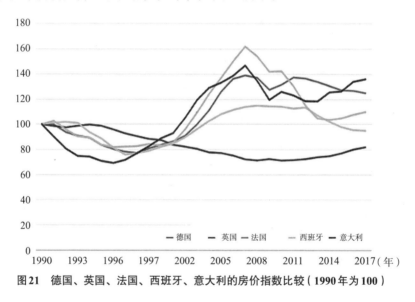

图21 德国、英国、法国、西班牙、意大利的房价指数比较（1990年为100）

私人投资也发生了巨大变化，从2004—2017年私人投资的主体、交易量、供需关系等发生了较大的变化。2004—2005年经济形势好，很多企业购买房子，住房交易量大，随后2006—2007年外国投资也跟进来。2009—2010年世界经济危机时，住房交易数额都比较小。从2012年开始，小企业又慢慢联合成大企业（图22）。2016—2017年由于住房紧张，中小企业甚至购买在建住房（相当于我国的预售）。

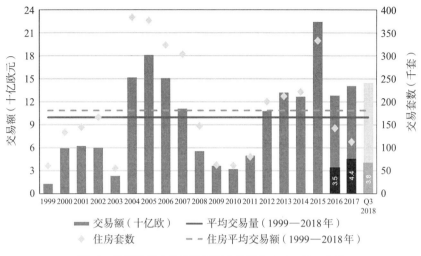

图22 德国住房交易套数以及交易额（1999—2018年）

从住房价值角度看，2005—2019年之间德国住房平均价值上涨在7%左右，如图23所示。2006—2007年是小投资商购买房地产的大好时机，由于当时市场利率低，投资企业只需要动用10%的自有资金，90%找银行贷款。世界经济危机期间（2008年），德国住房价值掉了4%左右，但是之后住房价值增加很快，2015年价值涨到11%，2016年涨到18%（浅色加深色部分）。有的投资商做住房短期投资，12个月就卖掉，利用价值差

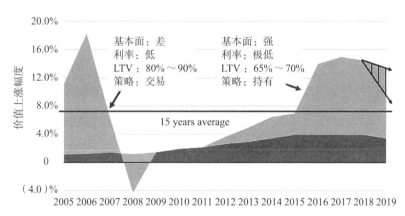

注：此处的住房价值是指公平价格fair value。

图23 德国住房价值平均上涨幅度（2005—2019年）

进行倒腾，完全是投机。最近德国住房价值每年增长2%，主要体现房租带来的价值变化。房地产价值增加的因素有两个：一是房租每年增加（深色），二是价值在增值（浅色）。红线是世邦魏理仕公司的预测，预计从2019年开始，价值增幅会缩小，这与欧盟低利率政策有密切关系。

（三）柏林住房类型以及住房市场变化情况

1. 柏林住房类型

首都柏林面积为891.8平方公里，约347万人，是欧盟区内人口第3大的城市。与中国比较，低于中国第十大城市哈尔滨（500万）。柏林自18世纪初以来，为历代王国及德国首都。第二次世界大战后，整个城市被分割成东柏林及西柏林，西柏林被柏林墙团团围住，成为西德在东德的一块孤地。1990年两德统一，该市重新获得全德首都的地位。由于柏林长期处于分裂特殊状态，除了首都功能之外，几乎没有传统制造业，主要以旅游业，以及新兴产业、网络、设计等为主[①]。柏林拥有丰富节日活动、建筑多样化、颇具吸引力的夜生活，并以聚集崇尚自由生活方式和现代精神的年轻人和艺术家著称。柏林还是欧洲航空与铁路运输交通枢纽，拥有多样化的创新产业、传媒集团，并成为世界诸多重要会议举办地点。柏林主要创新产业包括信息技术、制药、生物科技、光学电子、交通工程和可再生能源等（表13）。

2015年，柏林市业主拥有自有自用住房占比15%，柏林市政房地产公司出租住房为14%，住房合作社住房占比10%，私人出租房占比53%，私有租赁公司住房占比8%（图24）。

---

① 中国社会科学院学部委员朱玲在《德国住房市场中的社会均衡和经济稳定因素》（发表于《经济学动态》2015年第2期）一文中提到两德统一前，柏林工业和服务业落后于西德平均水平，市财政一直得到联邦政府的补助。统一后，柏林虽然因联邦机构迁入而服务业崛起，吸引不少企业落户，但是仍然是一个雇员/工人为主的城市，福利开支大，社会负担重，2015年，柏林市政府欠债700亿元。2013年，柏林游客2600万人，市政府试图学习意大利城市，借助旅馆向旅客征税，但是旅馆经营者担心游客减少，不愿代为征税。

中国和德国各大城市人口数量比较　　　　表13

中国（共13.86亿人）		德国（共8279万人）	
城市	人口（百万）	城市	人口（百万）
上海	23.0	柏林	3.6
北京	20.0	汉堡	1.8
香港	9.0	科隆	1.1
重庆	30.0	慕尼黑	1.5
沈阳	7.0	法兰克福	0.7
天津	6.5	斯图加特	0.6
广州	6.0	杜塞尔多夫	0.6
西安	5.0	多特蒙德	0.6
杭州	5.0	埃森	0.6
哈尔滨	5.0	莱比锡	0.6

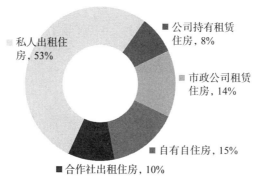

图24　德国柏林住房类型构成（2015年）

2.柏林住房市场变化情况

柏林市住房需求变迁有三个重要历史时期（图25）。第一，1990年德国统一对柏林影响大。第二，1999年决定新首都从波恩搬到柏林。第三，七年前（大概在2013年时）就开始的外来移民潮以及外来的投资需求。由于经济发展和人口增加、空房减少，住房需求量越来越大。德国不像国际化大都市巴黎、伦敦一样，只具有首都和旅游城市功能。全世界十大城市，北京、上海、柏林都在其中，柏林之所以入围，主要原因是柏林有很多新兴产业以及设计师等。德国没有迁厂之说（位于慕尼黑宝马总部不可能迁到柏林来），柏林必须靠自身吸引力来发展经济。另外，柏林相对经济水平比较低,居民收入有限,仅15%居民居住自己的房子,85%的人口是租住在别人的房子里。

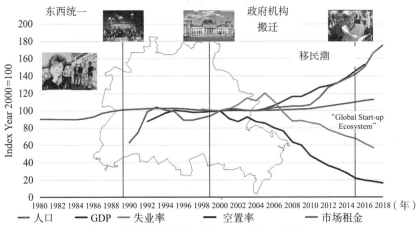

图25 德国柏林住房需求的几个重要变迁节点

柏林市2018年底共有268个项目,43000套在建。和人口增长相比较,似乎太少。不同的颜色代表不同的项目上不同的建设量,红色的建设量相对大一些(图26)。

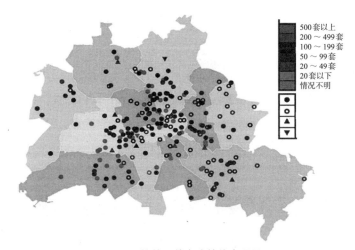

图26 柏林目前在建的住房项目

柏林住房市场已经发生很多变化,5年前新建住房大多数是私有住房,现在新建住房60%供出租,40%是供出售。柏林要求对规模在30～40套以上的项目,必须30%配建廉租房(社会性住房),剩余的70%是个人私房（普通商品房）。60%供出租和30%社会性住房没有矛盾，因为个人购买住房后，可能会出租。柏林有6家市政房地产公司，由政府控制，与私人投资商联合，建成很多的廉价出租房。培训团有人问：柏林市市政房地产公司建成的住房都是用于出租？还是建一些卖一些？负责人回答：这六家市政房地产公司只建出租房。慕尼黑和柏林住房政策完全不一样，慕尼黑建的都是商品房，包括至少30%的限价房，慕尼黑希望大家都能买房，柏林则希望大家租房。特别是老人，也包括很多年轻人，可能觉得经济负担重，会搬出柏林市区而住在郊区。柏林周边交通方便，在地铁、轻轨等附近房价增幅是柏林2~3倍。

当培训团问道，为什么建房数量赶不上住房需求。回答有四点原因：第一，地价涨得太快。比如柏林房租每年增长6%左右，房价增长10%，地价则增加40%。第二，建筑工人非常缺乏，劳动力成本昂贵。第三，建筑成本也在增加（主要原因之一是环保法律法规导致成本提高）。第四，行政效率不高。柏林管理部门行动迟缓，办手续时间需要太长。柏林分12个区，区政府和柏林市政府存在很多矛盾和扯皮，阻碍了建设速度。

（四）政府采取房价租金控制的新措施

德国对于租金和房价上涨采取新措施：第一，对于投资成本每平方米不超过3000欧元的投资项目可以赋予特别折旧：四年内折旧5%（申请时间在2018年9月到2021年1月），并为社会住房补贴50亿欧元。第二，联邦政府降低土地转让税。第三，降低单位现代化改造成本增加额。现代化改造成本可以转嫁到租金上，但允许的涨幅有所降低，要从以前规定11%下降到8%，从绝对额来看，现代化改造所带来租金增幅最高不超过每平方米增加2欧元。尤其是租金每平方米7欧元以下的存量房要避免豪华装修，否则每平方米租金增加额不超过3欧元。第四，租金指导价格表，有效期从两年增加到三年。第五，如果家庭收入达不到7.5万欧元，则买房可以申请儿童补贴，每年每个孩子1200欧元，可以连续给十年，也即每个孩子总共可以从政府领取补贴1.2万欧元。

此外，柏林出台一些特殊的新规定：第一，新建住房需配建30%的廉价出租房（社会性住房）。第二，增加社会环境保护区的数量[①]（可以简单理解为不可涨房租的地区，住房装修改造需经过申请）。第三，政府准备重新回购一批住房。第四，将出租公寓转变为销售公寓，必须事先得到政府批准。第五，在5年时间租金上涨不能超过15%（以前规定是3年租金上涨不超过15%）。关于政府准备重新回购一批住房有一个小故事，柏林市17年以前就把6万套住房卖给投资商（调研时间为2019年），现在想购回，2002年当时以450欧元/平方米卖出，现在购进时需要2500欧元/平方米。现在房价租金上涨得很快，政府要有作为，否则下次没人选。现在房租涨价，大家有意见，政府要掌握房源，起到压舱石的作用。

（五）其他情况

2015年之前，租金指数只有一个作用，仅仅指导存量房房租，从2015年起，租金指数对新建出租房也有一定的指导作用。租金指数在不同的城市各不相同，也是政治家的一种工具，作用是限制房租过高，如果买了房，里面有租户，还得让别人住，"买卖不破租赁"，除非满足自己住等有限条件。柏林市内购买住房后可以让租户住6～8年，而市区以外则随时可赶走租户。但是很多情况例外，譬如租户是一个80岁的老太太，身体差，不愿意走，那只能让她住到去世，即使房东自住也不行，体现出对租户的权益很好的保护。有一个生动案例，一个新业主买了房，想送住在该房中的原租户2万欧元，想让租户搬出，租户都不愿意搬，新业主也毫无办法。德国新房质量比旧房好得多，每两年都会出台新的建筑标准，现在新房都是三层玻璃，无需开暖气，室内气温就能始终保持在20℃以上，当然，新房也会比旧房贵得多。

[①] 伴随《联邦建筑法典》中《城市保护法》内容的修订，第172条第2款的目标是通过设立"社会环境保护区"（Milieuschutzgebiet），维系特定区域内的社会人口结构，在柏林已设立26处社会环境保护区。

第四章 协会类调研

一、柏林-勃兰登堡开发商协会的调研报告

柏林-勃兰登堡开发商协会马里奥·希尔根菲尔德先生（Dipl·Kfm·Mario Hilgenfeld），同时也是柏林住房经济政策负责人，身兼两职，起到政府和企业中间桥梁作用，详细讲解了德国住房政策。由于很多政策具有历史连贯性，他首先介绍德国住房政策的简史，接着介绍了各类住房协会和利益集团，再介绍如何通过政治和法律措施进行市场控制；最后介绍了德国租赁、规划和建筑法以及展望。

（一）德国住房政策简史

随着德国工业化发展，柏林的人口从1841年的80万人，猛增到1932年的420万人。1900年前后，柏林已经短缺200万套住房。当时，贫民窟是非常普遍的现象，卫生条件极差，很多酒窖被当作公寓，大量居民没有自己的住房，借住者占到所有租户的四分之一。很多人找不到房子，都希望住上卫生、健康的房子。

从1890年开始，德国开始了比较完善的住房管理，逐渐积累了比较成熟的经验。此期间尚是德国皇帝执政，皇室开始制定住房建设规划，涵盖防火、排水以及道路建设，包括地铁、轻轨等也都跟上来了，也就是说，住房的配套基础设施逐渐完善。并制定了住宅的最低标准，如要求成套住宅必须具备厨房、窗户、卫生设施、出入口、内部装修等。很多中等收入者，可以自行购买或建设小的公寓或者联排住宅。

在第一次世界大战以前，德国房子相对比较紧张，但是当时已经制定

建房的计划,如1900年左右年度目标是新建住房20万套。但是,仅靠国家和皇室行为是不够的,一些非营利组织也纷纷涌现,如住房合作社、住房协会、公司住房协会、工会住房公司等,逐渐尝试通过集体的力量解决住房问题。当时,柏林市出现第一家住房合作社,迄今为止已经有130多年,因为住房比较紧缺,皇室也开始进行房租限制。

在第二次世界大战之中,住房建设、政策制定完全都由国家控制,当时的纳粹政府认为住房对战争并不重要,毫无住房投资积极性,因此当时以小户型公寓为主,包括较小房间甚至共用浴室。众所周知,第二次世界大战期间德国住房损失达到1/3以上。加上战后很多复员军人以及家属源源不断回国,当时共有1670万个家庭(5080万人),住房缺口高达1000万套以上。当时利用了美国马歇尔计划专项基金进行住房建设,并建立了公共资助的社会住房,同时,对房租进行限制,当时东西德的中低收入者住房需求都非常旺盛,针对中低收入者的住房建设也逐渐开展。

在1949年制定德国《基本法》,经过多轮修改并一直延续至今。根据《基本法》第14条第1款,规定房屋是私有财产受到保护,规定"财产和继承权保证"。当然,保护私人财产不仅包括房屋,还包括森林、企业等。尽管房屋是私有财产,也有附带着社会责任。《基本法》第14条第2款规定"财产也应该为共同利益服务"。社会市场经济本质就是私有财产的社会责任界定,社会市场经济等于"自由市场+政府管制"。1929年世界性经济危机宣告自由市场经济的破产,20世纪30年代兴起纳粹主义以及苏联共产主义,都是一种完全统制经济,这两条道路德国都不愿意走,在当时经济部部长艾哈德领导下,选择了第三条道路——"自由市场+政府管制",即在发挥市场经济的基本调节作用的基础上,对市场失灵进行政府调节。但是两者之间关系很难分清,即使到了现在,柏林也在讨论"这种社会责任究竟到什么程度最好"。

根据《基本法》中第20条第1款规定:"德意志联邦共和国是一个民主社会国家。"尽管社会国家原则在不同时代有所不同,但是最基本含义是国家应该给每个公民特别是低收入群体,提供可支付性住房。最近五年以来,大量的难民涌入德国。根据《基本法》相关条文,德国政府有义务提供相应的住房或者住宿的地方,这既不是日内瓦协议要求,也不是联合国的协议，而是德国《基本法》的要求。

（二）德国住房协会和利益集团

1.柏林-勃兰登堡开发商协会

统一后，东德走上社会市场经济之路，即发挥市场在社会市场经济中的调节作用，市场在调解住房资源方面起到平衡作用。德国既是民主国家也是联邦国家，各州还出台各类法律法规。此外，不同的协会和联合会也起到一定的作用。协会、联合会这些组织完全是非公有的，由私人或感兴趣的成员组成。代表所有成员的利益，和政府进行协商。比如柏林作为一个联邦州，要出台一个建筑法，就会邀请不同的团体，包括开发商协会和租户协会等。

开发商协会势力比较强大。据马里奥·希尔根菲尔德先生介绍，原因在于房地产行业占国民收入的18.6%（2018年），具有非常重要的支柱地位。在德国，房地产行业增加值包括三类：第一是包括建筑工程设计、融资、管理等增加值7060亿欧元，占比2.7%；第二是房地产业和住宅业增加值，29010亿欧元，占比11.1%；第三是建筑业增加值12443亿欧元，占比4.8%。显然，德国统计局定义的房地产业和我国有所区别，德国房地产业包括了建筑业，我国则没有包括（按照我国统计口径计算，德国房地产增加值顶多占国民收入的13.8%）（图1）。

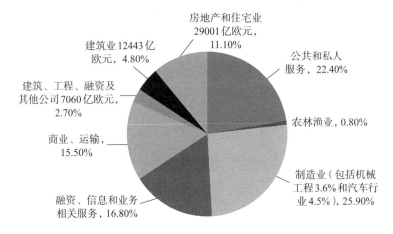

图1　德国房地产业占国民收入的比重（2018年）

根据柏林统计局统计,出租房中58%为私人出租。机构型持有占比为42%,其中包括住房合作社占比12%,私有公司占比12%,政府住房占比18%。马里奥·希尔根菲尔德先生非常骄傲告诉我们:右边整个部分的区域(图2),都是柏林－勃兰登堡开发商协会的成员(协会成员拥有的出租房占比42%)。在国际出租房持有类型上看,私人出租占比要高,一般为85%(如在西班牙、美国),但是德国私人出租占比仅58%。这表明德国住房租赁机构渗透率相对较高(用学术语言说),机构持有率较高。唯一和德国柏林类似的,是奥地利维也纳,私人出租占一半,住宅合作社也占一半。

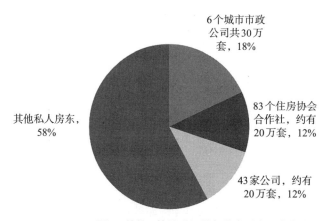

图2　柏林－勃兰登堡州各种类型出租房占比

备注:6个城市市政房地产公司拥有社会住房约有30万套公寓,占比18%;83个住房合作社共有大约20万套住房,占比12%;43家公司20万套住房,占比12%。

柏林－勃兰登堡开发商协会(以下简称BBU)成立时间为1897年,已经具有120年历史,是德国最早的协会,规模也比较大,由350家企业成员组成。协会总部在柏林－勃兰登堡州,协会成员拥有110万套住房,其中在柏林70万套,占柏林出租住房的42%;勃兰登堡协会成员有40万套住房,占勃兰登堡出租住房50%,所有协会共拥有企业职工1.1万人,营业额高达46亿欧元。自从1991年以来已经投资了550亿欧元,90%的住房存量已经完全或部分进行了现代化改造。

BBU具有三个任务,第一是帮助政府制定政策、法律;第二是对房租的控制;第三是检查诸多住房合作社遵纪守法,是否正常运行。此外,还进行了培训和咨询，BBU也有相应的培训老师。马里奥·希尔根菲尔德先生介绍他自己制定政策和法律时，常常和老师们进行交流。该协会每年出版一册住房市场统计的资料，是整个成员开发商真实数据的体现，在德国也是独一无二的。

2.其他协会

由于BBU名下的住房数量占比高，社会影响力大政府决策者制定住房政策时也会参考开发商协会意见。除了柏林-勃兰登堡开发商协会，还有很多不同协会，一个叫德国住房联邦协会（GDW），总部在布鲁塞尔，不同协会，方向亦不同。德国住房联邦协会代表德国最大的行业组织，全国范围内和欧洲一级拥有约3000个成员，管理约600万套住房，超过1300万人居住。

除了房东联合会，还有租户联合会。租户联合会成员已超过300万，大约有1300名全职工作人员和2500名志愿者。此外，除了租户联合会和房东联合会，还有很多联合会，如工商联合会、工程师联合会、基金联合会等都是与住房领域有关系。当然，BBU（开发商协会）相当于房东联合会，常常和房客联合会打交道，类似于我国工商联房地产分会。

（三）通过政治和法律措施进行市场控制

1.实现区域平衡

柏林房地产投资在欧洲甚至世界都具有极强的吸引力，很多企业到柏林建房和买房或自用或出租。柏林-勃兰登堡州也面临着区域不平衡的问题，有些地方正面临人口流失。如何阻止人口继续流失是让政府头疼的事情，目前主要手段是通过修路、完善公共交通等措施，这样周边城市和大城市来往更加方便，很多人就可能会留在当地。根据德国基本法和政府规划，对住房市场进行一定的指导和干预。政府还制定住房发展规划和进行房租管理：一是建房，包括建多少，建哪种房子，政府提出一些强制性要求；二是对房租管理，不让它有太大变化。

总体来说，德国对私人财产的控制力度非常大，部分原因是战争造成的，战争实际上能够部分解决社会问题。因为住房被战争破坏了，新的住房建设必然受到国家的干预，国家可以重建住房经济关系。美国经济学家奥尔森认为承平日久，会形成复杂的利益关系，而战争则是打破以前的利益关系的一种手段。

马里奥·希尔根菲尔德先生认为某些人眼光太窄，如房租上涨速度很快，仅仅看到房租上涨这种现象，忽视了背后复杂的原因，还应该考虑到供求关系等。一个问题不是孤立存在，而是受很多因素的影响，应该用系统观点看待问题。除了租房法律法规，还有建房法律法规，通过减税（如根据孩子的数量规定不同的减税额），使得一般家庭都负担起住房建设。另外柏林-勃兰登堡开发商协会可以对乡镇一级政府提出住房建设的建议，如在一定收入条件下，建议30年无息贷款。

2.对弱势群体的扶助措施

如垃圾清运和道路清扫等费用对房租影响较大，综合下来，每平方米会增加2～3欧元，而市场租金一般为5欧元/平方米，因此可以说对房租也有很大影响，尤其对中低收入者。

对弱势群体一般采取如下扶助措施：第一，低息或无息贷款。收入不高的人，可以给与低息甚至无息贷款，目标是让他们建得起或买得起房。贷款时，根据偿还能力，可以给与相应贷款。除了租赁法，对州一级建房均有资助。第二，住房补贴。对收入不高的人，可以拿到一定的住房补贴，这也是促进住房市场的办法，政府为低收入者补助金，可以报销一部分房租。第三，减免住房使用费。还有领取社会救济，譬如低收入者所需缴纳的水电费、暖气费可以通过社会局或者劳动局报销。因为德国是社会市场经济国家，往往通过采取补贴、减税的办法解决低收入群体支付能力不足的问题。针对不同的人群，也有不同的社会帮助。第四，租金受限。对所有出租房，有一个租赁法，使住宅租金受到限制，而且每年提租的幅度都受到限制。第五，多元化供应模式。多种类型住房提供者，如住房合作社，提供不同房价、不同房型的住房，也就是多元化的住房供应模式。另外，将不合适的住房户型改造成适应家庭人口的行为，会得到政府资助。

柏林也有特殊情况，由于住房需求直线上升，柏林市政府采取不同措施予以缓解。首先，柏林市政府也有一些住房，为了满足居民的住房需求，可以出售给居民，卖给谁，都有具体的规定；其次，资助建房，但是开发商都想建设赚钱多的住房（即商品住房）。要有一定比例用于中低收入的住房，实际上要建设一部分的社会性住房。

3.限制性房租

严格的租客保护措施。房东想提高房租，受到越来越多的限制，各地区也不尽相同，但大幅度提高房租几乎不可能。另外，已经出租的房子，除非自己要用，住房不可能轻易收回，因此对租户保护力度大，对住房使用也有很多限制，不可以用作其他用途。在美国有Bed to bed，即可以单独出租一张床，但是在德国比例不高，申请出租一间房，还必须经过政府批准。如果需要终止合同，房客需要提前三个月通知，就可以退了合同。但是对于房东主动解约则是不容易的事情，需要非常充足的不可改变的理由，如自己需要住，当然不能简单告诉租户自己要住，就把租户赶出去，必须举证且经过政府同意才可以。即使房东买了已有租户在住的房，房东想自己住，也可能不行。这就是法律界所谓"买卖不破租赁"。此外，尤其生病、身体残疾的房客，根本赶不出去，直到房客去世。这就是彻底实现了"房住不炒"。

社区区内住房改造需要严格审批。在柏林将近一半在所谓社会区，社会区就是中低收入者区。房子在该区如果想重新装修改造，一定要申请，限制房东随便改造。有人问道：自己的房子难道都不能改造？回答：可以粉刷，可以改造，如通过加装大阳台、窗户等现代化改造，也可以改善功能，但是不能以提高租金为目的。因为国家有规定，房租受到限制，只能将现代化费用5%加在房租中。柏林市政府划分的社会区覆盖了很大的范围，在该区域范围内，包括即使自用房，也不能随便改造装修以增加房租。否则在这个区内部，租金会越来越高，这就是学术界所言"居住区的绅士化"。

高昂的交易税抑制了住房投机。如果投资者买后想卖出去，至少三年之后才能交易，增值部分几乎全部交税了，因此德国家庭很少拥有两套、三套住房。有人不禁问，德国房地产行业对经济拉动的作用是否很大？菲尔德先生回答道：德国都是围绕制造业为中心，如奔驰等汽车行业，并非以房地产为主。在德国，很多小微企业居然是全世界隐形冠军。在德国政府眼里，房地产行业只是作为福利行业，让其具有社会保障性，这样制造业才能腾飞(笔者不禁联想到,著名的华为公司由于深圳房价高昂而搬到东莞,本质上是高房价高租金对制造业的负面影响)(表1)。

德国柏林住房有关情况　　　　　　　　　　　　　　　　　表1

项目	公有	私有
供需数量/居住水平	住宅存量1916517套; 空置率全国为1.7%;柏林1.2%(2015),逐年下降; 居住水平: 平均每户家庭人口为1.80人; 平均每户居住面积73平方米; 人均居住面积38平方米	
持有税	公法法人依法取得土地,免土地交易税	持有税: 住宅:2.6‰~3.5‰; 商业:3.5‰
交易税		交易税: 购置税:6%(联邦规定3.5%~6.5%); 交易税:3.5%; 交易所得税:持有10年以内且非属于自住者为20%
房价收入比		房价收入比10.38(2018年)

4.房租指数

房租指数具有悠久历史渊源。很少有其他国家根据经济状况、居住状况而制定出房租指数。德国房租指数完全是社会工具,对租金有一定限制,对社会起到均衡的作用。德国房租指数迄今为止已经有一百多年的历史,早在王国时期,就已经制定出德国住房指数,在当时也是全世界唯一一个。从20世纪70年代开始,由于受到房租指数影响,为了提高房租,房东采取的措施是辞退房客,再签合同。现在已经把这个漏洞弥补上来了,以前可以为租金而辞掉房客,现在不能辞。

房租指数由双方协商决定。房租指数也并非仅仅考虑租户的利益,而是考虑到双方利益协调。租金并非一成不变,对于房客来说,需要租金稳定;房主,可以每三年调整一次房租,虽然调整幅度小,但还是可以允许上涨。柏林的房租指数是由三个房东协会和三个房客协会共同协商而成的。当我们问道三个房东协会和三个房客协会是如何协商房租指数。回答是通过统计得来,并取权重而得。首先发出十万调查信,给房东们发一半,给房客们发一半,一般能回收1.5万封调查信左右,然后进行统计,按照不同户型、不同区位进行汇总计算。然后由三个房东协会和三个房客协会协商出不同类型住房租金在一定时间内上涨的幅度。

(四)关于柏林市住房政策的走向和展望

在德国,建筑法非常复杂,差不多有两万条法规,建一个房子需要遵守的法规数量,甚至超过制造汽车需要遵守法规数量的四倍。在建筑法第11条,如果城市中建筑,会写有社会方面的合约。建筑法第86条,可以根据公共利益征收私有财产,譬如建筑高速路,按照正常价格征收。除了建筑法之外,还有规划法、民法典,许多法律也是相辅相成,互相作用。在建房时,建筑商需要全面了解这些法律法规。

马里奥·希尔根菲尔德先生介绍展望和愿景。第一,人口发展导致加装电梯需求日益旺盛。有些住宅没有相应的电梯,今后要加强电梯安装支持力度。第二是房租限制问题。最近私人房租以每年5%的速度提升,涨得太快,今后要防止房租涨得过快,使得中低收入群体能够租得起房。第三,能源消耗和环境保护,也是非常重要的因素。第四,住宅现代化问题以及数量问题,如数据化应用、住房建设量控制,提高供应效率,增加住房供应。第五,社会问题。建房时,要想到未来居民区是有钱人的居住区,还是普通老百姓的居住区,要兼顾社会统一性和多样性,是高档区还是混合区。这已经不是个经济问题,也是社会问题和民生问题。最后是贷款利率潜在上涨的风险。目前而言,贷款利率比较低,德国住房投资都是长期性的,如果未来利率提高,对房地产开发商影响很大。

在提问环节,有人问道:是否可以群租呢?回答:社会性住房不能超过50平方米,有高限,也有底限,要保证每人一间是底限。底限是以间数计算,高限是以50平方米计算。如果租户想改造,打隔断,需要征求房东同意,必须和房东签订合同,并规定当退租时谁负责拆。柏林是单身人士的天堂,小户型需求旺盛,但是现在大户型也有一定的需求。主要原因是由于难民的来临,这些难民往往是土耳其人,家庭人口众多,需要更大的房子。在某种意义上看,德国的住房问题并不严重,平均人均住房面积41平方米,伦敦只有25平方米,只需要挤一下,就可以解决住房问题。

二、关于巴伐利亚房主联合会协调房东租户关系的调研报告

给我们介绍德国房东和租户关系协调的是巴伐利亚房主联合会负责人托马斯·福尔曼，30年前就已经是律师。他既是德国房主联合会的负责人，也是巴伐利亚分会的负责人。主要工作是帮助做自建房和租赁房的咨询工作，包括两项服务，一是法律服务，二是税收以及建筑技术方面的服务。

（一）德国房东租客之间经常发生的六大矛盾

托马斯·福尔曼先生在工作过程中，直接面对房东和租客的诸多矛盾。他认为，现在德国对租户保护是长期的保护，甚至到租户去世为止，但是双方各有自己的利益。租户希望房子越体面越好，租金越低越好；房东希望房租越高越好，租金高了，也有钱改造，但希望投入越少越好。很多双方的矛盾肇始于租户没有履行租赁协议。因此租赁合同做得越详细越好，用以明确各方的责任义务，以防发生矛盾时没有依据。房东和租户之间的矛盾经常围绕以下六大问题：

第一个矛盾是最常见的饲养小动物的问题。德国很多租客养了很多小动物，养猫养狗在德国很普遍，在签订租房合同，应该写清楚。

第二个矛盾是额外费用的问题。即租房以外的费用，如水电费、卫生费。除了交给房东的房租（冷租部分），再加水电费，就是热租。水电费是在租户入住一段时间进行结算，但是首先每月必须预付，多退少补。德国最常见的方式是预先估算水电费，总决算是在年底，前面是估算值。12个月中，每月付的水电费加起来的总额，如果不够预付的水电费的话，那么租户还需补一些。如果天气特别冷，需要暖气费非常高，到年底就会补得多一些，很多租户可能不满意，矛盾就会变得更尖锐。

第三个矛盾是关于房屋是否需要重新粉刷的问题。粉刷是为了保持房子美观，包括刷墙、刷暖气和门窗，在签订合同，已经写清楚，譬如每五年需粉刷一次。也就是说，如果搬离时，应该粉刷得焕然一新。但实际上，租户认为房子挺干净，不需要粉刷，而房主认为居住得久了，应该粉

刷。各自主观上认为是否需要重新粉刷，是矛盾之一。另外，房子部件损失是否属于正常损失也有争议，如门窗坏了，开关坏了等。房东认为是不正常使用导致的，租户认为是正常使用所致，不应该由自己付，各执一词，因此租户搬离时各种矛盾都会显现出来。

第四个矛盾是提高房租。各地都有相应的法律法规和政策，根据当地的租金限制，提高房租应遵循这些法律规定。能够看到，有些地方政府根据住房供应情况而制定房租参考表，每个地方房租高低是有区别的。调研房租有不同的方法，最常用的是房租指数，如果没有房租指数，要有同类住房的租金估算。租金估算在很多城市要请外部非官方的专家或机构对周边的租金进行调查，算出一定值。提高房租要有一定的根据，而且征得房客的同意，必须进行协商，由双方签字，才可以提高房租。一般而言，提高房租，最容易引起矛盾。如果房东提出提高房租，房客不同意，房东只好诉至法庭。

第五个矛盾是解约的时间以及寻找后续租户的问题。对租户而言，一般提前三个月提出解约要求即可。房东提前解约时间要看租户住了多久。如果房东解约，租户居住时间在五年之内，解约时间一般是三个月，如果租户住了八年以上，则需要九个月。特别是租户想搬离，或已经找好住房，解约时间一般不足三个月。如果提前搬出去，租户就需自己找好后续的租户。譬如租户提前一个月找好房子，还有两个月，就不能让房子空着，让后续租户去住。不过，让后续租户住不住，还得让房主说了算，因为签订的住房租赁合同一般是无期限合同，房东不能马虎。如果没有找到合适的后续租户，原租户必须交齐三个月房租。在德国一般租房合同需将押金写清楚，押金一般为三个月的冷租（不包括水电费）。如果要租一个店铺（如餐馆），一般要五个月以上的冷租作为押金。如果租户搬出去后，房东发现住房有损失，租户没有修理，房东就会拿着押金进行修理。房东根据维修难度，估算一定数额，一般会退一两个月冷租押金，再留一个月押金用以修理。

第六个矛盾是减免房租的额度争议。如果住进去发现住房存在一定问题，租户提出减免房租的要求，如果没有一个固定的标准，就会出现很多矛盾。租户如发现有任何瑕疵，有义务通知房东，房东应立即处理，否则，租户无权要求减少租金，也无权要求损害赔偿。相反，因租户未及时报告而造成的住房损坏，租户应负部分责任。房租减免必须是由租户提出来，具体根据房子的缺陷，要求减免房租，从提出缺陷时间开始，计算减免费。如果提出房子有缺陷，无论房子内或外的瑕疵都可以，没有固定的百分数，经过双方研究，需一项一项谈。可以自己提出来，应该减多少。即使在法庭上争论，但是基本还有一个参考标准。可以举几个例子，如果房间潮气比较大，可以减免所有的房租（甚至包括热租），可以一分不付；由于房子在改建，没法住，也可以免除房租；如果住在顶层，屋面漏水，只能减少5%；如果住在四楼，电梯坏了，可以减免10%；门铃坏了，可以减免2%～5%；冬天暖气坏了，减免75%，如果夏天暖气坏了，不用减免，秋天暖气坏了，减免25%，如果暖气有噪声，减免10%；现在每家都有地下室，如果地下室潮湿，可以减免10%；在房间，闻到异味（如邻居是非洲人，做饭有味道），一般不减；邻居被人谋杀，可以减免15%；每一间房发霉，减免80%。德国对霉气非常厌恶，因为霉气引起空气污染问题，如有争议，可请专业机构测量；门窗关不严，冷气进来，冬天减免租金30%，夏天可以减免租金20%；发现蟑螂、蚂蚁，可以减免3%；没有信筒或者坏了，可以减免3%；如果洗澡淋浴坏了，可以减免16%；浴缸不能使用，可以减少20%（表2）。

维修不及时导致房租降低幅度 表2

降低幅度	降低房租原因
100%	通常情况下无法出租的房子
100%	因为修房无法住人
100%	冬天9月到2月暖气完全失效
80%	唯一的厕所无法使用
60%	因为房子内施工，噪声很大
50%	房内所有窗户不密封
50%	雨水严重漏入房间顶墙
50%	房间进水，家具必须移置
50%	地毯潮湿，顶墙漏水
50%	暖气较长时间失效

续表

降低幅度	降低房租原因
30%	室内温度仅仅达到15～18度
25%	因为房子绝热差，热损失25%
25%	10月份暖气失效20天，室外2度
20%	2月份睡房暖气失效
16%	淋浴设备有损无法使用
10%～13%	缺少热水
10%	暖气管噪声
10%	冬天窗户漏风，无法关紧
5%	夏天窗户漏风，无法关紧
3%	因为没有信箱，无法收到信件
0	邻居房传来的一般噪声
0	新建房常有的潮湿现象

资料来源：笔者网络资源整理。

（二）调解人一般能较好调解住房矛盾

在调解过程中，相关利益当事人一般会自愿寻找一个中介人或调解人。中介人或调解人一般学法律或学心理学出身，与双方没有什么利益冲突。调解人要知道问题在什么地方，能解决到什么程度。首先是根据双方的意愿，达到互不吃亏的目的。调解也有简单调解，也有持续时间较久的，可能需要一次或多次的调解。如果对调解结果有一方不满意，就是无效的，只能在法庭解决。大多数调解，都能有效解决问题，因为都是出自双方自愿。双方坐在一起，一起寻找解决的办法，一般对结果都较为满意。与法庭判决相比，调解方式既便宜又快速。收费根据调解人的不同而有所不同，有的律师当作副业，一个小时收费100～300欧元，有的调解人没有官方的执业证书，只是为了帮助别人。最后调解结果由双方签字，通过公证程序，写明争议双方的权利和义务，就有了法律效应。

（三）德国土地性质分类以及规划

德国的用地分为住宅用地、工业用地、工商用地、混合用地、农业用地、林业用地等，市中心一般是住宅用地，大的开发区属于工商用地，也有混合用地。农业用地、林业用地、工业用地可以改为住宅，但是很少有住宅用地改为工业用地。许多城市有混合用地，学校用地一般是混合用地，因为学校周围有住户，如果没有住户，学校用地也可以归为住宅用地。

在德国，大部分土地私有，三级政府包括联邦、州、区县的土地，不超过20%（托马斯·福尔曼先生没能提供具体数据）。大部分土地在私人手中，政府建房政策是如果缺住房，政府尽量会提供土地。若土地是私有的，大多数还是从私人转卖给私人。有人问道："如果土地在私人手中，住房发展规划没有资源，如何保证政府对公民增加供应"。回答：德国建设住房比较复杂，各州自治，各有自己的政策法规，柏林和巴伐利亚各不一样，每个城市和区县都有土地使用规划和城市建设规划。每个城市和区县，都有自己的土地使用规划（例如哪里可以建）和城市建设规划（例如建设多少层），两者结合，就形成了城市住房发展规划（五年建设多少，十年建设多少）。城市有一些自己的公司，柏林有六家、慕尼黑有两家，即可以买房也可以建房。私人有地，可以卖给私人做建设，也可以囤地，以期望地价更高。但是有些城市也有强制性开发要求，即使是私人土地，如果规划要求立即开发，该产权人也不得不进行开发。

具体而言，尽管德国实行土地私有制，但是并不是任何人都能购买土地，土地的开发是受到严格的规划制约。如在德国一个小镇上，镇政府通过调研发现当地人口增长导致住房供不应求时，决定划分出一块土地作为居住用地出售。之后的实际程序如下：首先，购买者需要提出申请，镇政府再开会讨论购买者是否在合理的出售对象范围内，例如这片土地是提供给来到当地工作的年轻家庭的，那么，即便是外来投资或者投机者愿意出更多的价钱也不行。成交之后在购买合同中也会有明确的出售限制：例如购买日起10年之内出售和10年后再出售所征的税相差很大，但是出租或是销售给符合同样条件的年轻家庭例外。其次，有些土地是作为居住用途的，这种土地的售价相对较高，购买者可以在上面盖房子居住。政府在出售居住用地时，往往会规定购买日起三年之内房屋必须建设完毕。不是购买者想何时建，就何时建。而且对于建筑是属于商用还是自用也有明确的规定。另外一些土地则是作为非居住用途的，例如耕种或畜牧用土地。

（四）房东找租客的方式以及中介费收取

房东住房的方式一般有三类：第一，房东直接找租户。第二，房东通过房屋中介介绍寻找租户。反正房东不付费，由中介打广告匹配租户，由租户付费。过去是把房子给中介，中介找租户，由租户缴纳2～3个月冷租作为中介费，但是现在改了，法律保护租户，要求由房东缴纳2～3个月冷租作为中介费。由于现在住房紧张，房东不再愿意把房屋交给中介，而是房东直接寻找租户。第三，找房屋公司。由房屋公司代找租客以及打理房子，由于租赁长期性，房东要和租客见面，决定是否签约，对房屋公司而言则是委托房源。其他的如收租金以及打理房屋，都是房屋公司的事情，房屋管理公司每个月都会把钱打入业主账户。拥有许多房子的业主将住房交给房屋管理公司打理则更为合适，如果房子数量不多，则不合适。管理费一般为年租的3%～3.5%，特别是中介、房屋管理公司更愿意卖房子，买房一方要付3%左右，即房子100万元的话，中介就可以拿中介费3万元，此外，房屋管理公司还可以帮助业主提高房屋售价。

押金一般是三个月的冷租金。这笔钱对于家庭来说也不少，培训团问："有没有租金贷，用于租房"。托马斯·福尔曼先生回答：买房子时，买主可以将住房作为抵押品，租房没有抵押品，如果有工资条，但是银行可以此担保三个月的押金。有人问了一个中国式的问题：商业用房改普通住房是否容易？回答：一般工厂、企业用地属于工业用地，改变住宅性质，首先改土地性质，土地性质变化，需要征求规划建设部门的同意。规划建设部门要考察，看是否能改，如果在市区，则不可以随便改。工业用地比住宅用地便宜，但是一般不会在市区，而是布局在郊区。

房主协会和租户协会都有自己版本的租赁合同，有一定差别，但区别不大。根据法律条文，和哪位租户签订合同，一般由房东决定，双方都得签订租赁协议，租户看到住房有缺陷，可以谈判减免租金，租赁法有很多固定的法律条文，对租户更为有利，签订租赁合同需要遵守相应法律。

(五)其他

社会性住房业主同样有权选择租户。社会性住房由于有政府资助和低息贷款,因此社会性住房租金低,租户是满足一定收入条件的家庭。可能会有不少符合条件的人过来看该房,因此社会性住房房东也有机会选择租户。社会性住房低息贷款期限一般为40年,也有60年的,100年少见,20~40年比较多见,社会性住房投资者需要和银行谈判,还款时间拉得很长。以前市场利率在5%以上时,投资商对投资社会性住房兴趣大,现在市场利率只有1%~2%,严重影响投资商的积极性。

三、慕尼黑房东联合会和柏林租赁者协会的调研报告

(一)慕尼黑房东联合会的调研

慕尼黑是德国巴伐利亚州的首府,我们调研了慕尼黑房东联合会,联合会主席Stras先生,律师出身,对慕尼黑乃至德国的房地产行业状况非常了解,并为我们较为详细介绍了慕尼黑房东联合会的有关情况。

1. 慕尼黑住房行业基本情况

慕尼黑共有75万套住房,人口将近150万人。其中,3/4的住房是私人住房,1/4属于政府、公司、住房合作社等机构。25%为自有自住,75%为租赁住房。除了私人房东,还有很多住房合作社,一些大公司有很多住房,教会有自己的住房,啤酒厂也有职工住房,甚至保险业的公司也有自己的房子。

最近十年,慕尼黑房租增长得很快,政府通过出台了很多政策法律,限制房租上涨。慕尼黑房租高低与住房位置、质量有关,平均为12~15欧元/平方米。同时,也新建了不少豪华住宅,有的每平方米售价高达2万欧元/平方米,如果用于出租,租金一般会达到40欧元/平方米。

2. 房东联合会的作用以及会费缴纳

慕尼黑房东联合会已有140年历史,代表了房东的利益。由于房租上涨,中等收入群体和低收入群体租房压力增大,政治家们对房东租赁权益的限制越来越多,房东需要来自于政策方面的支持,因此,越来越多的房

东成为房东联合会的成员。慕尼黑房东联合会成员3.3万人,全国房东联合会有超过100万成员。慕尼黑房东协会还有一个分支:自住户联合会。慕尼黑也有建筑联合会,但是和房东联合会没什么直接关系。

慕尼黑房东们通过联合会保障自己的利益。但成为联合会成员,是有条件的,如果不是房东,则不能成为会员。会员费的缴纳是根据房东租金收入的高低,最低只需交60欧元,最高需交150欧元,大部分房东年缴费在100~150欧元之间。对于仅仅出租一套房子的房东,年会员费为80欧元左右,拥有一栋楼出租的房东,可能只收150欧元。

在德国,高达3/4的人口是租户,因此政治家态度以及政策都偏向于租户,需要房东联合会不断争取房东权益。具体体现为,在整个德国,法律法规对租户很有利,房东不能随便辞退租户,否则,要提供许多不可推诿的理由:除了自己住,或者直系亲属如孩子要住;租户久久不付房租;人为破坏住房;破坏四邻关系。除了上述四个理由,很难让租户搬离。如果租户正常交房租,没有破坏住房,就无法驱逐租户。房子要卖的话,如果有租户,买者必须连租约一起接受,不能将租户赶出去;另外提高房租也有非常多的限制条件,必须合理合法才能提高少量的房租。

3. 慕尼黑房东联合会提供的服务

目前,慕尼黑房东联合会有22个律师,以及一些会计师和税务师,帮助维护成员利益。如果房东遇到租金争议问题或者在维修过程遇到问题,房东联合会还可以提供包括法律方面、税收方面的咨询。目前,慕尼黑房东联合会22个律师每年要处理超过5万件法律咨询业务。成员缴纳会费后,可以在任何时间咨询,慕尼黑房东联合会具体包括两类工作:第一,对个体的帮助。可以提供法律咨询、税收咨询服务。房东联合会制订很多现成的表格,如很多水电费表格和建筑公司签订的装修改造表格等,在签合同时,房东可以直接拿表格去填即可。第二,政治代表。在巴伐利亚州代表房东利益,影响法律法规政策制定。柏林有全国房东联合会,慕尼黑房东联合会是州一级联合会,各自有其影响范围,全国房东联合会甚至影响到联邦议会法律政策制定。

在德国,如果租户收入的30%~35%足够缴纳欲租住房的房租,就可以证明个人有租金支付能力。在德国,由雇主出具雇员的收入证明,租户要将最近三个月的工资单提供给房东作为证明。房东选择租户时要考虑以下几点：第一，租户要有财务方面的能力，至少收入的30%～35%部分可以交得起房租。第二，租户穿得干干净净，气质不错，很顺眼，房东更愿意选择这种租户。

一旦有好房出租，房东将首先要求获得有意承租者的重要个人信息，包括工作证明、个人征信记录、前房东推荐信等。个人征信记录从德国最主要的征信公司Schufa获取，租户租房子时需要从Schufa开具证明，证明个人没有欠债或者信用良好。同时，房东联合会也会收集资料（由会员提供，谁欠房租不交，都由相应的房东收集信息和证据，提交给房东联合会），汇集成资料库，再把资料直接报送给Schufa公司。如果房东需要租户资料，可以直接到Schufa数据库查找。Schufa全称是：信用权益保护联合会（Schutzgemeinschaft für allgemeine Kreditsicherung），是德国的个人信用记录公司。Schufa公司记录有关个人信用的数据，并能够出示有关个人信用的评分以及个人信用证明。Schufa公司与银行、电信公司、交通公司、保险公司、基金公司、房屋管理公司甚至百货公司合作。但是房东不可能让备选的租户开具无犯罪证明（蹲监狱、小偷小摸等），因为租户是否有犯罪行为在德国是高度保密的。

房东联合会信息公开透明。房子出租后不需要到政府登记或备案，但是法律要求新承租住房的租户必须到政府户口部门登记，政府部门因此可以知道租户新地址。此外，还要求房东到税收部门登记，因为涉及到租金收入纳税问题。

4. 租户获得房源的信息来源及其他

租户绝大部分通过上网获取房源信息，在最大的租房网站，可以看到不同城市、不同地区、不同房子分类。租房网站是私人公司所有，与政府无关，个人出租住房在网站登广告需付费。房东出租住房，可以委托给经纪人，帮助选择租户。除了网络资源之外，传统上还有报纸，因为一些老人还习惯于从报纸获取信息。

（二）柏林租赁者协会的调研

我们还拜访了柏林租赁者协会总部。如果租户会员遇到不合理的事情,可以到租赁者协会寻求服务。

1. 柏林住房基本状况

目前,柏林352万人,每年增加4万人左右,但是柏林54%居民是单身,以一口之家居多。柏林共有190万套住房,其中160万是出租房,占比85%~86%,30万套属于柏林6家比较大的市政房地产公司,但远远不够。由于廉租房太少(社会性住房),政府和六家市政房地产公司协商,相当一部分房源拿出作为廉租房(社会性住房)。柏林人均月平均收入(净收入)仅有1600欧元,在德国算是比较低的水平。柏林租赁者协会曾经计算了一下,柏林高达55%家庭有权享受社会性住房。

由于投资商喜欢建设供出售的住房,不太愿意建设供出租的住房,租赁市场供不应求,房租上涨较快。柏林2014年平均租金水平为8.75欧元/平方米,2017年为10.08欧元/平方米(这里是指冷租,不包括暖气和水费)。市中心租金水平远远高于此数,一般为12~15欧元/平方米。

柏林自从2012年起逐年提高新建出租房建设数量,但是远远不够。2017年新建1.5万套,2018年新建数估计在1.6万套左右住房。柏林每年流入4万人,以单身为主,新建房屋不超过2万套,住房供不应求所以租金不断上涨。因此政府对2014年9月以后新建住房设置提租豁免条件,不受租金限制,以鼓励投资商投资,这样新建出租住房的租金相对会更高一些。

2. 租赁者协会的功能以及会费

柏林租赁者协会会员16万人左右,有八个分支机构,工作人员42人,其中律师23人,并雇用82个临时律师。临时律师按照小时收费,可为成员提供法律咨询,可通过电话或Email等向律师咨询。租赁者协会代表租户,除了法律咨询之外,在制定政策时起到桥梁的作用,如同消费者协会代表着消费者一样。在全德层面有全国租赁者总会,代表租赁者利益并频繁通过网络、电视广播召开发布会。

想成为租赁者协会的会员,至少要持续两年缴纳会员费,每月9欧元,如果租户收入低,则降低到4.5欧元,如果是长期会员,费用还会逐年降低。成为会员的好处在于,由于柏林打官司昂贵,租赁者协会可以帮助租户会员负担法律费用。但参加租赁者协会必须是租户,房东另有组织。

3.提租纠纷法律咨询占比最高

会员向租赁者协会咨询最多的法律问题就是提高房租的问题。租赁者协会法律工作人员每天忙碌的咨询业务大都是房租提高是否合理。

（1）提租的法律限制以及争议解决流程

有关柏林租赁法律对提租有三项限制：第一，每次房租提高后，12个月之内不能再提高；第二，不能超过当地租金指数；第三，在3年之内，提租不能超过15%（全国层面法律有总的房租限制规定，三年不超过20%，各地因地制宜，如柏林三年不超过15%）。在柏林，要是新签约合同，不能高于旧合同平均租金的10%（新租约不能高于旧租约的10%），但也有例外，如果该房子租金已经超过平均水平15%，新人搬进来，还可按照原来高于平均水平15%租金出租，不能因为提租，而与租户解约。这种对租户高度保护的程度，欧盟其他国家很难赶得上。租赁住房时，必须签订租赁合同，同时写明，如果提高租金，必须征得租户同意。提租不是单方面事情，房东要和租户协商。其流程是：首先房东要写一封信，说明提租原因。然后，租户有两个月时间可以到处咨询，到处调查比较，看房东提租的要求是否合理。如果租户不同意提租，难免会诉至法庭。房东会在法庭解释，为什么会提高房租，是否违法。不过，租赁者协会负责人埋怨柏林阻止房租过高的法律，不是太健全，如该负责人认为房东超额提高多少，要罚多少，均不细化。

（2）现代化改造与提租

房东进行旧房现代化改造，租金可以相应提高，里面涉及到非常多的法律问题。经过现代化改造，甚至能将房租提高一倍（尤其是指一些租金很低的旧房子），咨询最多的就是这类法律问题。现代化改造有多种，一是节能性改造，例如装节能窗户或者保温层；二是舒适性改造，如加装阳台或者电梯，均属于现代化改造。按照新法律，经过现代化改造后，房租提高幅度一般是装修成本的8%（过去是11%，现在降低为8%）。经过柏林租赁者协会测算，对现代化改造成本转嫁到租金上，每平米一般会增加2.5欧元，最高达到6欧元。如果是后者，租客不得不搬出去。为了阻止房租过快上升，目前经过柏林租赁者协会与房东联合会协商，规定了上限：现代化改造后每平方米租金上涨最高不得超过3欧元并保证维持6年不变。

4. 其他租赁矛盾问题

（1）解约问题

如果房东需要解除租约，一般提前三个月。租赁时间越长，越需要提前通知。租户已住了八年，至少提前九个月通知。租户解除租约，不用讲原因，只要提前三个月即可。但是房东主动想要解除租赁合同，必须提供足够的原因，作为解除租约的原因至少有四方面：一是自己住或直系亲属住；二是把房子改建；三是租客破坏住房设施；四是持续不付房租。

基于对租户权益的严格保护，德国住房租赁合同非常稳定，换房率仅为5%。大多数换房是由于经济原因，像其他大城市也有许多租户，从市中心换到郊区，房租会便宜一些。

（2）合租问题

年轻人为了省钱，也为了热闹，通常五六个人住在一起，房东和其中一个人签合同，这是第一层租户，自己负责，再租给其他人，必须征得房东的同意。如直系亲属入住，房东必须同意，这是法律规定。租给第二租户，相当于我国的二房东，也要遵循当地法律，虽然允许收取差价，但不能高于当地平均房租的10%。据了解，有人会从事做差价生意，对象往往是比较便宜的老房子。但是房东非常聪明，房东认为如果第一租户加钱转租给别人，但必须和房东分享租金差价。为了保证柏林出租房供应给本地居民，政府不允许把住房作为短租房（一般为一两个月）对游客开放，只能是长期租户。同时，因为短租房代替了酒店的作用，不利于住房租赁市场的稳定并妨碍了酒店业的发展，相应有民间组织监督有哪些住房偷偷转为短租房。

（3）押金问题

法律规定，租户租赁住房必须交押金，但最高不能超过三个月冷租。房东需单独建立一个账户，产生的利息要返还给租户。押金账户必须专户专用，如果住房被破坏，在搬出去时必须恢复原状，如果在合同已经写明退租时要求粉刷，如果租户不粉刷，房东可将押金用于聘请粉刷公司重新粉刷。押金仅仅用作合同约定的事项，房东不能随便动用这笔钱。付房租的方式是，房东给账号（既可以是自己账号，也可是他人账号），每月转租金到账户，或者签订一个表，授权房东，每月从租户的个人账户上划走房租。法律规定每月初前3个工作日付款，与中国提前付3个月租金的现象完全不同。

另外，租赁合同需要界定双方的责任，房东要提供适合的房子，如果有缺陷，房东有责任维修，缺陷更大，租户有权要求减租。当租户弄坏了住房，应该自己维修，否则由房东利用押金进行维修。

租客要遵守法律法规的有关规定，比如夜间不能太吵，养宠物需要经房东同意。

四、柏林NHU邻里协会调研报告

2019年1月的德国寒雨绵绵、北风料峭，我们拜访了Urban街道邻里协会（Community Center Nachbarschaftshaus Urbanstraβe，简称NHU）。这是一家带有公益性质的社会组织，自1955年以来，为邻里提供社会、文化交流场所（图3）。这家邻里中心得知我们来自中国，是来了解德国租赁情况的考察团，就重点而且详细为我们介绍了德国邻里协会在协调租赁关系的作用和地位。介绍人为该邻里协会的负责人，由于他曾经去过中国调研，因此我们都亲切称之为"龙哥"。

图3 德国NHU邻里协会的标志

（一）邻里协会的目标以及资金来源

邻里协会是非营利组织，先交代一下德国非营利组织的背景知识：德国非营利组织的运行费用近三分之二来自政府，远高于世界平均水平；非营利组织的服务收入占不到三分之一，远低于世界平均水平；所得捐赠更少，仅占3.4%，低于世界平均值。但是如果将志愿服务的价值计入非营利收入，捐赠（资金和劳务）占到非营利组织全部收入的三分之一。这表明，志愿服务对德国非营利组织非常重要。1995年，近1700万志愿者服务于德国非营利组织，是全部非营利部门140万雇员的十几倍。德国第三次志愿服务调查显示，2009年14岁以上的德国人中有36%的人参加了志愿服务，志愿者总数达到2300万人[①]。

开始，协会负责人就认为每个邻里协会都不一样，他们的邻里协会和居民关系很好，当然，适度的拔高自己是很有必要的，尤其是针对来自异国的客人。但是在深入了解过程中，才能真正感受该邻里协会对居民负责的赤诚之心。

协会负责人首先从邻里协会的任务说起，认为每个邻里协会每个阶段都有不同的工作。目前最重要的目标是难民的住房问题，即如何帮助难民获得低租房。第二个目标是青少年的工作。包括邻里协会对不同年龄阶段的孩子都有不同的工作要做，包括学校工作、幼儿园工作等。第三个目标是从组织创设之始就有的古老目标，那就是提供场地，供聊天、开会、讨论之用。第四个目标是帮助失业人士找到工作，即由于柏林失业率比较高，该邻里协会主要以帮助长期失业人士为主，以及覆盖管辖范围内的所有失业人员。现在该邻里协会差不多共有120个职工，每年经费500多万欧元，经费主要来源为柏林市政府、联邦政府、欧盟以及各种捐款等。提供资金的各级政府往往派人来或者委托第三方机构审计，每年都会有一次或若干次评估和检查。当然，由于申请资金的邻里协会众多，相关政府部门就开展了评先进活动，于是邻里协会之间也就产生了竞争机制。一般而言，各级政府平时进行检查监督，对各个协会的工作都一目了然，如做了多少工作，效率高不高等。平时做得好的邻里协会，一般申请到的资金会更加充足。

---

① 张网成，黄浩明.德国非营利组织：现状、特点与发展趋势[J].德国研究，2012（2）.

(二)邻里协会的工作机制

据负责人介绍,在柏林,大约6万居民有一个这样的邻里协会。柏林共有360万人口,2018年有40多个邻里协会,这些邻里协会也有很多分支。本邻里协会有两个聚会点,这些聚会点是由老百姓习惯形成的地点。该邻里协会的宗旨是走出去,到不同的地方,到居民家中或在不同地点和不同居民交流,了解居民有什么问题和困难,也可以聊一些文化问题。当然,这些话题也是自己选择的,完全是自由的,负责人介绍自己也去过中国,也了解到中国很多邻居不怎么接触,德国也是这样,很多人互不相识。邻里协会的目标之一是帮助大家相互了解,当然也有很多人希望相互交流说话,可以互相商讨一些问题(图4)。

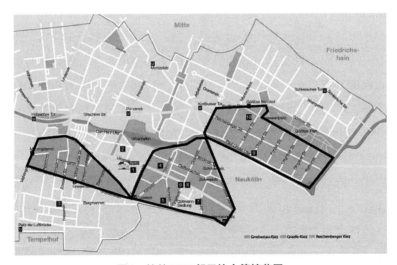

图4 柏林NHU邻里协会管辖范围

加强邻里接触有不同的方法,譬如货物交换,居民不需要的东西,可以换别人的东西。邻里协会组织了多次跳蚤市场,也组织了很多其他的活动。譬如邻里协会介绍犹太人很有名的一个建筑,结果吸引了四五百人,非常热闹。邻里协会的活动要有吸引力,很多人愿意来,才被视为成功的标志(图5、图6)。

邻里协会工作人员经常和居民接触,很容易了解当地居民的具体需求,该邻里协会采取一些实效措施帮助解决问题。例如邀请很多人到"邻

图5 邻里协会工作人员到居民区了解居民需求

图6 邻里协会工作人员介绍犹太人建筑

里之家"（居民聚会的地方），就某个问题进行讨论。如果大家都提出同一要求，那就是共同的需求，就是一个大众的问题。比如最近负责人有一个项目，就是了解到一些居民想和邻居一起种菜，但是不想在自己家的房前屋后的小花园去种，于是该负责人就联系一个协会（花园协会），准备在2020年拿到400平方米的土地，所有居民都可以到那里种菜。

该邻里协会非常重视居民生活状况。工作人员经常和居民聊天，了解了很多情况，既可以在街上偶遇聊天，也可以上门交流。目前，居民普遍反映的主要问题是两极分化问题，尤其是富人对穷人造成的压力，譬如当地居民最大的担心是两三年后可能付不起房租,可能被迫离开这里,弱势群体不断被边缘化。用专业术语来说,也就是"住宅区的绅士化问题"。

(三)协调解决租房问题是邻里协会最重要的工作之一

在柏林,目前(2019年)至少缺少10万套住房,供老年人、低收入者居住。因此住房比较紧张,找房子非常难,甚至会出现一套房子会有上百人同时上门咨询。该邻里协会从7年前开始努力,工作之一是为低收入人群寻找合适的住房。通过互助的方式,居住收入花费占比少,同时可以提升质量。另外负责人最近还有一个项目,帮助新进难民和低收入者实现找到住宅的可能(Living Scouting for Refugees and Other Poverty Affected Groups)。此外,负责人还在邻里之间建立网络,以便互相帮助、联络和支持(Community Work with the Beginning of the Construction of New Settlements)。龙哥认为在中国,许多花园式住宅区物业管理也做类似的工作。

最近住房越来越紧张,有的市民甚至走向街头进行抗议,该负责人笑称"工作人员快变成政治家"了(图7)。作为一个协会,许多工作需要在政府层面进行才会有更大的影响力。因此负责人也准备很多提案,准备报给议会或议员,每个提案要进行详细调研。首要问题就是"居住区的绅士化"问题(Living and staying in the familiar neighborhood is the central

图7　柏林居民抗议房租过快上涨

theme)。简单地说,居住区进来很多富人,出于逐利的需要,社区商店也逐渐经营起了更加高档商品。同时,房价房租也越来越高,如何在这个地区长久居住,是当前最重要议题。一个人离开这居住地,表面简单,实际不简单,包括社会网络的碎片化,紧跟着孩子也离开学校,许多社会网络也随之支离破碎。在十年前(推算为2008年),普通居民1/3的收入用于租金,现在有的甚至高达70%的收入用以支付租金。大多数普通居民的收入支付给房租,生活必需品必然被压制在最低点,被逼向贫穷化和边缘化。

四年前,该负责人就认识五个妇女,她们为了争取合理租金不断在努力。虽然还没有完全成功,但是仍然在努力过程中。她们组成互助组织,以帮助低收入者争取比较便宜的租金,一个方法是让住大房子的老年人搬到较小的住房里。现在在柏林,几乎看不到空置住房,但是本地区有很多老年人,这些老年人也要租房(即老租户),但是年代久远,因此租金也相对较低。随着伴侣的去世,四五间大房子可能只有一两人住。如果动员老年人搬到小房间,大房子甚至别墅可以让给别人,这样有利于容纳更多的人口。老年人之所以愿意搬到小房子,首要原因是老房子没有电梯,如果住到电梯房或者换到一楼,生活更加方便。因此老年人也比较愿意搬到低层的小房子。此外,本社区11%的人口超过65岁,从2013年开始,邻里协会制定了一些帮助老年人的措施,譬如帮老人买东西,帮助去医院包括叫救护车、送接老年人等。

另外,帮助新家庭找房子。现在网络比较发达,柏林相关网络公布房屋出租信息,只要信息刚出来,邻里协会就会帮助新来者,抢先一步,往往到抢到这套住房。此外,还帮助新来者支付住房出租押金。在德国找到合适的出租房,搬进去时需要交押金,根据面积大小,一般在1000～2000欧元不等。邻里协会并非是直接拿出资金垫付,而是通过网络发布信息,可以得到邻居或者相识的人无偿帮助。负责人介绍他们协会不久前就帮助一个家庭找到租赁住房,该租户不仅获得邻人的押金帮助,而且获赠一套厨房用品。另外,提供手续帮助,德国租房需要很多手续,在签订出租合同之时需要租户提供很多证明和填写表格,如果相关证明和表格填写不及时,房子很容易被别人抢到手。协会的一个重要工作就是帮助这些租户获得证明和填写表格。证明和填写表格包括无欠账证明（类似我国银行个人信用记录）；工作证明（看是否有持续收入来源）；财务状况证明（如提供前三个月工资表，看是否有能力支付房租）等。

当我们问道：如果一百多人挑选同一套住房，而房租又是被管制，那么究竟住房是租给谁呢？回答：由房东自己决定，房东一般会看潜在房客的收入状况（不是失业者），故而需要租户提供各种证明和表格，房东和租客见面时也非常重要。房东也需要观察租户的外貌行为和举手投足，凡是西装革履、举止文明者，往往会优先得到该住房，因此和房东见面时，准租户着装和行为举止非常重要。

负责人昨天刚刚看到租金的统计数据，由于房价上涨，房东也想提高租金。因此马上跟律师联系，看租金是否超过法定的范围，以便争取与房东相对有利的谈判地位。邻里工作也是非常烦琐、复杂的工作，甚至帮租户粉刷墙面等，但是如果看到一家人搬进新的房子，以前的烦恼就会一扫而空。德国既有房东组织也有租户组织，邻里协会往往代表租户组织，起到协调作用。

关于租房法律问题的咨询，也是一个突出的问题。邻里协会一般会组织讨论会。另外，邻里协会有自己的律师，可以免费咨询，尤其是租赁方面的律师。不过前期咨询免费，后期如要解决某个具体法律问题，需要另外收费。同时，居住区部分居民本身自己就是专家，有的对租金方面比较熟悉，有的对水电方面比较熟悉，可以自己免费讲座，服务邻里，对这种志愿者的行为，邻里协会可以提供场所。在这个意义上，邻里协会的任务不仅是帮助别人，而且也支持互助行为。

（四）邻里协会都是由志愿者组成

该邻里协会并没有制定统一小区规则，若住在德国，必须了解德国民法第903至904条，处理邻里关系便有了依据。比如，需要建一座汽车库房外加围墙，除了需要足够面积，而且征得规划部门批准外，还要将车库的外墙粉刷一新。如果在施工中，擅自多占地皮，即属违法，邻居可依法上告，也必然受到惩罚。德国的民宅和居民区，在晚上10点至次日早晨7点这段时间内，一般都保持安静。按照德国人的法律和道德习惯，在此期间，一般不会大声喧闹，扬声器音量不会放大，更不会大兴土木，装修房间。如果举办家庭晚宴和聚会活动，则要提前跟邻居打招呼，征得同意，并向当地政府申请登记，等待批准后方可进行。就是在自己院内和花园里顺手焚烧枯树枝叶和垃圾，也在绝对禁止之列。同时，协会有自己的规则，工作人员之间人人平等，不可以骂人，也不可以歧视人。

该邻里协会是由一对夫妇Anne以及Harold Buller于1949年创建，这对夫妇都是社会工作者，创建了该邻里协会，后来将其交给管理委员会后去了瑞士。目前这对夫妇仍然健在，去瑞士也是做同样的事情（图8、图9）。

图8　NHU邻里协会创建时租用的办公楼

图9　NHU邻里协会创建人Anne和Harold Buller夫妇

该邻里协会是志愿协会组织，也收会员费，不过非常低，缺资金时也会去找很多财源，包括从州政府、联邦政府等申请资助。协会完全独立于政府，纯粹是非营利组织性质。成员有50多个，一年会员费只需要45欧元。原因有两点：一是每个人都能支付得起；二是成为会员，就是得到公众的认可。譬如有一个会员之所以要交会费的原因是其父母是该居住区的幼儿园毕业的，自己的孩子也在幼儿园，交会员费就是对邻里协会工作的认可。此外，相关的资助和捐赠也不少。我们问道：做会员有啥好处。负责人回答：一点好处都没有，为帮助别人，要有奉献精神。会员既有全职也有兼职，全职有全职的好处，兼职也有兼职的好处，后者可以根据自己的时间来调整。对比中国而言，我国的志愿性组织（非营利组织）还是太少了，个人为社会工作的机会太少。

据介绍，在德国有一个邻里协会总会，在柏林也有一个邻里协会总会，但是两者之间也不是上下级的关系，如同我国的房地产业协会一样，中国房地产业协会和湖北房地产业协会也不是上下级关系。负责人所在的邻里协会可以参加市总会，也可以直接参加联邦德国总会，当然也可以不参加。当我们问道：如果居民对邻里协会的工作不满意的话，有什么措施保护自己的利益？负责人答：不满意的话，离开它就好了。

邻里协会在某种意义上是一种政治组织，可以灵活向上反映他们的诉求。第一条途径是去政府或议员反映问题，他们一定会重视。据负责人介绍，柏林最近有个邻里协会关闭了，原因是居民对其工作不满意。还有另一条途径是邀请议员座谈。由于议员是民选的，负责人常常邀请议员们前来和当地居民讨论，议员会把这些建议直接反映到议会。负责人也常常代表居民，参与到柏林的决策，如果柏林议会要讨论相关问题，负责人就会提供邻里协会的建议以及基层群众的情况，以供制定法律时参考。

（五）一点感受

来德国调研目的之一就是了解德国精神、风土人情，以及了解细节。尤其是遇到同样的问题，德国人持有的态度，这是冷冰冷的资料难以呈现的。本报告并不是为了提供详细的数据，而通过负责人讲故事的形式让我们深入了解德国人是如何进行管理，是深入体会德国人与人之间关系的过程。当然在德国考察过程中，从一件件琐碎的小事随时都可以窥视德国人的生活态度，譬如阚主任和她的德国丈夫的琐事（阚主任为中介公司代表，帮助我们联系德国住房管理部门的联络人），——凸显出德国和中国风俗文化的不同：阚主任看到家里冰箱里的面包没有了，就埋怨自己的德国丈夫没去买，但是丈夫一脸无辜，说没有交代他去干，于是阚主任每周都把从周一到周日需要购买的食品列出清单，德国丈夫一一照办，分毫不差，这就显示出德国人办事认真以及照章办事的特点。

德国人比较富有奉献精神。我们调研的邻里协会，这里的协会都是志愿性组织，以奉献为光荣，不仅是创办者（如大楼是租来的，创始人Anne and HarroldBuller创办该组织），就连管理人员也都具有强烈的奉献精神，也很有人文精神，对弱势群体悉心关心和爱护，赢得了当地居民的支持，也起到了政府和居民之间的缓冲垫的作用。

正是由于这种照章办事的特点以及非营利组织的奉献精神极大缓解了社会矛盾，包括缓解住房供求矛盾，使得社会更加稳定，更加和谐。在这个方面，我们还得好好认真地向德国学习。

第五章 城市更新类调研

一、柏林早期马蹄铁居住区考察报告

给我们介绍柏林马蹄铁居住区情况的是建筑工程师JanaKiee女士。她主要专业是建筑史，毕业于柏林工业大学，有自己的公司专门从事对外德国历史建筑宣传工作。

（一）柏林马蹄铁居住区建造的时代背景

1840年到1871年德国统一是城市化的发展。在工业革命浪潮推动下，农村人口不断流向城市，为城镇工业和服务行业提供了源源不断的劳动力。城镇人口在全国人口比重到1871年上升到36.1%。1871年到1914年是德国城镇化繁荣和迅速发展时期。1871年德意志帝国成立，货币、税收、度量衡、商业、交通管理等统一，更加促进工业革命发展。人口快速向城镇聚集，城镇化水平迅速提高。1880年，德国城镇人口的比例增加到41.4%；1890年，城镇化水平达到54.4%；在第一次世界大战之前的1910年，城镇化水平达到60%。1万人以上的城市从1871年的8个增加到1910年的48个，其所占总人口的比重从4.8%上升到21.3%，德国基本实现了初步城镇化[①]。很多城市在短短几十年间就发展成人口几十万甚至数百万的大城市。比如柏林，1786年只有14.7万人口，1840年达到32.9万，1871年发展到93.2万，到1910年时已经突破370万。人口猛增带来的首要影响就是柏林地理范围的快速扩张。在这一过程中，柏林从一个历史城镇发展成为大都

---

① 张欣炜.德国城镇空间分布结果特征及对我国的启示[J].上海城市规划，2013（3）.

市中心，与之相伴随的是社会阶层的极度分化，贫富差距相当严重。

一是工人住房问题严重。工人阶级临街筒子楼面积狭小、设施缺乏。这一时期德国城市住房也分为不同阶级。柏林中产阶级才可能有两个房间以上的小屋，大部分工人只有一个居室。1895年慕尼黑工商业自雇人员住在无厨房的一个房间，比重则高达66.5%。二是社会空间分裂广泛。柏林市中心和西部郊区是富人居住区，以独立住房为主，北、东和南部郊区是穷人居住区，以筒子楼为主，普遍存在楼梯狭窄、后院黑暗、光线暗弱。三是居住不稳定。房租持续上涨增加家庭开支，抑制了其他必要生活消费，又进一步恶化居住状况。1880年柏林15.3%的住房有隔夜房客，7.1%有长期房客，1893年鲁尔区约1/4的矿工是隔夜房客。四是住房卫生问题严重。由于居住区人口密集，出现了霍乱等公共卫生危机，其中工人更易受到伤害[1]。

从当时的住区规划设计看，市中心人口密度很大，以前会建成棋盘式，沿着街有一个外壳。中间再建一些小院子，甚至三代同堂。当时房价比较高，一般居民买不起，工人收入也十分低下，甚至在自己房中出租一张床来提高收入。上班时正好遇到同事倒班也可以住，也可以说是"早期共享住房"。当时内城地区租赁公寓的居住条件极其恶劣，不仅外表灰暗、呆板，通风和采光条件也非常差，内部狭小的天井甚至被看作"肺结核"的同义词，被人们贬为"租房兵营"。取暖也比较差，又冷又湿，对健康不利。许多建筑师把特别紧凑的建筑称为"反人类建筑"，希望在新居住区的设计中避免这些问题（图1）。

从开发方式来看，当时主要是通过私人开发商提供住房。占城市人口一半的工人阶层由于经济上的弱势地位，根本没有条件获得合适的住房。1905年柏林的工人阶级住宅区内部共有居民1088269人（超过全市人口的一半），每个配备供暖设施的房间（不超过10平米）里面的居住人数从3人到13人不等[2]（图2）。

---

[1] 邓宁华.德国城市住房问题和政策干预的演进[J].北京航空航天大学学报，2015（1）.

[2] 曾秋韵，易鑫.安得广厦千万间：德国早期大型居住区[J].人类居住，2016（1）.

图1 柏林20世纪初棋盘式住户布局

图2 20世纪初柏林内城的租屋公寓

（二）柏林马蹄铁居住区的历史地位

在19世纪，欧洲流行自由放任城市开发政策，国家的不作为造成城市发展严重忽视社会问题，引起了当时社会各界的普遍反思。除了关注居住问题本身以外，城市的快速扩张也促使政府和专家开始着手在区域尺度上解决整个城市的发展方向与结构问题。当时采用的主要策略是在依靠历史古城、塑造城市中心吸引力的同时，发展适合不同阶层的紧凑居住街区,并通过城市环路把这些街区相互连接起来,而在城郊的边缘地带,则开发相互隔离且各自拥有较大扩展空间的工人居住区和供富有市民使用的花园社区。

第一次世界大战结束后,德国经济严重萧条,失业现象非常严重。依靠公共补贴在郊区开发新的居住区既是人们长期探索的结果,也是缓解当时社会矛盾的重要手段,因此出现了很多非营利性的住宅合作社。1920年,地方联合会开始一起建设中低收入的自住房,已经在城边发展。1920年以前,马蹄铁居住区尚是一片农村,柏林还没有得以发展。后来地方联合会也慢慢强大起来,给成员解决住房问题,这既是穷人帮助穷人之举,也是住房合作社的前身。以前,建筑师和环境规划师关注的重点是王宫建设以及中上层阶级住宅建设,而当时则把重点转移到"如何为广大民众"提供普通住宅。

在此背景下,诞生了"新住宅"构想,这是20世纪许多欧洲国家为了有效解决城市贫富不均问题,而规划的新建筑风格,也是政府解决中低收入者和劳工住房问题所采取的配套措施。为了解决住房问题,当时德国建筑设计师们决定在非城市中区域规划了六处可供低收入群体的居住的住宅区,分别为:方肯伯格花园城市、席勒公园住宅区、胡斐森群落(即马蹄铁社区)、卡尔·勒基恩居住区、白色之城和西门子大型住区。除了席勒公园住宅区位在柏林市中心外,其他建筑所在位置都散在柏林市附近的郊区,居住者可以通过交通路线,前往柏林城市中心(图3)。

这六处住宅区采用了不同以往德国传统风格的建筑设计,而且建筑物在同一处,因此被称为"现代建筑群落",主要设计者是建筑师布鲁诺·陶特(Bruno Taut,1880—1938年)、奥园·鲁道夫·萨佛斯伯格(Otto Rudolf Salvisberg,1882—1940年)、沙仑(Hans Scharoun,1882—1940年)和马丁·瓦格纳(Martin Wagner,1885—1957年)。这些区域的共同特色是建筑师采用公寓大楼设计,不同于以往德国南方独栋建筑,以及德国北部富有人家的楼中楼设计。这批在20世纪20年代建造的建筑作品特色是外表装饰不多、多楼层、楼房结构平整而且明亮。2008年,这六个居住区一起,以"柏林现代主义居住区"的共同称号列入了联合国教科文组织(UNESCO)的世界文化遗产名录。

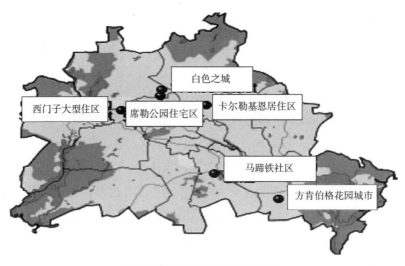

图3 柏林现代建筑群落位置图

如上所述,从前的私人建造方式不能满足需求,因此当时出现了很多非商业性的住宅合作建造组织,如马蹄铁居住区就是当时的典型建筑。Bruno·Taut(布鲁诺·陶特先生)于1924—1931年担任马蹄铁居住区的主要负责建筑师和规划师。并规划设计了相当于一个小城市(类似如今北京的"天通苑",有共同的绿地等)。但是大规模建设比较难,经济不合算。陶特先生认为如此大规模建设不现实,不如首先建筑一个小区。如图4所示画红线的部分,即为已经建成的马蹄铁小区。整个项目从1925年持续

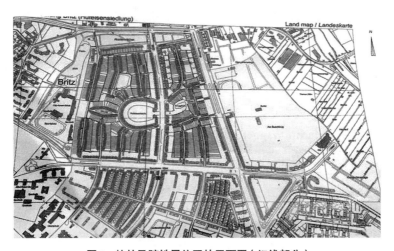

图4 柏林马蹄铁居住区的平面图(红线部分)

到1933年，历经7个建造阶段。

（三）柏林马蹄铁居住区适合人性设计理念

位于柏林东南部的胡斐然核心区建筑的布局从空中看上去像马蹄铁而得名。它是早期居住区建筑的典范，也是无数建筑史著作的重要研究对象。胡斐然群落建筑基本结构和其他建筑群落的设计类似，建筑采用长柱型设计，但是整体建筑却呈现出半圆形的样貌，被许多学者们和建筑界认为如马蹄铁，因此又称为"马蹄铁形居住区"。这项设计富有创意，不仅融合了以往德国的绿地规划，也在设计建筑上有所突破。这项设计向世人宣称，即使是私人建筑也可以像宫廷建筑一样宏伟。中央的绿地规划则为公园，居住者在享有私人居住空间的同时，也能够拥有广大的公共空间使用权，比较像我国的土楼（图5、图6）。

图5　早期的马蹄铁居住区

在陶特的设计哲学中，他希望建筑群形成新的城市空间类型，能够帮助重塑居民的社区意识。居住区中最重要的公共空间是位于总长350米的马蹄铁形的住宅群内部，绿地中央是一个冰河时期遗留下来的沼泽。马蹄形的开口位于主要街道的一侧，正对着一个入口广场，这也是社区公共服务设施所在，马蹄形的西侧正对着另一个有趣的公共空间——菱形广场，它的空间结构类似于Angerdorf（较常见于德国东部或者东中部地区的一种

图6 马蹄铁居住区的鸟瞰

特别的村庄构成形式,即围绕一个菱形的村庄公共空间形成的结构,中间公共空间可以为水池、教堂或者铁匠作坊)。穿过菱形广场再往西则是学校的前广场,这三者构成了丰富的空间序列。

马蹄铁型建筑群的外侧是体量较小的呈发散型的排布的带花园联排别墅,最外围沿城市道路的是围合性较强的多层公寓楼。通过这几种建筑类型的组合,建筑师巧妙地把城市建筑群特征和郊区花园建筑群的特质结合在一起,塑造出十分活泼灵动的公共空间(图7、图8)。

图7 马蹄铁居住区的公共空间

图8 马蹄铁居住区的内院

(四)马蹄铁居住区设计渗透了花园城市理念

建筑师布鲁诺·陶特(BrunoTaut)还吸收当年最流行的花园城市的概念[①]。当时的理念是不能密度太大的建筑,必须给居民一定的绿色空间。众所周知,花园城市缘起于英国霍华德的花园城市理论,远离城市的喧嚣。在城市外围建设小型建筑区,更接近田园生活,在别墅或公寓前后都有绿植。马蹄铁居住区还吸收了柏林城区建筑特征,建筑多层公寓,公寓前有休闲的绿地,绿植都是本地的植物,但是建筑群落不同,绿植配置各不相同(图9)。

(五)马蹄铁居住区更新务求原汁原味

马蹄铁居住区建筑外墙以白色、红色、蓝色为主,整体建筑外观整洁明亮,让人难以感受到是供低收入者居住的空间。在室内设计上,将阳台空出,使得每户人家拥有更多的居住空间。此外,设计者秉持着"须让居住者在居住的同时,享有接触阳光、空气和光线"的原则,在每个居住空间都设立厨房和洗手间,让居住者拥有舒心的私人空间(图10)。

[①] 戎安.纪念德国著名建筑师布鲁诺·陶特:通过了解他的生平去回顾一段历史[J].建筑创作,2007(11).

图9 马蹄铁居住区的不同的绿植

马蹄铁居住区屋顶最高层小窗户的顶层，作为公用空间供住户们晾衣服使用。由于柏林冬天湿冷，窗户均为双层。这些建筑被列为联合国自然遗产，内部可以进行现代化改造和装修，但是外面的颜色、窗户、大门形制均受到保护，不得改变。如窗户仍然保留着一块块方格式的玻璃，里面则是现代化的大块的断桥铝玻璃，从外部上看不出内部已经进行了现代化改造（图11）。

从建筑结构看，一般均为三层建筑，顶层有小窗户，则是晾衣服或

图10 马蹄铁居住区外墙色彩

者临时仓库。低租房的户型都差不多。图12为典型户型图，每个房间平均65平方米左右，为两间半房间，也就是我们常称为"两室一厅"。为何叫做"两间半"房间呢，原因在于有一个小房间，用途主要为小卧室，刚好并列搁下两张小床，为两个孩子准备，由于面积比较小，因此称为"半间"。整个户型南北通透，以便多接受阳光，这也是回避了当时柏林市区建筑的弊端，解决了当时采光、通风问题。生活也比较方便，如小超市、面包房布置在前后。

图11 马蹄铁居住区门窗

为了减低建造成本,在这个居住区中,超过1000个居住单元被标准化四种平面类型。但并没有影响建筑的品质,建筑师运用了最经济有效的方式——即通过丰富的色彩和材质赋予了居住区独特的身份感和艺术价值。陶特因此被人们尊称为"色彩大师"。如图13所示,这两套住房户型设计完全一样,只是通过不同的色彩区分,深棕色和深黄色的住房各代表一户人家。

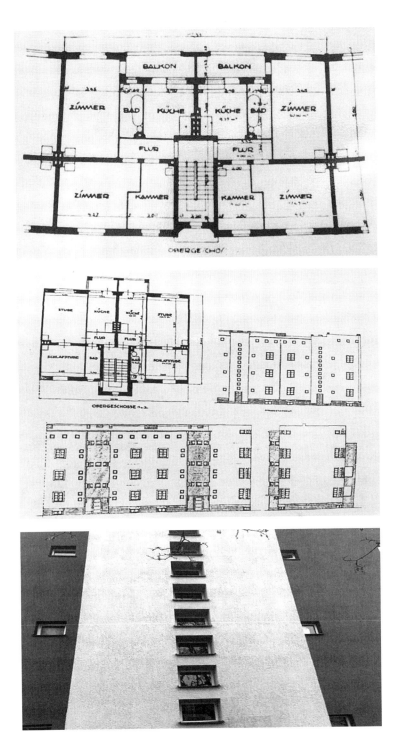

图12 马蹄铁居住区户型以及立面图

图13　通过色彩变化宣示不同所有权者

这些住房最早是由住房合作社建造的社会住房，目前已经被出售给一家公司。冷租金（不包括水、电、暖气等运行费用）大约为每平方米6欧元，目前（2019年）该区房价一般在4000欧元/平方米左右。

（六）小结

第二次世界大战彻底改变了德国大型居住区的发展方向，鼓吹现代主义城市（典型的现代主义城市理念强调居住、工作、游憩、交通四大功能，城市以功能分区的方式建造）的人士希望彻底改造既有的城市，倾向于优先发展机动车交通，同时大力推广高层建筑，追求功能分离，并大幅降低城市的人口密度。由于战争摧毁了许多城区，这种改造模式在20世纪五六十年代得到了普遍推广。在优先发展机动车交通的过程中，城市内部的街道和广场失去了吸引力，常常遭到破坏。在1960—1980年代，德国开发了数不胜数的这种第二次世界大战后类型的大型居住区，居住在里面的人们拥有的只是粗糙的日常生活和设计平淡的住宅楼，暴露出各种城市设计和社会方面的缺陷[①]。

图14　马尔科什小区（1962年建于西柏林北部）

尽管柏林马蹄铁居住区修建在百年以前，但是仍然充分体现了设计师对人性的关怀、强烈的社会责任感，并运用新的技术手段体现时代精神和需求的抱负。在陶特的身上则能看到更多的现代主义（即追求简约，没有装饰的建筑风格，摆脱传统建筑形式的束缚，大胆创造适应工业化社会的条件、要求的崭新建筑）的痕迹。布鲁诺·陶特先生大胆地采用抽象的几何建筑群体组合，以及丰富的色彩创造出充满活力的城市空间，为社区创造出独一无二的身份感和归属感。因此，2008年联合国教科文组织（UNESCO）将马蹄铁居住区等柏林现代建筑群落指定为世界遗产，表彰当年建筑师们对于解决柏林住房问题的贡献。马蹄铁居住区除了展示新

---

① 哈罗德·波登沙茨.易鑫,徐肖薇,译.柏林城市设计——一座城市的简史[M].北京：中国建筑工业出版社，2016年.

的建筑形式和建造技术之外,也蕴含着强烈的人文情怀:即使在动荡和收入较低的时代,人们也可以通过建筑师的设计拥有高品质的居住空间。此外,这种建筑类型的出现,也确立了德国私人住宅风格,对德国建筑规划影响深远。

柏林马蹄铁居住区尽管存在住宅面积太小,空间布局不尽合理,通风、防湿和隔热状况不尽理想,需要投入大量资金进行维护和整修等缺陷和问题,但是对于我国当下的住宅区建设以及城市更新仍然具有现实的借鉴意义,主要体现在:注重居住区与城市周边环境的呼应关系,注重居住者空间体验的连续性。居住区的形象、空间组织、色彩选择应当具有独特性,以塑造居民的归属感。

二、柏林大型居住区维修改造的调研报告

我们到位于柏林东部(原东德地区)大型居住区调研,恰逢柏林下了第一场雪,雪后的柏林空气清新。Dipl-ing.ralf protzgeschaftsfuhrer先生是大型居住区联合会会长(以下简称"Ralf先生"),同时也是柏林城市规划管理部门负责人。两德统一后,Ralf先生进入德国城市规划管理部门,主要负责社会主义柏林的市政管理工作,以大型居住区维修管理为主。

(一)大型居住区联合会的作用和功能

德国有统一的大型居住区联合会,联合会总结了很多大型居住区维修改造经验,作为欧洲其他国家的借鉴。大型居住区联合会成员众多,有政府部门、建筑师、设计师、投资商、私人企业等。自从成立25年以来,很多成员已经交流分享很多实践经验。

大型居住区联合会具有以下作用和功能:第一,对政府部门城市规划、建筑企业、投资商以及私人住房的现代化改造装修均具有借鉴意义;第二,联合会让大家聚在一起,也是居民共同利益、文化交流的中心;第三,对政府投资建设过程起到监督检查作用;第四,和德国、欧洲同一类的联合会进行交流借鉴。大型居住区联合会的影响不仅仅限于一区一市,在欧盟范围内,也有交流项目和合作项目,甚至国际银行组织以及其他国

家参与。德国大型居住区联合会和乌克兰也有合作关系；第四，通过网络甚至很多会议，进行总结和交流。定期出版出版物，介绍大型居住区的数据和经验。

在世界各国百万人口城市和千万人口城市日益增加的同时，大型居住区层出不穷，但是大型居住区却出现了一些严重的问题。举两个例子，第一，大型投资商投资大型居住区相应配套绿地和小公园、游乐休闲设施太少；第二，贫富分化导致居住差别越来越大。富人区往往有门卫有栏杆，不让普通老百姓进入，像个小城市，甚至有墙。最明显是南美和非洲国家，富人区有高级运动设施，如网球场和游泳池，甚至在楼里面，专门有供佣人的走道，显示出巨大的阶级差距。贫民窟和富人区仅有一墙之隔，却形成了截然不同的两个世界。富人作为居住者自己感觉安全有保障，但是英国有专门研究表明，这里住的人更不安全，因为小偷更加关注。

（二）柏林大型居住区特点以及分布情况

在德国非常重视缩小贫富差距，注重贫富融合。德国强调所谓透明性是指不管居民是否有钱、肤色、社会地位如何，在一个城市不可有不能去的地方，一个城市对所有人都是平等、开放的。柏林马蹄铁居住区就是早期的大型居住区，早在1920年就开始重视不同阶层的融合。不论是否有钱，在住房上和没钱的人一样平等，这是陶特先生（马蹄铁居住区的设计者）当时的设计理念，也是当时建设大型居住区设计理念。大型居住区不仅在柏林，在很多地方都有。柏林南部有很多过去东德的大型居住区，在汉堡、不来梅等德国北部以及鲁尔区、莱茵美茵河流域，大部分地区都有在战后建设起来的大型住宅区，平均每五个人就有一个人住在这样的住宅区。经过政府不断努力，中等收入者到穷人到特别穷的人都居住在大型住宅区（当然最富的人一般不住在这里）。

柏林350万居民，对于中国来说是不大的城市，但是在德国来说却是最大城市，住房数量为190万套。也就是说，在柏林家庭户均人口为1.8人，没有达到2人，超过60%的家庭是一个人。值得注意的是，大概60%的住宅居住者都是老年人，尤其以老年妇女为主。这些老年妇人不是住在小房子，一般都住在超过100平方米大房子。住宅面积相对较大也会带来问题，运营费用也高，老年人的收入不足以支付住宅运营费用（如水电气等费用），会造成生活困难。因此柏林有一个计划，动员住在大房子的老年人，与小房子居住者进行置换。

柏林大型居住区大部分都在东部，是由民主德国建设的。最大的居住区是马剌按（音译），有6万多套住房，类似于北京的天通苑。Ralf先生所在的地区Helstop，也是大型居住区，也有4.3万套住房，居民数量高达8万人，是德国最大的居住区之一。东德和西德相比，西柏林也有大型居住区，在南部，也有达到一万多套住宅的居住区，从居住区的规模看，东德明显比西德大。正因为规模如此之大，因此大型居住区不叫住宅区，而叫城中城。东德每两个人就有一个人住在城中城。柏林墙刚刚倒的时候，东德有一些住房没有建设完，当时很多人就已经住进来，基本算是生活在工地上。东德很多学校教室外有换鞋的专门区域，因为走过工地，脚上有泥。建设好的住房也是问题频出，不超过十年，各种各样建筑材料就出现问题，当时非常普遍的现象如房顶漏水、管道漏水生锈、门窗关不上等，显示出东德经济衰败迹象。

当时德国人口明显减少，情况和中国差不多，人口平均年龄越来越大，孩子越来越少。民主德国在第二次世界大战后有一个生育高峰期，然后在1967年、1968年出现明显生育低谷，因为当时避孕药出现了。但是东德政府认为出现了大问题，出台许多新政策鼓励生育，随后柏林墙倒了，年轻人在事业上考虑更多，决定不要孩子。孩子出生率低的另外一个主要原因是没有稳定的未来，没有稳定的保障。除了梵蒂冈之外，东德地区生育率已经降到全世界最低。人口出生率下降，二三十年后，买房的人减少，那么多余的住宅怎么办，因此，人口变化对城市规划非常重要。人口数量变化对住宅投资的影响是长期的，100年后影响仍然存在。如果不考虑少生孩子的话，作为城市规划，在二三十年必然会遇到严重的困难。因此城市规划要对人口增减时时留意。

当然，大型居住区也有优点。首先在东德大型居住区有非常完备的社会基础设施，包括学校、商店、医院等，而且非常重视交通，公共交通非常发达，小汽车反而减少了，大规模人口集聚也有利于互相交流。

（三）柏林住房类型情况

Ralf先生详细介绍了柏林住房建筑类型以及各类住房供应主体。柏林大部分的房子是三层或以上，也有一小部分单家独院，也有两三家在一起，每家住户都有产权人。存在大量公寓，但也属于个人产权；六个政府市政房地产公司提供出租住房；住房合作社成员有合作社住房；还有一些私人机构如教会住房提供出租。将近一半的私人住房，就是自己有两三套住房，除了自用之外，其余供出租，大房东甚至有十套左右，也有1/3左右是一些基金会所有，有较大规模住宅单元，这就是柏林住房状况。投资者一般买房子供出租。此外，大型居住区的道路、学校、医院等都是国家的。

住房合作社，实际上产生于一百多年前。在德国，合作社非常普遍，包括农业合作社，甚至合作社银行。合作社住房也有其特点。所有住在合作社的租户必须是合作社的成员，作为成员，具有参与合作社的决策权，住房产权属于住房合作社，只能租给合作社的成员。作为一个成员，既是所有者，也是使用者，还是决策者。

东德地区还有大量的公房，就是所谓"人民共有财产"。德国统一后，东德接受西德所有法律。由于西德法律对个人和法人有区分，但是到底什么是"人民"存在疑惑，"人民"这个词没办法和西德法律衔接，是虚词，因此把过去的"人民财产"划归为公家财产即地方政府财产。政府具有法人资格，可以和政府打官司，但不可能和"人民"打官司。柏林市如何处理这些公房呢？实际上从西部调过来很多政府官员，专门负责处理国有财产，柏林政府不可能具体管理这些公房，于是将其交给市政房地产管理公司。市政房地产管理公司虽然属于国有性质，但是按照公司法运行。公司配备很多专业人士管理专业事务，如房子管理、维修、出租等。交付住房以后，政府和市政房地产公司签订一个合同，政府规定公司住房必须达到一定技术标准，并定期进行现代化改造，而且房租不能过高，有相当部分出租给低收入者，政府也设立了相应的监督部门。柏林有六家政府市政房地产公司，汉堡有一家，慕尼黑有两家。由于市政房地产公司采取私营公司运行模式，因此经济独立，甚至以公司名义进行贷款。城市乡村建设公司（柏林六大市政房地产公司之一）在未来十年有一个20亿欧元的项目，全是自筹资金（Ralf先生既是大型居住区协会的负责人，也是六家市政房地产公司之一城市乡村建设公司领导人，所以了解得比较清楚）。

六家市政房地产公司都是独立的法人公司，隶属于政府，都是为了解决住宅问题，方向一致，各家公司都有经营自主权，但是六家公司仍有区别，某个公司哪个方面干得好，其他公司都会效仿。六家市政房地产公司历史悠久，只有两家是1990年德国统一之后建立的，Ralf先生所在城市乡村建设公司仅比Gewobag市政房地产公司迟五年（Gewobag市政房地产公司正好百年历史）才成立。其成立原因是：第一次世界大战刚结束，当时受到世界经济危机的影响，很多房地产企业倒闭，但是住房和租户仍在，政府不得不承担起管理的重任，政府用很少的钱购买破产房地产企业的大量住房，将其转化为市政财产。显然，政府把市政房地产公司作为工具，用于稳定整个市场。由于市政房地产公司住房租金比较低廉，因此房地产市场投机难以盛行。

（四）柏林大型居住区维修改造准备程序

Ralf先生认为，在德国统一后，政府要对大型居住区进行改造和发展，要把大型居住区打造成像磁铁石一样吸引大家愿意居住的地方，大型居住区基本都是出租房，Helstop地区90%都是出租房。需要做很多事情，否则租客就走了，房子就空闲着，大型居住区要做以下工作才具有长期吸引力。

首先是解决紧迫问题。1990年统一后柏林市政府就开始调查，深入当地租户，了解租户的需求，有什么不满意的地方，政府能做什么。作为居民，往往希望当天提出明天就能解决，这实际上难以达到如此快速。但是通过交流，取得居民的认同和信任非常重要，他们知道当地政府为他们解决问题，政府部门也赶紧组织资金解决燃眉之急。刚开始，租户的要求都是初步的、基本的要求，譬如租户去地铁站需要解决路灯问题；再如地砖松动不齐，雨天容易脏脚；再如需要增加绿地或绿植，提供孩子学习之余娱乐的球场等。再者解决住房防漏防水问题，柏林市政府迅速组织一部分资金，有些是由政府筹集，有些请房东筹措，赶紧先把最差的楼房救下来，不让它变得更加糟糕。

其次对住宅区进行分类分析。有四个方面，第一，关于改造流程要合法；第二，政府对建筑缺陷必须补足的部分；第三，技术层面分析；第四社会层面分析，包括对居民构成分析，当然分析的项目包括数百子项，最重要的还是这四项。

一是法律方面。作为政府，应该做什么事情，法律有明确的规定。法律上要使得房东或者投资人有安全感，要鼓励继续投资以及促进修缮，对住宅进行长期投资和长期养护。市政投资规划建设部门组织调研、交流和分析，并不是法律要求，而是政府怕做错事。尤其是规划，要是不征求大家的意见，不懂大家的想法，做了错误决策，就会造成很大的损失，因此政府部门要自发进行调查研究。此外，法律要求私人投资商建房，必须相应有绿地、公园等活动场所，否则政府不予批准。

二是政府对建筑缺陷必须补充的部分。

三是社会方面分析。将整个城市作为调查对象，哪些人口密度高，哪些人口密度低，哪些地方空地多。对一个住区的年龄结构、家庭结构、孩子数量、收入高低等社会层面的内容，都需要进行分析。

四是技术方面分析。政府部门雇佣非常强的技术团队，对大型居住区住房技术结构进行分析。东德以前大住宅区，大多是工业式建筑，以大板建筑为特征，共有十个不同户型标准。公司对这十个户型选择三个不同时期进行综合分析，居民可以购买一本标准（此书在德国联邦建设部网站公开，也可以在图书馆预订），就知道哪些不符合标准，哪些应该改造，改造这种房型哪个部分需要多少价格，自己是否有足够的资金，一目了然，这对私有住房改造帮助很大。对老房子维修改造有一个原则要求，有些必须按照现代强制性标准要求，如防火、电路改造等要求，其他很多不一样要改。除了具体的改造措施，还有很多原则，非常详细，如现代化节能改造，要达到一定的标准，但是允许采取多种方式，或者换窗户，或做隔离层等，具体方法可以自己选。

经过技术经济统计分析，Ralf先生团队发现现代化改造化成本远远低于重建成本，德国刚刚统一时，1990年住宅改造成本为500马克/平方米，新建成本是2000马克/平方米。现代化改造要求越来越高，目前柏林改造成本是1100～1200欧元/平方米，但是如果新建成本（仅仅指建安成本，不算土地成本）差不多需要2700欧元/平方米。几乎所有的房子不需要推倒重建，几乎都具备现代化改造的条件，而且在居民不用搬出去的情况下都可以进行现代化改造。技术部门将对柏林住宅的技术经济分析资料提供给政府，政府在制定城市规划决定究竟是采取现代化改造还是重建。这种改造是指全面改造，改造后从外观难以看出究竟是老建筑还是新建筑。

理论上提出，需要在实践中考察。对三十个单位（10种房型×3个时期），进行标准性改造，看结果是否如预期，最后发现大部分和期望一致，这就是所谓科学决策。但是该负责人提到政府忽视一件重要事情，没有考虑到维修改造公司是否合格，政府必须重视维修改造公司的信誉以及工作人员是否符合改造施工的要求。因为各地住房需求旺盛，公司成立非常容易，数量激增，泥沙俱下，找一个符合条件的公司以及合格职工并不容易，需要政府引导、分析、检查、计算，需要政府重视质量甚至推广到柏林整个地区，甚至德国很多地方都会参考。

（五）大型居住区维修改造实施程序

虽然房东租给租户，但是如果要做维修改造工作，在动工之前（即三个月前）必须要征得大家同意。租户也需要一定时间考虑，对租户来说，必须明白三个问题：一是房东在房子里准备改造什么。二是从何时开始何时结束。原因是进行现代化改造需要住户（租户）有人，需要去做工，如果租户旅游就会比较麻烦，需要住户事先做好安排。三是租户必须清楚，改造完成后房租会提高多少。

同时，需要公司要早早准备，从规划到实施，还要得到市政府批准，这些都需要在很短时间完成。住宅区整体规划完成后，进度也需要控制（具体时间也要控制），维修改造公司具体哪一天到哪个住户家里做什么，都必须规划得非常清楚。这样政府部门做好规划之后，才去找维修改造公司，维修改造公司要对改造流程一目了然，再算出一个价格（分项工程各需多少钱），总共需要多少钱，具体每个住户要花多少钱，因为涉及每家住户时间安排、费用计算等，还要留三个月时间征求住户同意，因此现代化改造必须从两年前开始。同时召集大家，多次商讨，保证通情权。

住房现代化改造类型很多,最重要的是绝热层改造;其次是电路改造。现在家用电器很多,电路必须扩容,要考虑到二十年以后所需。用德国俗语来说,插座的多少就像喂鸽子一样,喂的东西越来越多,鸽子也越来越多,插头越多,意味着电器也会越多。再者,与外部的衔接,如电话、气、热等也必须有单独的计量装置。每家每户都有取暖计量表可以测量度数,只需测量住户的用量,不算管道热量消耗,因此供暖管道要换成隔热层的,改造住房往往先从供暖管道改造开始。

管道尤其是中心管道布置,包括上下水管道置换越快越好,否则会严重影响到居民的生活。维修改造公司想出很多办法,很多已经在工厂装配好了,做成了半成品,从卫生间扒掉安装新的,最多五天。如果仅仅换上下水管道,一天即可,无需影响居民的普通生活。维修工进入室内首先换上下水管道,再改造其他,即使有人居住也不会影响日常起居。改造所需的时间与改造楼层高低没有关系,而是与施工人数相关,120个工人可以同时干活,但是不会互相阻碍,就像流水线一样,实际上是程序统筹安排的结果。原来的房子没有阳台,现在新装阳台,老阳台也进行了现代化改造。

中国旧城改造加装电梯是非常困难的事情,原因是一二楼居民往往不同意加装电梯导致难以实施。在德国,原则上五层或以上的建筑都得加装电梯,原因是老年人越来越多,必须安装电梯。电梯加装分为楼外电梯和楼内电梯,外部加装户外电梯缺点是只能上半层,但是比内部加装电梯却省2/3的费用。内部安装电梯也存在两个弊端,一是电梯运行产生的震动,需要采取技术措施减少震动;二是需要空间安装楼内电梯,可能要拆掉部分房间。安装电梯时,法律规定必须满足"50%同意"的要求,由租户和房东投票,费用由房东支付。如果超过一半同意建设电梯,一楼居民就必须同意,就可以建电梯。"50%同意"是由德国现代化改造法规规定的(法规和法律起的作用效果是一样,区别在于法规过了几年可以变化,但是法律不能变化。如果是法规规定,可能有人会反对,甚至可以诉至法庭)。征求意见是征求与电梯有关的房东同意,也即是只有同楼同一门洞的50%同意即可。在德国,产权人的权利依然大于租户的权利,如果产权人想建,而租户不同意,则可以建,但是不允许将改造成本加到房租中，如租户同意的话，产权人不同意，也难以安装电梯，因为产权人的权利大于租户的权利。租金是由以前签订的合同决定的，不是房东随便都可以改变，更不能随意将改造费用加到租金上。安装电梯费用可以协商，如安装电梯10万元，由共享此电梯10户支付，平均承担1/10，但份额可以协商，一楼住户会少支付一些，建设成本要分年度分摊到折旧中。电梯分摊费用还可以按照每户总面积除以总住房面积，就是出资费用。德国所有楼房按照居住面积来分配的，房子面积越大，分摊的费用越多。欧洲有些国家按照人头算分摊费用，但是人口是会变的，Ralf先生评论其缺点是不好统计，容易弄虚作假。

改造过程要进行监督监理。改造过程有很多看不到的地方，如墙内面的电线电路，保温层是否对接好、是否干燥等都很难看到，可能五六年后才会出现问题。因此，和维修改造公司时间约定非常重要，维修改造公司哪一天做到什么程度，哪一天做什么工程，专业人士要在关键工程的时间点到工地检查和抽样，看是否按照规定去做。显然，维修时间点非常重要，如果维修改造公司不按这个时间表做，会遭到罚款。签订合同时，延迟一天罚多少钱会有明确的规定，因此签订合同以后，晚几天开工，都得支付罚金。工作完成后，需要验收，只有鉴定专家包括消防人员等签字后才能付钱。也有预付款用于买材料但是最终验收完毕才付大部分的钱。即使改造完成，也绝对不会付全款，因为有保修期，一般两年或者五年甚至十年。余款是保证款，要是公司倒闭了，其交纳的保证金能用于请其他公司修理。总之，有两项原则：一是所有任务完成，才能得到钱；二是所有任务过了保修期，才能得到全款。

后记

本书是对住房体制国别研究的一种探索。在笔者眼里，所谓住房体制国别研究，就是探索出一种较合适的理论框架，更好描述出该国的住房制度整体特点，以及获得对我国更加适用的启示，而非单纯介绍和引入该国住房行业的具体数据等。如何寻找一个适用性的理论框架是笔者长期思考的问题，本书尝试通过宏观、微观、理论等层面描述出德国住房体制的整体框架。

本书主要目的有三：一是希望勾勒出德国住房制度框架的整体轮廓。国外房地产体制研究尚处于粗放、混合的状态，在整体难以给人呈现德国住房制度整体概貌，难以提供决策者急需的整体图景。本书尝试勾勒出整体的德国住房制度框架，而非具体的细节（尽管本书不乏细节）。笔者认为，只有从整体上勾勒出德国住房制度框架，才能理解和洞察德国的住房体系精髓和本质。二是以系统论角度看待德国住房体制。住房行业只是国民经济中的一个细分领域，与该国的经济、社会、财政等体制存在着千丝万缕的联系，只有住房制度与其他体制契合完美，住房体制才能运行良好。住房制度无非是住房补贴、住房金融、住房开发等一系列制度的集合，只有把这些制度掰开、揉碎，进行分别研究，只有从外围的体制入手（简要介绍德国社会市场经济体制、财政制度、地理空间、金融体制等相关体制），逐渐切入住房体制，才能更加理解德国住房体制，从而才能淘到有用的材料，形成对德国住房体制新的认识。三是从细节方面勾勒德国住房体制的细部特征。作为一名普通的读者或者研究者，往往只能从文字的角度去了解德国的住房体制。但是这些文字往往是冷冰冰的，不鲜活，对德国住房行业运行缺乏现实感（这也是研究非母国住房体制的通病）。为了弥补这一致命缺陷，笔者查找中国人在德国租房的细节以及记录赴德之行大量的内容，从而能"管窥"到德国住房体制的运行状况，以及实际执行情况，这样更能生动形象地展现德国住房体制的特征。

本书有赖于两项基础性工作：一是收集散落的中文德国资料。在我国学界，已经积累了大量德国研究成果。在广泛阅读这些现有研究成果的基础上，笔者发现了较多有价值的资料，譬如在对德国法律文献研究中，也散落着一些对德国房地产法律关系的分析以及案例。作为决策阶层，的确没有精力和时间在收集这些资料，高校研究者把过多精力放在模型构建以及权威期刊发表上，房地产公司和证券公司的房地产研究者的主要目标是对市场波动以及趋势研究上。笔者认为，作为一名政策研究者，应长期孜孜不倦地从各方面搜集各类数据和信息，简约扼要地提交给决策部门，以期达到提高效率、补充不足的作用。二是参阅大量的英文文献。在德国进行了短短20多天的培训，实在仅仅是引子，只是感受到了德国住房制度，有了一定的现实感。而回国后大量英文阅读，则是重中之重。笔者认为，只要想了解国外制度，只有做到披沙拣金，从无数外文文献以及国内关于德国研究的报告中，找到我们所需要的东西，简明扼要、通俗易懂地介绍给国内读者，才达到研究的目的。的确，笔者在阅读中文文献时，常常为说法的不一致而困扰、困惑。俗语说"三人成虎"，在信息传播过程中，信息很容易失真、扭曲。只有深入阅读外文文献，才能豁然开朗。作为一名学者，就是要扎扎实实从事翻译介绍工作，尽可能把第一手资料传递给国内的决策者和读者。

首先要对部政策研究中心领导班子以及同事们的支持表示感谢。2019年4月以来，在以李晓龙主任为首的新领导班子的带领下，政策研究中心紧紧围绕部中心工作开展研究，规范发展中心各项制度，重建学术激励机制，打造宽松的学术氛围，注重城乡建设领域中长期重大课题的研究，注重打造中心的人才梯队。中心相继承担若干部里重大研究任务，笔者也有幸参加过若干重大课题的论证，也深受其益，也感受到王部长、姜部长等部领导对事物的洞察力。李主任对论文的文字要求非常严格，对笔者迅速提高文字表达的精确性很有帮助。同时提供了宽松的学术环境，使得笔者有更多个人自由发挥的空间。倪虹副部长对中心转型非常关心，多次亲自到中心来指导工作，笔者也屡受启发。同时，笔者对前两任政策研究中心主任陈淮同志、秦虹同志对个人的培养表示感谢，对周江副主任、宋长明副主任、翟宝辉副主任、浦湛副主任等对笔者的帮助和支持表示感谢。

其次感谢培训团石刚团长、杨佳燕书记以及来自银保监系统、各地住建系统的同志。培训过程不仅是获得知识的过程，也是收获友谊的过程。记得在柏林、慕尼黑的一路欢歌笑语，丰富的娱乐活动伴随旅途。来自各地建设系统的团员，在二十多天的相处中，已经在我心里留下了深深痕迹，从他们身上学到了大量的东西，笔者在这里不一一致谢。同时，感谢远在德国的翻译阚大姐、史博士，以德国人严谨认真的精神，积极联系德国房地产相关行业协会以及有关机构，为每一次调研能顺利开展铺垫了大量的工作，并不厌其烦地为我们介绍了德国的风土人情。阚大姐以亲身经历生动描述了德国人和中国人婚姻观、价值观的区别，而史博士以其广博学识回答我们提出的每一个问题。其实，看似无关的德国风土人情介绍，对我们理解德国住房制度颇有裨益。例如，德国住房补贴的发放非常复杂、非常精细（住房补贴发放往往与家庭人口、收入、所在地区、是否伤残、孩子多少等诸多因素联系在一起），翻译通过具体的事件介绍德国人一丝不苟的精神，有助于我们理解德国住房制度精细之处。

感谢住房改革与发展司王胜军司长、张强副司长、马庆林副司长、成德礼处长、王敬颖处长、卢嘉副处长、蒋俊锋副处长等。以前曾多次承担改发司课题，从每次课题研究中往往有新的收获、新的启示。同时，结识了一些国内德国房地产学者，获得一些最新的资料，对本书的写作颇有帮助。感谢房地产市场监管司张其光司长、张锋副司长、王策副司长以及朱宇玉处长、师旭辉副处长等，感谢住房保障司曹金彪司长、翟波副司长、王凌云处长等。在向相关司局领导的学习、交流中，获得了很多新的知识。

中国社会科学院永远是自己精神力量和精神源泉。短短三年社科院读博生涯，在自己的生命历程里打下深深的烙印，有时不自觉回忆起望京花家地中爬满了爬山虎的社科院小院。笔者读博所在的工业经济研究所群星荟萃，从工经所走出的著名学者如马洪所长、周叔莲所长、刘世锦研究员、江小娟研究员、盛洪研究员、金碚研究员、李海舰研究员等，永远是自己高山仰止的学术楷模，将永远照亮自己学术探索之路。笔者生性愚钝，才力不济，但是以勤补拙，终有收获，本书就是这点微不足道成果的展示。

感谢中直机关事务管理局张宇航原副局长、许健主任、洪保源处长、董晟处长、曹磊副处长、李令巍同志等，因特殊机缘相识，并一起完成一些有意义、有价值的事情，也感谢国家机关事务局廖勤翔处长给予的支持。

感谢岳母、岳父、爱人也分担了大量家务和孩子教育，笔者才有充裕的时间进行创作。感谢远在湖北老家的父母亲、兄弟姐妹们长期的默默支持。

在书稿编校过程中，责任编辑宋凯、张智芊的出色工作令人印象深刻，他们核实了文稿中每个数据、每条注释，纠正了我没有发现的错误，感谢他们严谨细致的工作态度。

笔者长期注意收集德国住房国内外有关资料，认真撰写每一次调研报告，竭尽最大可能，才有目前尚待完善的版本。但是由于接触德国社会时间太短，书中难免会出现一些偏差、纰漏，甚至错误，但是"丑媳妇终究要见公婆"，敬请各位领导、专家、学者批评指正。

当然，对一个国家住房体制的深入理解，需要众多学者的长期努力，形单影只则难以取得丰硕成果。德国住房体制研究尚有很多议题值得进一步深入研究，如德国住房行政管理体制、税收政策等。政策界迫切希望大量精通德语的房地产学者加入，"众人拾柴火焰高"，就能更进一步把德国住房体制研究推向前进，才能更好完善我国房地产制度。

再次强调，本书是对德国住房体制的一个初步探索，属于个人的中长期研究成果，如有错误或不妥之处，文责自负，与所在单位无关。